南懷瑾文化

禪與生命的認知初講

南懷瑾◎講述

再版說明

這本書已出版十年了，現於南師辭世六年後，重加檢視修訂，改由南懷瑾文化出版印行。

這次的講習活動，是經過六年建造的太湖大學堂的初次啟用。當時的南師已屆九十高齡，對文化的弘揚傳講，已超過半個世紀，而對學子期望殷切之情，充分流露於言辭話語之間。重讀之際，令人更能了解師道的作風和苦心，以及文化傳承方面之種種。

感謝參與工作的學友們，大家辛苦了。

劉雨虹 記
二〇一八年春月

出版說明

這一本書，是記錄一個新的開始。

太湖大學堂，在歷經六年的辛苦開拓建造，於二〇〇六年的初夏，建築大致完成了。

七月一日至七日，南師懷瑾先生，在大學堂舉行首次講課及訓練。由於是初次啟用，在活動及管理方面，就有試驗性質，故而僅對內部工作人員及部分修學的老學生們開放參與。但是此次講到的內容及方式，甚具特殊意義，且有時代里程之感，原因如下：

（一）五十年來，南師講文化，說佛法，已有不少記錄出版問世，隨學眾中皆耳熟能詳，惟多止於耳目而已。此次在不同時空環境，一切再從頭講起，系統條理重點突顯，座中忽有如夢初醒之感，不覺冷汗濕衫，自慚光陰之虛度。

（二）綜觀時代之演變，科技之發展，兼東西文化相互之激盪，目下有關生命科學之研討，正在世界各地熱烈進行。反觀我中華文化，以及脫掉宗教外衣的東方文化，實為此一問題之關鍵，豈能不予正視；更須積極闡揚，為人類文化加緊步伐。

（三）環顧世界，人類素質之可憂可歎，人類精神之空洞無依，故而急須倡導教育文化，以挽狂瀾，此為大學堂放眼之高點。

為此之故，整理印行此段記錄，俾有識者共同為文化而努力。

這次的講課，是張振熔從錄音記錄的，再由烏慈親女士打字，宏忍師也加入整理後的打字工作，並與謝錦揚先後多次校對書稿，在此一併致謝。

書中小標題為編者所加。

劉雨虹　記

二〇〇七年五月　廟港

目錄

第一日

第二日

第六堂　137

第三日

第一堂　148

第四堂　188

第五堂　205

第四日

第五日

第四堂　311

第五堂　328

第六日

第七日

第一日

第一堂

膝蓋的保健

諸位打坐的，尤其是這個天氣，不一定要把兩腿包得那麼多。為什麼打坐要蓋腿呢？因為我們常被氣候影響。平常不打坐也都是這樣，大家不注意。人在睡眠、打坐、靜止的時候，體溫就下降。因此睡眠要蓋被子，打坐也是一樣，怕風寒從膝蓋或後腦進來，所以後面領子包好，保護兩個膝蓋稍微蓋一點，不是圍被子一樣圍住。

如果夏天不需要，可以不蓋。大家現在有一個毛病，禪堂到處看到，夏天打坐也包得好好的，不曉得幹什麼，那是不合理的，所以要懂得這個道理。假定在東南亞、印度，出家在家的修行人，全身光的，在曠野裡頭也可以，因為他有本能的習慣，已經適應了。所以打坐蓋腿一切等等，要自己知道調整，這個觀念要搞清楚。

至於有些禪堂正統的規矩，包這兩個腿不是這樣隨便一蓋，要很規矩，兩個膝蓋頭好像包成四方塊一樣，不然就犯了規矩，就要挨香板了。我們這裡沒有這個規定，只是告訴大家一個道理。

溫度　六氣　養生

現在人都是在冷氣間裡得病的，這裡冷氣可以很冷很冷，但是試了幾天了，認為溫度不能低於二十六度。冷氣是給你涼快涼快，夏天要按照自然的規律，身體有一點微汗是最好，最健康了，貪著涼快會得冷氣病。下午燈開多了有一點熱，他們說要調一下。所以這裡氣溫是控制的，不像一些地方，把冷氣開著玩，冷得像冬天，那是死路一條，不可以的。像我坐在這裡，背上在流汗，我還喜歡呢！如果不流汗，我的習慣認為生病了，那就不得了啦。

我以前同美國的教授談，你們講衛生是消極的，中國文化是講養生之道，道家叫「攝生」，攝就是抓來，自己把生命控制住，就叫攝生。所以道書上叫攝生之道，這是積極的。

既然講到中國文化，我們這裡有西醫，像黃醫師，鬚眉皆白的大醫師坐在這裡，差不多是古稀之年，他是經常罵我的，我們老朋友說笑話慣了。

我現在不是講西醫，是講中醫第一部要讀《黃帝內經》。其中第一篇就是要人了解陰陽六氣，現在的人都不相信，學中醫的也不肯讀，認為是空洞的理論。陰陽就是正面、反面。陰陽兩個字是代號，什麼事都有正反兩面，是相對的。甚至每天的氣候，每件事情也都是相對的。整個宇宙大氣層跟著太陽月亮的行度，十二個月當中有六種變化，所以說是六氣。

哪六氣呢？風、寒、暑、濕、燥、火。現在假設不開冷氣坐在這裡，或到外面曬一下太陽，是什麼感覺呢？現在梅雨季節快要過了，馬上到三伏天了，就是《黃帝內經》講的燥、熱、火這個季節，身上難受，所以梅雨季到三伏天最嚴重。這是講身體外面的感受。

如果學醫的就要知道，夏天身體裡面反而是寒的，我們的胃是寒的；可是大家喜歡夏天吃冰涼的東西。以養生之道來講，修道的人不幹這個事，夏天反而要喝熱的，吃熱的。這是地球自然的物理，夏天手伸到井裡去，地下水是冰涼的。

所以我們講山西人不但會發財，還聰明；你到山西那個古房子一看，有地窖，還有冰窖呢。冬天把冰放到地窖，到夏天還沒有化。我們夏天覺得熱，因為受大氣的影響，身體體能的溫度向外發散，表皮上感覺很熱流汗，內部就寒了，這是養生的道理。所以很高明的醫師，有時候夏天的病，不是給你吃涼藥，反而是吃大熱藥。

我現在還沒有開始哦！因為看到你們蓋腿這件事情，就先講起這方面了。燥跟熱不同，中國人自己要懂中國字哦！不要以為這些課程你們都聽過，你要曉得我是八九十歲的人，算不定明後天就走了，所以你們這一次聽課，要慎重一點，聽了要記住，不要靠記錄，不要靠電腦。腦子不記，光靠記錄、電腦都沒有用。所以講到陰陽，燥跟熱不同，你不要以為聽懂了，不要玩聰明，因為中國字你們沒有一個字一個字學過。

暑濕，現在還沒有到三伏天呢，我們是講黃梅天的濕。現在我們覺得熱啊，冷啊，氣候不舒服啊，那是濕度的關係。這個空氣裡頭有水，而這個水被太陽一曬變熱水，我們現在的身體像是泡在洗澡池的熱水裡，因而不大舒服。所以暑天有濕。尤其上海在海邊，這裡是太湖，暑濕蠻嚴重的，最嚴重的是南京、武漢，西湖邊上，有水氣的都是暑濕。所以學醫，保養身體就要注意這個。現在是告訴大家自己保養，所以才講陰陽六氣。

我們過去讀書，也讀《黃帝內經》，我是十二歲半開始讀的，我怎麼讀起這個呢？我有個老師，他也信佛，一部《金剛經》擺在那裡，另外也有一部《黃帝內經》。我們年輕嘛，站在旁邊，聽到黃帝很稀奇，他就笑一笑，告訴我一句話，這是醫書啊！「先生啊！我看一下好不好？」「要看拿去嘛，最好你能背更好。」那個時候就接觸《黃帝內經》了。我現在講中國人學文也好，學醫也好，學政治也好，如果《黃帝內經》都不摸，都不懂，夠不上談中國文化。你不要認為那個是醫學用的，裡頭許多人生的道理，政治的道理。

剛才說溫度已下調一二度了，太多一點了吧？你們馬上要調回來，現在已經到下午了，太陽一下去就涼快了，我是貢獻你們意見。還有一句話，剛才進來大家熱，現在還是三點鐘呢，為什麼現在會覺得涼快一點呢？剛才你們報告感覺難受，所以把溫度調低一點。是這個原因嗎？不是。什麼原因呢？中國文化一句老話「心靜自然涼」，要注意這個，非常重要。我還記得年輕時，站在操場看兵操練，自己站五個鐘頭，全身武裝，還穿著皮馬靴，在大太陽下，裡頭的汗像雨水一樣的流，外面看不出來。我靜靜站在那裡，屹然不動。

那個時候沒有體會那麼深，只好把自己忘了，要裝英雄嘛，要領導別人，做模樣。什麼叫心靜自然涼？對熱啊，冷啊，不在乎它，不理它。你說熱得不得了，想到熱得不得了，你更熱了，所以不能心靜自然涼。你看大家因為有個老頭子坐在這裡給你們亂吹，一聽話把這個熱的觀念一忘，就好多了，這是心靜自然涼，修養的道理就是這樣。換句話說，你碰到煩惱或危險的時候，只好放下，所以禪宗講「放下」，你不理就沒有事，那就輕鬆多了。就是為了蓋腿，為了打坐，給大家講了那麼多囉嗦的話，要大家注意。

你們現在都自動盤腿了，但是現在大家自由，不一定要盤腿，最好平常每天規定自己時間打坐。坐不住的腿先放下，後面還準備有籐椅，坐著聽也可以。不過這幾天當中很嚴格規定打坐時間，到那時你慢慢體會吧。

此次聚會的起因

我這一次發給大家的通知，諸位有些看到，有些沒有。本來我那個信，是照我的話記錄的。這是我當時想，因為辛苦了那麼久，這個地方也差不多初步可以用了。還有外面要求我們這個課堂馬上講課啊，要求很多事情，都沒有啟動。這一次想到是對內部自己人，我講「自己人」，是跟著我們一起籌備廟港這個地方的，大家在一起講一些東西。

第二個觀念呢，我想到我年紀大了，古文講「耄耋之年」，八十稱耄，九十稱耋，所以古人講「風燭殘年」，蠟燭點在風口一樣，算不定一口氣就吹沒有了。風燭，風前的蠟燭；殘年，等於剩下沒有多少時間，像花一樣，已經開得差不多了，這是中國文學的形容。

好多年前我修好金溫鐵路時，當然罵我的也有，恭維的也很多。我說不要恭維，區區一條人世間的鐵路算什麼；吹牛吹大一點，如果我還活著，想為中國人，想為人類做出一條路來，叫作「人道之路」，那是我幾十年的願望。現在這個地方，是修這一條路開始的基地，所以我想啟動，試用一下。

其次呢，想到自己這個風燭殘年，再想到認識的一批朋友，學佛的，做學問的，用功的也很多，但我講句真心話，在我內心感覺很悲哀。我今天講這個是真話，因為不管出家在家，沒有一個有成就的。尤其這一次，古道聽我的話，去了江西，禪宗五宗的祖庭都去了。我特別叫他在每一個禪宗祖庭，都住半個月體會體會，看深山古剎裡面有沒有真正大修行的人。我講大修行人哦！大修行人那就不是打打坐了，而是大澈大悟，得道的人。古道出去還寫日記報告，幾個月回來，對我笑一笑、搖搖頭；我也只好對他笑一笑、搖搖頭。這個笑是很痛苦的笑，我們中國傳統的文化怎麼辦？都沒有人！自己感到非常的悲哀。因此也想到，大家有些都是大師了，大教授，我今天講很不客氣的話，在我內心感覺很嚴重！

我那個信發出去，上面沒有名字，結果可能搞錯了，名單露了出去，有些朋友看到自己不在名單中，就起分別心難受了。其實不是這樣，有些朋友並不一定走這一條路。是針對比較肯走這一條路的，想讓他們回轉來檢討檢討，不要自欺欺人，一無成就。所以是以這個心情發通知的。如果說我要教人學佛打坐啊，談修養啊，那來的人很多很多，我們這個課堂容納不下的。所以這次都非常祕密，好像見不得人一樣，偷偷摸摸的做。我原來預算只有十幾個人，後來通知下去，算一算二十多個不到三十，結果現在滿堂八十個人。所以這一次我們要真反省，真研究，真講一點東西。雖然你們都聽過了，但是不深入，尤其我們前面這一些老同學，很多都五六十了，沒有出家已經光頭了。所以看到你們沒有成就，心裡更難過。為了這個，在這裡做這個事；換句話說是自我內心的檢討。可是這個檢討很重要，看起來我像在交代後事一樣，也差不多；人生到這裡沒有什麼，你們要真正好好去體會，這是報告這次活動的前因。

說禪櫈　說打七

首先，我到底不像年輕時了，大家幾十年都希望我打七，我打七就不是這樣了。為什麼叫打七呢？打七這個名稱，也都流行幾十年了。所以我昨天晚上一到禪堂，看見同學們正在排禪櫈，我就給做事的同學吹牛，這個禪櫈叢林很少有，世界上原來沒有，是我發明的啊！在台灣開始的。乃至你們櫈子上面的大棉花墊，還有小棉墊子，也是我發明的耶！我沒有申請專利，現在全世界流行了。

現在禪櫈這樣排，還是我帶領他們佈置，這樣擺，那樣擺，還給他們說了很多理由，可惜這些理由你們都沒有聽到。他們夜裡跟著我忙，然後他們一邊忙，一邊在埋怨，「老師啊，我今天勞動做得很多啊！」好像我還要發一個饅頭給他獎勵獎勵一樣。當然那天晚上擺來擺去是很辛苦，這些個禪櫈，也可以鋪開當床睡。

我要是真的打七，從早晨六點鐘起來，一直到夜裡十二點，跟你們隨時生活在一起，走路、吃飯，一分鐘都不鬆懈，手裡拿著香板，雖然沒有打人，但是差不多就是隨時可以打人，這個叫作打七了。我現在不是耶，現在我們是在討論。因此大家集中在一起，怎麼辦呢？先做做瑜珈吧。

本來還有一個想法，讓某同學早晨帶領大家，聽其自由教教大家基本運動。他是少林高手，不是開玩笑的，打架是真打的。現在或者先打一套拳，比一下給大家看，我可以休息一下（示範表演）。

我在這裡都聽到他身體裡面骨頭響。你教的基本功大概是什麼？每次動作要做多久？找適合他們練的功，帶領他們運動。你們要練身體的，跟著他早晚練一下，我可以少講一點課。等一下講課正式開始，希望大家這次認真一點，要帶筆記的趕快帶，我是反對你們做筆記，但是不能不記。先休息一下。

第二堂

洞山的詩

剛才休息，我看到一群年輕人圍繞宏忍師在寫一首洞山禪師的詩。禪宗曹洞宗派的洞山祖師是浙江會稽人，他在諸暨五洩山出家，古道去過了。他回來跟我講，那個瀑布的水有五節，一節一節漂亮得很，我聽得都傻了，很想上去。現在世界上流行的禪宗，尤其日本大都是曹洞宗，原創始人就是洞山禪師。

他這一首詩我順便講，意思就是我剛才講話的心情，也就是洞山禪師的這首詩的心情。

淨洗濃妝為阿誰　子規聲裡勸人歸
百花落盡啼無盡　更向亂峰深處啼

「淨洗濃妝為阿誰」，第一句話是描寫尼姑的詩，等於說不打扮，不穿漂亮衣服，剃了光頭出家了，洗盡濃妝，一切都丟掉了。第一句詩很有意思，很香豔。如果只看這一句詩，好像是那些尼師戀愛失敗出家的詩。「為阿誰」，是浙江的口語，就是為了誰。

只有二十八個字的詩，這是詩的文學，說出了他一生的心情和感想，同我剛才講的話一樣。「子規聲裡勸人歸」，子規是杜鵑鳥，中國古文學的杜鵑也叫子規，還有個名字叫望帝。望帝是什麼呢？這就講到中國上古文化了。四川成都在古代是另外一個國家，叫蠶叢之國，現在考古學家都考據出來了，文化與我們不同。考據研究結果發現這是非常偉大的一個國家，不曉得怎麼亡掉的，最後亡國的時候，這個太子傷心的哭，哭到眼睛沒有眼淚就流血了，他的血掉在杜鵑花上，死後靈魂化成子規鳥，就是找歸路，找自己的家。這是很豔麗的中國文化故事。

有些人搞錯了，把子規和鷓鴣混在一起。鷓鴣鳥是春天叫的，不同。我們以前出門，古書讀多了，聽到鷓鴣一叫，心裡很不舒服。鷓鴣叫是咕咕歸，咕咕歸，快點回，快點回，子規也有這種味道，快點回家吧！所以在抗戰的時候，我們在大後方，到了山上聽到這些鳥叫，心裡非常難受，就想到古人的詩。第二句話「子規聲裡勸人歸」，洞山良价說自己出家以後悟道，說法一輩子，希望人人都達到佛的境界。他一生弘揚佛法，像變成子規鳥的太子一樣，眼睛裡流出的都是血了，為了度世人，叫大家大澈大悟，悟道，子規聲裡勸人歸啊。他在山裡頭住，聽到子規鳥叫的聲音，有這個感想，形容了自己。

「百花落盡啼無盡」，像山裡頭的子規鳥一樣，春天都過去了，時代過去了，一切花都沒有了，還講這個玩意，像鳥一樣還在叫，不死心。子規的叫是啼，所以給你們現在年輕人上國文課，中國文化，老虎叫是嘯，龍叫是吟，狗叫是吠，猿叫是啼，鳥叫也是啼。每個叫聲的形容辭不同，現在簡體字都弄亂了。

「百花落盡啼無盡」，時代都過了，你老頭子還在這裡講這個幹嘛！像蠶叢的國家沒有了，變成子規鳥，還在傷心，還在哭。「更向亂峰深處啼」，子規鳥在山中叢林到處叫，在亂七八糟的地方也叫，洞山良价禪師形容自己一生的弘法。我今天給大家講也是這樣，百花落盡啼無盡，時代已經過了，可是在這個時代很想挽回文化。所以更向亂峰深處啼，在廟港這個地方還搞這個，真的是百花落盡啼無盡，更向亂峰深處啼啊！

這是詩的文學，所以大家很多人喜歡作詩，四句包含了那麼多的意思，而且非常優美。淨洗濃妝一輩子為誰學這個東西？子規聲裡是勸人歸啊！希望大家同自己一樣成佛，有所成就。

靜坐的書

這一次我們集中在一起，尤其對老同學們要糾正，譬如你們都叫我南老師，我有一本書大家都看過沒有？一定都看過。我當年年輕時寫的《靜坐修道與長生不老》，我等一下請問這裡的老同學。別人講老師啊，我看過你很多很多的書，我一概不理，那都是恭維的話。跟我久了的老同學，都是很用功的，我這一本《靜坐修道與長生不老》的序言，目的是講打坐嗎？這是第一個問題。

第二，重點講打坐的七支坐法，希望哪一位同學站到前面，詳細講給我聽。如果配合中醫、西醫的醫學，把生理作用都能講清楚才好，這非常重要。我看我們老同學自己報名吧，哪一位講？

首先我告訴大家，《靜坐修道與長生不老》，我為什麼取這個名字？當年幾十年前，你看我的膽子、氣派多大，多狂妄，把古人講打坐的書一概推翻，叫大家統統不要亂學。尤其當年全國流行的是「因是子靜坐法」，還有個「岡田靜坐法」，是日本人的，蔣介石先生學的就是岡田靜坐法。我統統推翻了，我說你們不要亂學。幾十年前全國流行打坐修道，學佛的，比現在還鬧熱，多得很耶。而我寫的這一本書是告訴大家，只寫了生理最基本的一部分，希望你們大家回去研究。所以你們拚命要跟老師學，連這個也搞不好，跟老師學個什麼啊？所以你們叫我老師，我不承認就是這個原因。而且我這本書以道家來講，奇經八脈只講督脈這一部分，任脈沒有講。當年寫這一本書先在自己辦的一個刊物上發表，後來要出書沒有錢，還靠一個同學李淑君把刊物上登的用剪刀剪下，一行一行貼起來去印，那本書是這樣初次出版的。

現在這本書出版了幾十年，我要是考你們，一定講不出來，還叫什麼老師！換句話說，既然叫人家老師，就要研究這個人究竟是壞蛋還是好人，言行舉動什麼都要研究好耶！不只是表面上恭敬而已。你今天要聽這個課就要誠心來學，把主觀拿掉，先客觀接受了回去再研究。

密宗有一句話「你要學佛法，先要變成法器」，法器就是一個東西。

變成什麼東西呢？你要變成一個金剛鑽的杯子，來要求獅子的奶。佛經上比喻，獅子的奶倒在普通玻璃杯中，玻璃杯會爆炸；要金剛鑽的杯子，才能承受得了獅子王的法乳。所以你來求學，在這裡的幾天，要把自己主觀的東西丟得空空的，完全變成空的法器，承受老師教的東西，裝滿一罐一碗，回去慢慢消化。如果有個主觀，就不能變成法器；裡頭不倒空，你聽不進去的。如果你坐在那裡分析我的話，一邊作感想，那是沒有用的。

聽課就是自己沒有主觀，你的學問再好都要倒光，先聽人家的。等於法官問案一樣，不用主觀，把你詳細問得清清楚楚，再來判案子。你一邊在聽課，一邊自己有思想有主觀，那聽什麼課啊！你作法官一定是個糊塗法官，因為重要的話你沒有聽到。

第二，我的《靜坐修道與長生不老》講打坐，七支坐法是古佛留傳下來的，現在全世界都知道。這七個要點的來源也講過，請問我們老同學們，你對於七支坐法真有研究嗎？也坐了幾十年，我可以說很悲哀的，大家都沒有好好研究，坐得都不對，所以效果非常差。我們平常在一起吃飯說笑話，我懶得跟你們講。一到這個課堂來，尤其我打七的時候，拿到香板就講了。

「諦觀法王法，法王法如是」，這是文殊菩薩出來替釋迦牟尼佛說法時，先說的兩句話。諦觀，你仔細看，看清楚這個老師，佛為法王，一切學問之王。說到法王，不要想到神祕去了，是一切學問之王。「諦觀法王法，法王法如是」，就是這樣。這樣就是這樣，肯定的。禪宗打七就是這樣了，現在不是打七啊！我講到七支坐法，你們真的研究過嗎？人家教你打坐，就只是盤個腿坐在那裡，這個樣子也有點好處，但對於七支坐法根本不了解。現在我請問了，男女老幼的同學們，哪一位自己認為有把握的請出來講一下，也使我輕鬆一下，不要客氣啊，「諦觀法王法，法王法如是」。（紀女士自告奮勇出來講）

瑜伽師地論的五道

七支沒有分開，是七個要點，所以要詳細的研究，這一次要特別注意了。其實打坐就是瑜珈，瑜珈是音譯。你看瑜珈兩個字是斜玉旁，最下面一橫是斜上去。瑜「珈」不是瑜「伽」，在佛學裡這兩個有時候讀成一樣，但不一樣。瑜珈就是現在國際上流行的瑜珈。瑜伽呢？修瑜珈、修道的人叫瑜伽士。所以佛經裡唯識學有一部重要的經典《瑜伽師地論》。學佛修行就是修瑜珈，打坐修禪的人就是瑜伽師。「地論」是說學佛修行，成佛證果，是一步一步，一地一地的次第進步。《瑜伽師地論》是彌勒菩薩講唯識、唯心法門的著作，完全科學的，是一地一地的工夫求證，也有一步一步的境界。

《瑜伽師地論》分成十七地，中國這一千多年來，研究唯識學的大師們很多，民國以來南方的歐陽竟無先生，北方韓清淨先生，都是楊仁山先生的學生，稱為「南歐北韓」。韓清淨先生研究《瑜伽師地論》的著作，我也看了，但是我不加評論；只有一句話，《瑜伽師地論》很少人讀完過，也讀不懂。不管唯識法相怎麼講，就算能把題目分析也不一定真懂。我剛給你們點了題，《瑜伽師地論》把學佛修證的道理分成五道，先學作人開始，先修人道；人道修好了修天道，就是我們中國儒家講的「天人之際」；天道修好了修聲聞道，小乘的，出家修行是聲聞道；聲聞修好了修緣覺道；緣覺道修好了修菩薩道，成佛。真正的佛法是五乘道，我現在還不是跟你們講這個。

瑜珈和打坐

打坐也就是瑜珈，所以現在像那個何碧媚，她學了四五年的瑜珈，李素美她們都學了好幾年的瑜珈，都曉得了。印度很多修瑜珈的，都還看我的書。他們很想見我，我也告訴印度朋友，你們真正寶貴的文化，都在中國。我很想送還給你們，你們要好好學。現在他們練的，做動作的是身瑜珈。我們少林寺的工夫《易筋經》《洗髓經》，也就是瑜珈，達摩祖師帶過來的。

修密宗的唸咒子，是聲瑜珈，聲音的道理，這是個科學。參禪、靜坐修道是心瑜珈，心物一元那個心。心瑜珈，除了佛法禪宗等等以外，另外也沒有了。現在印度的瑜珈，流行的是身瑜珈，非常好的，跟中國練佛門的武功不同，就是合於老子的道理，「專氣致柔，能嬰兒乎」。你們學太極拳有一句話「心氣配合為一」，最後練到身體一百歲還像嬰兒一樣柔軟，可以長生，也是這個道理。所以你們打坐修安那般那，能夠做到第一步，至少活到八九十歲沒有問題的。所以打坐也就是瑜珈。

這一次再給你們講，要注意了，不要馬虎隨便學打坐。我問你們，你們看了我的書，我的書上告訴你們，打坐有多少種姿勢啊？九十六種。這叫獅子坐法（師示範）。你看到獅子嗎？狗嘛！譬如在喜馬拉雅山山頂打坐，四面都是懸崖峭壁，你在那裡打坐要小心，算不定一昏沉，掉下去就沒有命了。這是獅子坐法，有各式各樣的坐法。你看我手放在哪裡啊？（答：手是放在地上的。）

講得好聽，說是獅子坐法，其實像狗坐一樣，一切的運動瑜珈都是學動物來的。

另外是跨鶴坐法（師示範），女性比較重要，沒有坐墊，你們不是看道家的書嗎？女神仙騎在白鶴的背上，這是跨鶴坐法。還有日本的女人跪坐的姿勢，也是跨鶴坐法，很端正的，所以一共有九十多種坐法。你們都叫南老師，南老師的書上寫的有耶！對不對？這一次考試都不及格吧！

失傳的七支坐法

這種七支坐法，佛經上怎麼講？釋迦牟尼佛不是宗教喔，是科學家耶，也是大哲學家。他說歷代成佛的很多，一個劫數都有很多佛，上一個劫數叫莊嚴劫，現在這個劫數叫賢聖劫，有一千個佛出來，釋迦牟尼佛是第四位，再出來的是第五位彌勒佛。《大藏經》裡說明中國出幾個佛，阿富汗出幾個，印度出幾個，佛都有預言，很奇妙的。所以一般學佛，出家在家都不看佛經，隨便看了一點佛學書，就以為懂佛了。

七支坐法，剛才紀女士也做了初步的報告，還差一分，還不及格。釋迦牟尼說這個七支坐法在上一個劫數末劫的時代，也就是時代到了科學發達，文化衰落時，這個打坐方法失傳了。所以迦葉佛末法的時候，五百羅漢在山裡修道都不能成功。後來感動五百隻猴子，是迦葉佛時代的羅漢變成猴子，在山上打坐示範。這五百個修行的羅漢看到才學會打坐；等他們自己得道以後才曉得這不是猴子，是得道的羅漢，故意示範給他們看的，所以才學回來這個七支坐法。

第一支

第一支，所謂支是什麼？支是最重要（要點）的意思，第一支是兩個腿跏趺，就是這樣（師示範）。這樣雙跏趺的時候不需要坐墊了，可以起來（師以兩手撐起全身）學瑜珈的可以跳動，腿就這樣盤著，手一撐就跳過去了。假使我練一下表演給你們看，你們一人出一百萬，我跳到那裡去。這是雙跏趺坐法，就是左腳放裡面，右腳放外面。反過來右腳放裡面，左腳放外面，也是一樣交換。單跏趺就要用坐墊了，左腳在下，右腳在上；或右腳在下，左腳在上。你坐坐看自己就感覺了，假使右腳在下，身體向這裡偏了，影響到左邊的腦；如果是左腳在下，右腳在上呢？又向另一邊偏了，你體會看看。這是體會啊！學啊！不是聽啊！這是科學了，等於左右腦神經受到不同的影響，這是跏趺坐。

但是個人身體關係，喜歡這一邊，不喜歡那一邊，你就曉得身體的結構已經偏向於那一面了。所以自己要端正身體。你看大家，我昨天還笑他們出家人坐慣了的，人都是歪的，沒有一個正直的。如果雙盤的話，左腳在裡頭，右腳在外面叫金剛降魔坐法；如果右腳在裡面左腳在外面，這叫吉祥如意坐法。你們看佛像，學密宗這些都要懂啊！（師轉身背對學員），這樣坐起來，由尾閭骨起從第一到第七節，就要這樣端正。這七個骨節很重要。

抗戰那個階段，我在成都碰到一位有道的老修行，說他是和尚也不像和尚，穿個長袍，我去見他給他磕頭，他就罵我，叫我不要磕頭，那麼囉嗦幹什麼。我們談了很久，最後告辭要走了，我說老師父啊，你現在怎麼精神那麼好？他那個時候已經七八十了，我才二十幾歲。他就笑，送我到門口，就說了一句話：「我現在注意屁股上面第七節的骨頭。」我說師父啊，這是什麼意思啊？「嘿！沒事，沒事！走吧！」就把我趕走了，後來再也沒有見到他。

我到五十幾歲以後才悟到這一句話。人到了老年，這裡很重要，屁股尾閭骨上第五節至第七節，就是丹田的地方。老年人這裡彎起來了，男女都一樣。其實他當時就是告訴我，將來會碰到這個問題，可能我也不懂，他先吩咐我。我的法緣真好，所以這個要注意。

兩個腿一定要交換，一定要盤好，對身體有那麼重要。你看密宗塑的佛像細腰身，臀部大，胸膛大。腰是直的，胸是挺的。所以昨天我還笑他們，每一個都是彎腰駝背，我現在站起來，身體還不像你們那樣彎，我還可以不戴眼鏡看報紙，還在帶領他們搬這些東西。

我在書上告訴大家，假使你們不雙盤，散盤也可以。散盤不要蹺腿，那樣身體就偏了，要放平。如果換腳，也要放平。不過我小時候學佛，在杭州一個和尚告訴我，盤腿啊，重要得很。他說有一個和尚，夜間在外面修頭陀行，在墳堆上打坐，雙盤坐到半夜以後，忽然聽到吱吱喳喳，他張開眼睛一看，有些鬼跪下來在拜他。「唉啊！這裡有個菩薩耶！放金光的。」他等一下坐累了，雙盤變成單盤。那些鬼說不對不對，變了，亮還是亮，黃金的塔變成銀子的塔，差一截了。他再坐累了，就散盤坐，那些鬼就拿泥巴丟他，說這是個什麼東西啊，一堆泥巴放在這裡。他一聽，還是趕緊把腿雙盤盤起來，那些鬼又來拜了。這是當年在杭州聽的故事。

再說人老了，先死亡的是兩條腿。假使老了你這個腿動都動不了，那不行的，生命從下面來的啊。那你說八仙那個鐵拐李，還拐腳呢，那當然也可以，有方法修的，那是氣的關係，全身要通的。這是第一支，最重要的。

第二支

第二支背脊骨要挺，不要故意去挺，是直如一串銅錢。以前銅錢是一串一串，串起來筆挺，從尾椎骨到腰這裡，五至七節都要注意。尤其到兩個夾脊還陽穴這裡，練武功的人，這個還陽穴對到胃、心臟，都有關係，所以一定要坐好。當然你身體不好的，先勉強一點。你氣脈到了一定會好的，這個姿勢不對，身體弄不好不要談修行了。你看現在這一些中年人，背脊這裡一駝，打坐就這麼勾起來，完全老化了。譬如我這樣一坐，我的眼睛平視不動，可以看到兩邊；頭平面轉過來，可以看到後面一點，這一邊也一樣。把臉完全轉到背後去，我還沒有做到，如果再活幾年也許可以做到了。頸部這裡要這麼柔軟。這是說背脊骨要挺，第二支。

三四五六七支

肩膀第三。重點是肩膀平，你們打起坐來這樣，現在看著我！肩膀這樣拉開平的啊！不要故意挺喔！再拉大是平的，萬一手短呢？你不一定結這個手印，兩手可以這樣放在髀上，手太長的也可以放在膝蓋上。

第四支結手印了。剛才講長短，再拿解剖學、生理學以及中醫氣脈的道理，這一講很長了，所以這個基本要搞好。

第五支講到眼睛，最好是閉眼睛，古人所講的是半開半閉，但是我的書上堅持要採用閉眼睛，因為這個時代大家用眼睛太多了，所以方法要變。

第六支舌抵上腭，第七支頸椎頭部擺正。上腭在哪里？你們拿手指摸摸自己口腔裡上面有個凹，那個叫上腭。所以告訴你舌抵上腭，如果抵在上牙齦的後根，是不對的，還要進去一點，這個凹是穴道，針刺這個穴道沒有問題的，所以叫上腭。這叫七支坐法。

你們叫了半天南老師，看我的書，一考都考不起來吧！紀某有勇氣是對的，可是要詳細研究就多了。你真修安那般那氣通了以後，全身十二條經脈，四肢的氣都到了，詳細研究是很厲害啊，都要搞清楚。

第三堂

這一次我邀請諸位也好，召集諸位也好，這些名辭不管了。這一次的聚會大家要注意，是一種非常值得珍惜的心情，也要珍重自己，不要像過去一樣，光是說課好聽，那有啥用啊！要拿來自己實驗才行。我心裡原想給大家講的話，自己再一想很著急，因為大概要講三個月的課，現在不照我那個辦法講了，只是一點一點把重要的抓出來，大家要有這個心情去了解。

下午講七支坐法，打坐的外形。不要這一次聽了就認為懂了，還差得遠呢！至少要仔細看一下我那本《靜坐修道與長生不老》，把上面所說七支坐法的要點研究清楚。但是很抱歉，那是當年偶然寫出來的，我一輩子寫書沒有真好好寫耶！真的。誰知道這一本書變成全世界六種語言的翻譯，英文、法文，各種文字都有，我都沒有想到。但是我心裡感覺到，也可說傲慢，也可以說謙卑、感嘆，像這樣一本書，有六種語言的翻譯，證明人類的知識好低啊！我個人覺得那麼普通的一本書，有那麼好嗎？可是現在回想一下，有關七支坐法，你們今天雖然聽了，我還沒有深講哦！任何一支，任何一個姿勢深入進去，學問都很深的，同現在的醫學、科學、自然科學、生理科學統統有關連的。所以你不要隨便說要學佛打坐。我經常自己笑自己，年輕學佛發願要度眾生，本欲度眾生，現在反被眾生度了。這是對自己的一種嘲笑，也是一種感嘆，是真正的心情。

比丘與福田

現在的社會人類對文化教育，太容易自滿，太容易自慢。所以中國文化道家、儒家，乃至於佛家，特別注重謙卑、謙下，不能自滿。中國文化的根本從《易經》來，都極力要謙卑。佛教出家的弟子叫比丘，比丘是什麼啊？明白的翻譯就是討飯的。你們不要搞錯了，比丘翻譯為乞士，乞士有二個意義，一、上乞法於佛，是向佛求法。二、下乞食於人，靠一般眾生供養，維持生命。但是大家看比丘很高貴，覺得乞士多好啊！其實你這樣想是冬瓜腦筋！不想一想，比丘就是討飯的。

佛告訴大家「比丘為眾生種福田」，出家的人討飯化緣，給眾生培養福分；眾生布施你一塊錢，送飯給你，眾生有福了。布施的人有福了，你完蛋了，你只是人家的福田，你就是那個泥巴，垃圾都倒在上面的福田。人家布施給你當然有福啊，人家在福田下了種子，將來得好果報。你這塊田呢？大家懂不懂農業啊？一塊田地種了三年稻子，趕快要給它休息，換別的種，不然這個地力弱了，再種下去出不來那個稻子了；所以要交換種植，這是農業的科學。

你就想想自己吧！假設我是出家人，作人家的福田，給人種，多接受供養，自己消受得了嗎？所以我經常說，大家學佛看佛經，什麼都沒有看懂。其實佛也是極力謙卑，要出家的比丘先學慈悲喜捨四無量心，最重要哦！現在講物理學，最近來大陸的那個霍金，身體殘廢，堅強一輩子講量子力學。科技大學校長來了，大家說到量子力學，我馬上找佛學的《量論》給他看，佛告訴你一切無量，物理是怎麼講量的？這個是重點大問題，很重要的問題。

我們現在先不講科學。學佛要發四種無量心，什麼叫無量？沒有限度的，沒有範圍的。先培養自己四種心理基本，慈、悲、喜、捨。我們現在把慈悲變成口頭話。儒家孔子講仁、義。道家老子講：天下有三寶，第一寶就是慈悲。「曰慈、曰儉」，節儉的儉，也等於簡單的簡。「曰不敢為天下先」，不敢為天下先就是謙卑。

剛才我話一講就扯遠了，心裡的目的要趕快告訴大家，一天很容易過。譬如這一次我也犯一個錯誤，你們也犯了錯誤，大家犯錯誤。我的信上通知，七月一日開始，要來的人在二十八日要先告訴我們準備。結果你們呢？一日上午才到，所以我只好將就了！對不對？這就是錯誤。一個信義的「信」字都做不到。雖然是小動作，但是國家民族的道德文化建立，我們要從這裡開始檢討自己。是七月一日開始嘛，當然我沒有規定一日早晨幾點開始。換句話說，大家同我們一樣，大模大樣的把時間不當一回事。所以我經常罵人，你們給人家約明天上午，我說上午有六個鐘頭耶。下午見面，下午也有六七個鐘頭耶。

佛法是科學

剛才下午講到七支坐法，自己要研究，現在不講打坐了。所以我說不打算照次序講，否則三個月都搞不完。我們今天這一次開始，只好從佛法入手，不是佛學，也不是講佛教。你們看我的書，有一個觀念搞清楚，我經常把這三個分得很清楚。佛教是宗教，它有它宗教的形式，有它宗教的習慣，有它宗教的行為。譬如出家、蓋廟子、化緣、做法事，都屬於佛教的範圍。尤其佛教到中國來，建立了中國特色的佛教，等一下我講給你聽，你們要記得問我，中國特色叢林的佛教怎麼樣？你們應該要懂，可是現在很少人懂。

第二是佛學。一般人研究佛經，東南亞小乘的國家泰國、越南，以及注重小乘的國家，如日本、韓國、乃至中國，許多大學問家，研究哲學的，研究佛學的，這都是屬於佛學，講理論的。佛學家很有學問，講起來頭頭是道。在我呢？從小到現在，就是古文一句話「在所不取也」。大家聽懂這句古文吧！對於這些，我是理都不理，因為我也很傲慢，講學問太容易了，在所不取也，我看不起；不是看不起，是不注重這一面。世界上學問多得很啊，齊家、治國、平天下都重要，我還搞這個閒事！可是我也會，真講佛學，我可以說比大家細密一點，但是我不注重，不向這一面走。

我是想要怎麼樣成佛，怎麼樣得道，至少打坐坐起來怎麼入定耶！你講了半天學理幹什麼？像學科學一樣，我要發明，作一個科學家，光談科學的理論，拿個博士學位，不過教書而已嘛，所以我不講佛學。但是，你們講佛學我還看不上，你們一講，我認為都錯。所以我要告訴人家的是佛法。我一生走的路線，是研究佛的修行方法，他的方法是幹什麼的？是解決生死問題的。

追求生命根本的人

我也常常告訴你們，這是邏輯了，人文科學邏輯，一個是學佛，一個是佛法。我說你們學佛，有誰夠得上學佛？我就沒有資格。我說學佛要先研究佛，釋迦牟尼佛現成的太子，現成的皇帝不作，為什麼？又沒有戀愛失敗，又沒有事業失敗，又沒有受到什麼刺激，他為什麼要跳出去幹這個事啊？剃個光頭，作個討飯的比丘。

佛是大比丘耶！研究他的一生，他有幾次災難，出來化緣，過了午時沒有人布施，就餓著回去。還有一次，碰到外道婆羅門教，看不起佛教，布施馬糧給他。換句話說，人家給他馬吃的東西，他就謝謝，端回來也吃了。給眾生做福田嘛！你想想看，他的行為我們學得到嗎？再說，關於佛的傳記很多，英文的、中文的，有些說他十九歲出家，有些說他二十幾出家，這就是搞佛學了。你看了以後根本就不要信佛了，不曉得搞些什麼東西。

釋迦佛確定是十九歲出家，因為有些小乘佛教，不承認他出家以後十二年的修行，那是跟外道學習的經歷，好像對他不光榮，所以都拿掉了，改成二十多歲出家。他出家以後遍求一切法，印度婆羅門，瑜珈，什麼他都學過，都丟掉了；然後一個人跑到雪山苦行六年，我現在不講他的傳記，講出來比武俠小說鬧熱多了。然後最後到菩提樹下悟道。

所以學佛，我說那太難了，因為有一些人根本是平民百姓，隨便剃了光頭，穿上出家衣服，就算學佛了！這些人，我沒有辦法跟他學。

佛法在哪裡呢？以我個人的經驗告訴你，尤其是中國禪宗、密宗，記住一句話，「佛為一大事因緣出現於世」。這句話不要靠筆記哦，老靠筆記有啥用！你看我這一生，從小起不靠筆記，我的腦子媽媽生給我就是電腦，為什麼不用腦子把記憶力加強呢？像這一句話，我看了就記得。你則要趕快拿筆寫啊，寫給誰看？自己也不看，等一下就忘記了。「佛為一大事因緣出現於世」，中國的佛法，禪宗一句話結論，釋迦牟尼佛是為了一件大事，出現在這個世界上。在禪宗講是個話頭，他為了什麼大事來啊？

我們拿中國文化註解你就懂了，中國道家莊子告訴你「死生莫大焉」。

世界所有的學問，其中有個問題最大，就是生與死。生命怎麼來的？就是研究生死問題，這是佛法的精神。英國的大物理學家霍金，前兩天來中國，也是講這個問題，我們怎麼活到這個世界？人類究竟從哪裡來？生從哪裡來，死向哪裡去？他說：世界是無始的。這句話本來是西洋哲學亞里斯多德講的，中國人就信了；其實釋迦牟尼佛早就講過了，比他早很多年。

可是幾千年來東西方文化，到現在為止，究竟人從哪裡來的？宗教家、哲學家、科學家都在追求，還沒有結論。人為什麼生來又會死掉，為什麼會老會病，又會有那麼多痛苦煩惱？釋迦牟尼佛出來就是為了解決這個問題。莊子說死生莫大焉，生死問題，這是個話頭。

說發心

學佛的人講要發心，到廟子去的居士們，聽到和尚們說「你要發心啊」！就是說你要拿鈔票出來布施，或者你要蓋個廟子，那個是發心，發布施的心。但是真正的佛學、佛法、佛教，叫你發心是發「了生死」的心，這個才叫發心。這個發心，就是佛經上講發阿耨多羅三藐三菩提，求無上正等正覺，大澈大悟，了生死的心。

請問我們大家同學們，你當時開始學打坐，學佛，甚至這一次來，你有這個意思嗎？沒有。不過南老頭那個人又講課了，好聽，去玩玩。發個啥心啊！了生死的心？你想都沒想過。生死是可怕，但是懶得想它。阿耨多羅三藐三菩提翻譯成中文，阿耨多羅是無上，至高無上。「三」，中國這個字發音，在梵文裡頭是正。三藐三菩提就是正等正覺，就是大澈大悟，為了自己了生死，這個叫發心。

我們同學裡頭也有講，唉啊！我從小就想出家，譬如後面坐的某某啊，這些都是廟子上跑過，剃過光頭，你說發這個心剃光頭的人，是為了了生死嗎？才不是呢，是好玩，唉！煩死了，出家好。這叫什麼發心啊！發煩死了的心。

對不起，我開始學佛，是發我要成佛這樣的心。我從十幾歲起，小說

《三國演義》看多了，立志要作英雄打天下，英雄作好了，天下大事完成，晚年出家成佛。這是我的目標，晚年才成佛、成仙。那個時候還不知道佛，只曉得神仙。所以後來我碰到好幾個黃埔老將軍、同學，對我說：老兄！我要跟你學佛。我說你學什麼佛？你出來的時候有沒有想當皇帝啊？他說：你胡扯個什麼啊！我說：真的，我出來就想作皇帝，你連作皇帝都不敢作，你學什麼佛啊！後來他們罵我太狂了。我說真話嘛！佛是這樣來的，為了一大事因緣來，要成佛。

現在從今天起，要跟你們講如何走成佛之路，一定要自己發心，不是只聽我講。聽我講的話，請問我現在講的是什麼？拿佛學來說，我剛才講了半天的話，就是「勸發菩提心」，勸你們發心。可見大家沒有發心，我是勸導你們，不是說來打坐，求個平安，或者如何，或者老的時候走得舒服一點，都毫不相干。一定要真正的發心。

你看釋迦牟尼佛這個心，出了家以後他沒有想當教主，據我的研究，釋迦牟尼佛三十歲左右悟道以後出來弘法，他跟孔子一樣，很多人跟他修道，他帶領這些人變成一個團體，教育的團體。變成佛教的形式是以後的事。你們是沒有看經典，我看了《大藏經》律藏，看他活得很煩耶，比我們痛苦耶，帶領那麼多弟子，裡頭好的壞的，有些壞事做絕了的都有，他痛苦得不得了。

有一天他自己煩起來，一個人離開弟子們向山裡走，正好碰到對面來一隻大象王。那些象非常吵，又打架，那個象王也很煩，下山走。釋迦牟尼佛跟牠碰見了，摸摸牠的頭說，這個時候我跟你的心情是一樣的，好煩啊！所以我看來他沒有想創一個什麼宗教，宗教是後來的人搞的。

所以佛經上記載，他在菩提樹下大澈大悟，證道成佛了，就馬上要涅槃。這像宗教神話一樣，這時感動了大梵天主懇求，你老人家不能走啊！你多生累世發願，悟道以後要度一切眾生，你現在悟道了，怎麼可以就走呢？我們沒有得度啊！所以佛才出來說法，這是第一點。

佛在說《法華經》時，就對舍利弗說，「止、止」，不要說了，不要說了，「我法妙難思」，我所悟到的沒有人懂。因為佛法不是思想，不是推理，不是學問可以做得到的；要實際科學求證的方法去實踐，沒有人肯去幹這個事。

現在是講真正的佛法，都要記住，不要靠筆記。我是恨鐵不成鋼，希望你們腦筋跟我一樣，一聽一看就記得，我做得到，你為什麼做不到呢？我到現在還很努力，讀書要記的時候，記不得就拚命去記啊。乃至現在科學不懂，我拚命研究，哦！原來這樣！我跟科學家談論，還批評這個那個不對。

佛說的什麼法

第二點：釋迦牟尼佛在菩提樹下，到了第七天睹明星而悟道。天快要亮了，抬頭一看天上一顆亮星，那大概是向東方看，月亮下去了，整個天朦朦的，辰星出來了。他看見了，一下開悟了，大澈大悟。這是禪宗的記載，你注意哦！非常重要。禪宗講睹明星而悟道，這幾個字就解決了，比較俗語化、口語化。佛學呢？「睹明星而成正覺」，已經佛學化了。

他悟道了，講的這幾句話，特別注意。「奇哉！」拿現在白話翻譯，就是好奇怪啊！所以感嘆，「一切眾生皆具如來智慧德相」，又變成佛學化了。你看中文把它翻成語體文。「一切眾生」，不只一個人哦！每人都完全具足，都充滿的，本來就是個佛，我們大家不但有佛的智慧，還有佛的功德，一切具備，沒有欠缺。「祇因妄想執著，不能證得」。既然一切人都是佛，個個都是佛，普通人為什麼不變成佛呢？有個東西把自己擋住了。所有的思想、感情，能夠知道的，都叫妄想，被這個妄想東西擋住了。祇因妄想執著，把自己的主觀抓得很牢，所以不能成佛，就是那麼簡單。他講了這個話以後就要涅槃了，就要走了，才感動大梵天天主趕快下來跪在前面說：你不能涅槃，因此才出來說法四十九年。這是禪宗的開始。

你看釋迦牟尼佛後來講的佛法是什麼？一切唯心。都是自己，沒有上帝，沒有閻王，沒有天堂，沒有地獄；如果說有的話，天堂地獄、上帝、閻王，一切也都是你變出來的。這是一個問題了。世界上究竟是有他力，還是自力？究竟是唯心還是唯物？佛告訴我們徹底唯心的。不管唯物、唯心，都是心的本體來的，誰都作不了誰的主，沒有個主宰，生命就是這樣來的。佛徹底的推翻了一切的宗教，一切的哲學，一切的科學，一概都掃掉。只有那個生命的主宰，你明白求證到就行了，就成佛了。

這是真正的佛法，沒有佛教的形式。表面上看它是無神論者，沒有個神，沒有個主，沒有個偶像，有個偶像就是著相。不崇拜偶像是來自佛教，不是耶穌教、天主教的，一著相就是偶像啊！就不是了，徹底的唯心。所以他一輩子說法就是講究竟唯物唯心，辯論分析。他一生說法沒有宗教性的，而且推翻了一切宗教，一切哲學，一切科學。以我個人幾十年的研究，覺得最特別的特別，世界所有一切宗教，都跳不出他的手心。

第四堂

學佛成就者的生老病死

剛才講到釋迦牟尼佛怎麼樣悟道，這就是禪宗的開始，禪宗是根據這個線索來的。像我們研究釋迦牟尼佛，他為了了生死而出家，放棄了帝王的富貴榮華，出家為了解脫生老病死苦，嘿！最後呢？他還是生老病死走了，這是什麼道理啊？一切宗教的教主都是為了解決這個，可是一切宗教的教主最後還是走了，沒有一個常在的，即使道家的神仙我們也沒有看到過啊！這不是一個大問題嗎？難道世界上的這些宗教，這些學理，都是騙人嗎？但那些受騙的人，都是歷代第一流智慧的人，是否上當以後心不甘，再來騙人呢？這就是學佛要參究了。

釋迦牟尼佛，經典上記載，他活著時也有病，也吃藥啊，吃他的弟子名醫耆婆居士開來的藥。不過戒律上講到，有一次佛感冒傷風，叫耆婆來給他開藥，佛看了耆婆的方子說，你少了一味藥。耆婆說：師父啊，您真高明，您永遠比我們高明，我真的忘了。他說你忘記了加酥油（按：有說是溫水）。這些在戒律方面記載得很實在。但是佛還是會老，還是會病，還是死了。

不過有些人研究，講他是神話，他死後弟子們把他裝在金棺材裡。所謂金棺材是銅的棺材。他的傳法弟子迦葉尊者，是禪宗第一代祖師，拈花微笑故事的主角。現在還活著，在雲南雞足山那個石門洞裡入定，我是相信他還活著。佛最後等他不及就走了，迦葉尊者趕到時，佛已經裝進金棺了，迦葉尊者很難過，就跪下來，佛為了他，從棺材裡把腳伸出來。他又怎麼有這個本事呢？迦葉尊者看到佛的腳，就捧著這個腳，「知道了，世尊！」佛把腳收回去了。所以我們拜佛磕頭，等於額頭碰到佛的腳。

其次，他同一般人一樣，照佛教佛學來講，這叫作「示現」，表示生命是無常，誰也逃不了這個規律，無常是不永恆的，世界上的一切事情都不永恆，他表示無常給你看。但是他臨死前說《涅槃經》告訴你，我們生命背後有一個真正不生不死的，永恆的東西。以佛教佛法來講，他吩咐四大弟子，他的兒子羅睺羅、迦葉尊者、君屠鉢歎，還有賓頭盧尊者，留形住世活著，而且把自己的飯碗、衣服交給迦葉尊者入定，等到彌勒佛到這個世界成佛了，把衣鉢交給他以後，才准許迦葉尊者涅槃。他四大弟子可以做到不死，這又是什麼道理呢？這就是話頭了，問題都來了。

生死　不生不死

再說，比如當年我十二歲起學道家，因為練武功，自然慢慢會喜歡道家。道家學了以後到二十幾歲學禪宗，跟著袁老師，也明白了。但是我當時在禪堂就問袁先生，那我的生死呢，怎麼了？袁先生就罵我一頓，你看那個上面有沒有生死啊？我說沒有啊，就不問了。可是還是問題，八九十年我始終有這個問題。是的，這個上面沒有生死，看了釋迦牟尼，看了迦葉尊者，看了禪宗在印度二十八代祖師，一直到達摩祖師，每一個都是神通自在，智慧第一，要走的時候都很灑脫的走；但是我還沒有耶！於是再轉道家，再轉顯教，再轉禪宗，再轉密宗紅教、白教、花教等一切摸完了，都不對啊，都有個問題在啊！

所以我在台灣到五六十歲的時候，我給有些人講，佛法修行是真的有這個東西，不生不死，我可以證明，但是我沒有辦法站到法庭上給你證明。換句話說，就是無法公開說明這個東西就是不生不死！我說等到有一天我站出來給你證明的時候，我就走了。

剛才黃醫師問我氣的問題，他開始是學唯物的，西醫嘛！當然唯物文化出來的，也不相信打坐，更不相信生命有個氣。他開始還笑我呢！氣？嘻嘻！這樣笑我。現在他給氣騙住了。他說：「現在不是我作主，是氣作了我的主，怎麼辦？」我說：慢慢聽講不要慌。他現在先相信有個氣。

譬如當年這些問題，你們學佛的人一打起坐來就要無妄想、無念，這是大家亂解釋的。我研究了八九十年，這些學佛的都是瞎子牽瞎子，叫你沒妄想，叫你不思想，沒有這個話耶！怎麼樣叫作沒有妄想？這是問題，生命是怎麼樣活著的？怎麼死亡？是個問題。所以我最近講生命歸納起來只有幾個問題，最嚴重的是怎麼投胎來的，這個學理在哪裡？我們自己不知道，黃醫師是專門研究的，他是婦產科的醫生，我笑他，香港大概有萬把人都是他接生的。

生命究竟是怎麼來的？生來又怎麼死掉？生死是一個問題。還有白天活著為什麼夜晚要睡眠，難道真的是唯物的，腦神經要休息嗎？像我現在很少睡眠啊，一樣有精神給你們講話。很少吃東西，有時又吃得很多，這樣的體力精神你們不一定比我高明耶。這幾個年輕人跟著我活動，我看他們比我還老朽一點的樣子。還有白天跟夜裡的問題，跟做夢的問題。當然心理學、醫學都有解釋，但都不徹底，最後是「心意識」的問題。

樹洞中的行者

禪宗二十八代的祖師，都有記錄的，都是神通智慧第一流，都有表現的。密宗講修成功的人，最後化一道彩色的光明走掉，那個都不稀奇，沒有什麼了不起，很容易，但還是不究竟。那麼定力究竟有沒有呢？譬如我教大家，明天就會講到這個，講修行的《達摩禪經》，有個故事講出來，你們參參看。

《達摩禪經》並不是禪宗的達摩祖師，是他同門佛大先的徒弟佛陀跋陀羅所傳的。當時他被長安一批有學問的大和尚趕走，到江西廬山才翻譯這一本經，把修行做工夫的經驗留給中國，後來他在建康（南京）涅槃。他是有工夫的，他有個徒弟叫慧持法師，就是中國淨土宗創始人慧遠法師的弟弟。

先說慧遠法師為什麼出家，同當時的政治有關聯，他看不起那個時代，跳出政治圈子出家了，後來在廬山創了中國的另一個宗派「淨土宗」，根據佛學，提倡念南無阿彌陀佛，往生淨土。他的親兄弟慧持法師，跟這位佛陀跋陀羅禪師學禪定，走禪宗路線。這個故事不能說假的哦！這是晉朝時候，大概是西元第五世紀。

歷史上有些記載，慧持法師到四川以後，就到峨嵋山走一圈，死在峨嵋了。可是到了七百年後的宋朝，峨嵋山下的樂山（嘉定），有一天刮大風，一棵大樹吹倒了，發現有個和尚在樹洞裡打坐。最後向中央報告，當時皇帝是宋徽宗，會畫畫、寫字，文學非常好。他一聽有個和尚坐在樹洞裡頭，指甲長得把身子都捲起來，鬍子頭髮指甲還在長，就下命令送到首都河南開封。

中國素來有個宗教局，宋徽宗那時管佛教的是喇嘛金總持，是吐魯番、甘肅、青海那邊來的，就請他來，敲引磬讓慧持出定。打坐入定的人，怎麼叫都出不來的，要在耳朵邊上敲引磬，才會出定。你們注意，要慢慢敲引磬（師示範）。磬，文學上叫「青磬」，木魚叫「紅魚」，紅魚青磬配起來很好聽。

慧持出定第一句話：「我的哥哥呢？」大家問他，你的哥哥是誰啊？他說慧遠啊。嘿！那是晉朝的人耶，現在是宋朝啦，離晉朝有七百年了，你哥哥早涅槃了。他說這樣啊！眼睛一閉又要入定了。那個蓄僧拿引磬這麼敲，你不要入定，你入定幹嘛啊？問他準備到哪裡去，他說要回河南陳留。他兩兄弟是陳留人，玄奘法師也是這個地方的人。這個故事很有趣。

這個肉體怎麼一打坐七百年？所以《高僧傳》記載，打坐幾十年、一百多年活著的很多。我小的時候，曉得浙江諸暨有個道士，入定活到一百多年了，指甲會長長，每年老百姓都要給他剪指甲，剪鬍子。

宋徽宗的詩

生命是怎麼一回事？所以我常講，研究歷史很有趣，這個宋徽宗後來被金人俘虜到五國城；聽說有另一個資料，宋徽宗後來在東北出家作喇嘛了，這又是一件奇怪的事。他當時對這個入定的和尚作了三首詩，一看就是大澈大悟的詩。這位皇帝很奇怪，可以把一個國家玩到亡掉；他不但字畫文章好，禪也學得好。嘿！中國歷史奇怪的事真多。

七百年前老古錐　定中消息許誰知
爭如隻履西歸去　生死徒勞木作皮

「七百年前老古錐」，什麼叫老古錐呢？唐朝、宋朝的話老古董。慧持不是在這個樹洞裡打坐七百年嗎？所以是七百年前的老古董。「定中消息許誰知」，這個問題就來了，可見他很內行；這個和尚究竟入的是什麼定？是念佛，還是打坐？還是修密宗觀想，唸咒子？還是修氣功，還是在修什麼？你們說說看，哪個人懂得。這個定中的消息有誰知道。「爭如隻履西歸去」，他說你一定定了七百年有什麼用！還不如達摩祖師。

我們那位達摩祖師一百二十歲到中國來傳禪宗，回到印度的時候一百五十歲了。傳說達摩祖師死後下葬少一隻鞋，一個和尚借一隻鞋給他，最後他還把這一隻鞋託人帶回中國來。「生死徒勞木作皮」，這句話宋徽宗罵人罵得很徹底，說人死後都拿木頭棺材來裝。他的文學，禪的境界那麼高，宋徽宗很不簡單吧！不管他亡不亡國，三首詩都很了不起，我們一看就懂了，因為中國書讀多了嘛。你們大家不懂，因為中國人不讀中國書嘛！

天下無藏道可親

藏山於澤亦藏身　天下無藏道可親
寄語莊周休擬議　樹中不是負趨人

第二首：「藏山於澤亦藏身，天下無藏道可親」，這完全是引用《莊子》，中間有一個大道理，也是修行、悟道的大道理，宋徽宗這個皇帝都懂。《莊子》有一句話講「藏舟於壑」，一艘千噸的大輪船，怕吹颱風危險，把它開到山洞裡去藏起來。天下人做生意，拚命把錢賺來就是「藏財於我」。「藏山於澤」，那麼這個山呢？廬山啊，峨嵋山啊，喜馬拉雅山，放到哪裡去藏起來呢？放在海洋裡頭。對啊！整個的地球七分是海洋，一分是山。所以把山藏在海洋裡，人多會藏啊！賺錢放在銀行裡也是藏，藏錢於銀行。銀行靠得住嗎？銀行藏在保險公司。保險公司藏哪裡？不知道了。所以「藏舟於壑，藏山於澤」，人都想有個歸藏，都想保存自己的財富，保存生命。

但是莊子說，「有力者負之而走」，你說把幾千噸輪船，藏在山裡頭，把喜馬拉雅山藏在四大海洋之中，這是最好的地方了。可是有力量的人，揹在背上就跑了，連山、連船都跑掉了。你們做生意賺錢，有權力、財富，但是有辦法的人一下子把你併吞了，你就垮了。那麼最好藏在哪裡？《莊子》說「藏天下於天下」，把宇宙放在宇宙裡頭誰動得了？所以藏天下於天下，藏空於空，把整個虛空放在虛空裡，動不了了。因此我上次在上海演講時說：「我們的國家究竟要藏富於民，或是藏富於國，要搞清楚。國富民強或者民富國強」，就是這個哲學。

懂了《莊子》這裡，回過頭來再看他這個詩。他說慧持法師躲在樹洞裡頭，打坐七百年沒有出定，「藏山於澤亦藏身」，他躲在樹裡打坐。「天下無藏道可親」，宋徽宗說這不是究竟。大澈大悟以後，像佛證得菩提以後，了了生死才是真正的道。但是他說慧持法師雖然在樹裡頭打坐，告訴莊子不要亂吹了，「寄語莊周休擬議，樹中不是負趨人」，慧持不是想把樹揹走的人，他是藏身在樹洞裡頭。你看宋徽宗的文學、禪宗、道家、見解多高明啊。

有情身　定裡身

有情身不是無情　彼此人人定裡身
會得菩提本無樹　何須辛苦問盧能

第三首詩很值得參究的。「有情身不是無情」，佛學翻譯一切人叫眾生，唯識學翻譯為「有情」。這個身就是有情的，這是眾生。什麼叫有情呢？就是一切生命的這個身體是有感覺，有知覺的，所以叫有情。第三首詩更重要，同你們打坐有絕對關係。

你打起坐來為什麼腿痛難過，感覺舒服與不舒服，因為身體是有情的，有感覺有知覺的。宋徽宗這一首詩牛吹大了，完全是禪宗。天下人都在定中，不要修定，「彼此人人定裡身」，都是不生不死的。所以他批評慧持法師，在樹洞裡打坐七百年，有什麼了不起，沒有悟道，要學禪宗。「會得菩提本無樹」，如果像六祖作的偈子一樣，「菩提本無樹，明鏡亦非台，本來無一物，何處惹塵埃」，這樣才大澈大悟了，他的肉體不應該在樹洞裡留了七百年。「何須辛苦問盧能」。盧能是誰啊？六祖。六祖俗家姓盧，出家的名字叫惠能。

這三首詩太好了。看了宋徽宗的這三首詩，對他的亡國，一個君王亡國的罪過都把他免了，太高明了，「有情身不是無情」，這個身體是有情的眾生，要懂得怎麼調整這個身體。「彼此人人定裡身，會得菩提本無樹，何須辛苦問盧能」。何須不是不須，你還參個什麼禪啊！你早就開悟了，成道了。

今天晚上講到學佛，最重要的是如何發心，如何修證自己的身心。我們黃醫師很著急，讓他參究一下再說，睡一夜明天再來，你這個氣在哪裡？「有情身不是無情」，這個氣，地、水、火、風、是有情身的物質，是唯物的作用。

第二日

第一堂

愛人如己

初次到這裡，什麼都搞不清楚的，先把打坐姿勢調好。有一點要注意，在這裡的同學對沒有學過的同學，沒有做到愛人如己。譬如我講七支坐法，很多內容沒有詳細講；可是我不講的時候，你們諸位老同學有沒有幫助新同學再研究呢？沒有。你們有幾個心理，第一：他都會。第二：他相信我嗎？我當然比他高明，但是我講了人家不相信。第三：他的事，我管什麼！這些都不是學佛的心理，是自私。學佛的人愛人如己，鼎力相助，可以彼此討論，幫助人家，但是你們不會的。尤其知識分子更自私，只管自己，有很多的藉口。

昨天講七支坐法，大家要研究，尤其有醫生在這裡。黃醫師非常科學的，生理方面，尤其婦女的問題，抓機會趕快問他。他見多識廣，儘管問他。所以講打坐，與生理都有關係，男性也可以跟他研究。他原來不相信修道成佛的，現在他學佛修道比我還迷信，所以你們都應該找他討論。難得在一起，人生能有幾次碰面機會啊！

你們聽了有一個心理，唉啊，南老師特別捧黃醫師，才不是這麼回事！又錯了，我是教你們佔便宜耶！他坐在這裡是我們同學耶，你到醫院找他就不容易了。他這個人是菩薩心腸，凡是我們朋友有問題，他都拚命幫忙。譬如最近有人在香港跌倒骨頭斷了，黃醫師知道了親自去看他，發現問題嚴重，所以馬上叫骨科醫生兒子趕來，一看骨頭斷了，立刻幫忙送醫院，馬上開刀。我講這個故事，是說在香港跟他認識以後，對我們的朋友、同學，隨時這樣幫忙。

這是對我這一方面，他對別的方面也是如此，我很佩服他的人品道德，他做到了有力即相助，很少有醫生的架子。我聽香港很多人提起他，都很佩服的。

佛學裡的生命科學

這一次的題目是什麼，大家還記得嗎？就是「禪與生命科學的認知」。這個題目裡頭包括了三個大題目。第一什麼是禪？你們要想一想，你們許多都是大博士大教授，不要馬虎耶！第二什麼是生命科學？現在叫得很鬧熱。第三是新興的認知科學，什麼是認知？三個大題目可以寫一百多萬字的書了。本來要講這個，我說來不及，所以分段分段的講。

昨天晚上講到什麼是佛法，佛法是個大科學、大哲學，不是宗教，也包括了宗教。佛為一大事因緣出世，雖說大小乘的佛法浩如煙海，不過是講解禪與生命認知的問題。再歸納起來，就是全人類所要追求的宇宙來源問題。究竟人類生命的來源是唯物或是唯心？而今天的科學發展到了太空，尤其是從愛因斯坦以後，科學家講量子力學這個問題，諸如奈米科技、資訊的發展，人文管理的發展，電腦網路的發展，都是從量子的問題來的。當然後面還有很多的問題。其實佛學裡頭就有，只是大家拿不出來。如果你們這些大博士、大教授學會了，把這個問題配合科學拿出來，你們退休後，可以向這個新的科技方面發展，這是貢獻人類啊！

今天中午還剛剛批評了他們，明知道我要講這個如何生死的問題，當我沒有上來時，你們可以選一選講課的錄音帶，再仔細聽一下，這樣對你們也好，對我也好。可是每個人都不動腦筋。也許動了，考慮很多，卻不執行。要講道德行為，儒家叫這個「為德不固」，做功德發心的事，自己雖看清楚了，卻不堅持一定要做，就是「為德不固」，也就是陽明哲學講的「知而不行」。以華嚴道理「理即是事」，道理到了，事情就要到達。跟了我那麼久都做不到，常常聽也聽疲了，如果說你們沒有想起來，那更錯誤。

我今天下午上來就罵人，你以為在罵人啊，這就是學佛的菩薩行，思想就是行為。你們學佛嗎？這些都不學，學佛不是只管自己，利己利人最重要。像這麼大熱天，我們搞這個地方，請大家來玩的嗎？是為了利人耶！你們打坐不是看熱鬧，不是看著我喔！是要聽我講話！生死問題你們聽過再多，仍要重覆研究，這一次要切實發心，真修行，了生死啊。

第二堂

你的學問工夫上身了嗎

為了講這個生死問題，認識佛學，講的都是重覆的話，你們跟我很多年的朋友都會，可是我觀察你們都沒有深入。什麼叫沒有深入啊？學理跟工夫沒有上身，沒有到身心上面來。這是中國道家過去的一句老話。我看到過去老一輩人做學問修道的，一邊談話，一邊說，唉啊！我不跟你們講話了，大家同學問為什麼？他說工夫上身了。他自己眼睛一閉就打坐了，這是真工夫，這是實驗。所以你們學了多少年，學佛修道做工夫沒有上身，做事業倒是蠻上身的。有些朋友官也作得好，生意也做得好，非常用心。只要講到修養就不相干了，那是搞著玩玩的，這就是世法與出世間法的差別了。所以我說老同學們跟我很久的，理論都會講，工夫沒有上身，都是空洞理論，到學校作老師教人家可以。我認為有些教書是在騙人的，表示自己很有學問，給大家讚賞，可是對自己并沒有用。一定要學理工夫上身才算。

現在為了講重覆的話，我再說一遍，我想在座我們很多老同學，學問都很好，叫他們來講也許講得比我還清楚，可是我還不放心他們講，聽起來都很對，但很不紮實。釋迦牟尼佛悟道以後出來弘法，照一般研究佛學，講宗教的，他先講的是小乘法門。現在人一聽到小乘，馬上就看不上，意思好像是幼稚園小學生的課。錯了！你學問儘管大，都要從幼稚園小學開始紮根。

純苦無樂——一轉

比如，我們研究佛學的，我先講一個小題目，就是認知小乘是什麼，先不要說認知的本身是什麼，只能借用這個名辭。對小乘佛學，我們的認知，只曉得佛開始說四諦。諦就是要點，哪四諦？苦、集、滅、道四諦。小乘法門講四諦叫三轉四諦法輪。記住哦！然後說到十二因緣。這是給你們上佛學的課了，也是科學，很有用的哦！你們出去做事業、做生意，作官都有用哦！只要你充分明瞭四諦十二因緣的法門。綜合起來講，有三十七菩提道品，大小乘佛學的基礎都在這裡，是大澈大悟，自己了生死而成佛之路。一切大小乘的經典，禪宗、密宗，不管你什麼宗，什麼派，包括世界上任何一個宗教，都逃不開這個法則。如果你們想修行的話，這個學理搞不清楚是不行的。

我先把理論講了，再講修持的實際方法，這不要靠本子記哦！停一分鐘大家想一想，剛才講的四諦法門，苦、集、滅、道。佛三轉四諦法輪，我常問這些佛學大家，大師們，三轉怎麼轉法？像輪子一樣旋轉嗎？這都是最基本的。不要認為這只是講學問，打坐用功，馬上要體會的。

譬如第一轉，佛普通的講法，教育法，就告訴你人世間都是苦，非常痛苦，只有苦沒有樂。這個世界上的人認為的快樂，是把輕度的痛苦顛倒，當成快樂。顛倒就是錯誤的意思。比如我們花了很大的錢去按摩一個鐘頭，或者說洗三溫暖、洗了又按摩；唉啊！昨天花了六百塊錢洗了三溫暖，按摩，好舒服啊！眾生顛倒，實際上找個人來虐待你，冷水熱水給你出汗，然後按摩，輕微的打你，就叫作舒服。按得重了，喔！輕一點，太痛了。

世界上純苦無樂，因此分成八苦、十苦，看起來很消極，都是很實在。八苦之中的生老病死苦，這四個大家都知道。講起來生老病死苦，現在我看看有些同學都老了，同我一樣老了，但是忘記了自己老的痛苦。我是深深感覺到老苦的。剛才我跟沙彌講到這裡的建築，她當時問我這個浴缸太高吧！矮一點好嗎？問過我三次。我今天才悟到當時我錯了，今天洗完澡出來的時候，我才曉得浴缸太高了；我想到五六十歲的人，兩個腿都動不了，爬得出來嗎？這就是老苦。眼睛看不見了，腰痠背痛了，各種病痛都來了，生老病死，大家在苦中自己不知道。不知道就是沒有智慧耶！知道了，有智慧，就要想辦法跳出來。

第五是愛別離苦，喜歡的人，喜歡的事，別離了，分開了。自己所希望的做不到，隨時隨地都在愛別離苦。六是怨憎會苦，不喜歡的偏碰上，普通講的，騎馬碰不到親家，騎牛就碰上了。七是求不得苦，要發財，偏偏倒楣；要升官，偏偏沒有官作了，所求不如意。第八個苦大家不知道，什麼叫五陰熾盛苦？哪一個年輕學佛的同學來回答問題？（答：色、受、想、行、識。）

對，色受想行識叫五陰。這五個包括心理跟生理。「色」就是生理的地、水、火、風、空。「受」是感覺，我們每天氣候冷熱，舒服不舒服，思想感情等都是。「想」就是思想，知覺。

「行」呢？就不知道了，不是行為，是宇宙間有個動力，生命的背後有一個動力，電能一樣永遠在發動。這個生命，這個發動的動力在哪裡你找不到，這個找到了才叫作修行。我們的身體為什麼會衰老生病？為什麼會痛苦？為什麼有情感？這個行，它的動力動能是什麼？是唯物還是唯心？

「識」呢？勉強的解釋是精神方面，佛學把生理心理，整個人的身心兩方面合起來叫「五陰」，也叫「五蘊」。「蘊」就是包含在內的，像那個電能的電場一樣，那個能源你看不見，電能這個能是什麼你不知道。嘴裡都會講能量，能量是什麼東西你看見了嗎？現在科學發達，誰能夠找出來宇宙最初的能源是什麼？找得到嗎？所以這個第八的五陰熾盛苦，很不容易懂。

佛說我們每天受生理、心理的煎熬，自己在受罪，所以叫八苦。這個八苦，大家講佛學就講過去了；如果現代聰明的年輕人，拿八苦的觀念，換一個文字語言寫文章，寫小說，寫散文，寫理論，可以寫出來很多好東西。佛把這個叫「苦諦」。這個世界的生命，以消極的角度來看，整個是苦的，所以生命是很痛苦的活著。因此我經常給你們說人生三句話，「莫名其妙的生來，無可奈何的活著，不知所以然的死掉」。這個生命是五陰熾盛苦，佛說得這樣徹底。這三句笑話，大家聽了哈哈一笑，覺得我的話好笑，我看到他們好笑覺得更好笑。意思是說，你笑，你懂了嗎？笑個什麼東西！當時大家閒談，不好罵人。換句話說，這三句話是在罵人耶！你生不知所從來，死不知所從去，白活了一輩子。

佛說了四諦因緣，第一步是消極的看人生。其實每個宗教都是這樣看法，佛講得最徹底。但是這個苦，普通講佛學只講到八個苦，他在別的經典上說到十個苦。總而言之，活在這個世界太痛苦，太吃力，太難受。不過，苦不是灰心哦，不是消極哦，而是告訴人們，我們人有本事、有智慧、有能力，跳出這個苦海，這就要學佛了；你不要被苦打下去，被打下去就不是大丈夫，不是英雄。所以佛稱為大雄，大英雄打破這個苦的牢籠，跳出來。這叫作跳出三界外，不在五行中。所以廟子的大殿叫大雄寶殿。能征服天下作皇帝，統治全世界的人，不算英雄，你能夠跳出生死嗎？跳出物理世界痛苦的拘束嗎？唯有佛才是大雄、大力、大慈悲啊，他跳出來了。剛才我講四諦三轉，這是第一轉了。

求解脫——二轉

這一切苦從哪裡來？苦是果哦，這個果是從因來的，原因是「集」來的。集是集中，抓來的，你自己集進來的。集是苦的因，苦是集的果。所以我們打起坐來為什麼空不掉？順便講科學給你們聽，我們的生命像一個磁鐵一樣，在這裡你覺得在修行，兩腿一盤打坐很舒服，等一下這裡不對，那裡不對，你那個心一靜了以後，磁鐵一樣把宇宙的一切能量痛苦集中在你身上。然後想起來，我的老公對我不好，我的兒子對我不對，我的那個生意怎麼辦？都在集。集就像一個磁鐵一樣，把一切不應該的都吸進來。

你們在打坐，以為自己是在修道，其實是在集中一切痛苦到身上！所以叫你放下，你放得下嗎？放不下啊。這個身體不打坐還好，一打起坐來，這裡不對，那裡不對，都是在集。你這就曉得這個身體是個磁場，它把一切都集中了，越講放下越集中，如磁石吸鐵。佛經一句話，集是苦的因，苦是集的果。昨晚有人跟我講，全身難過。唉！不理它就舒服一點了。是啊，你不去集，自然就輕鬆了。這是哲學，是學理也是科學，要實驗。

苦集下面是滅道，要滅除一切痛苦，跳出痛苦的範圍，跳出物理世界，只有得道才做得到。道是滅的因，滅是道的果。涅槃就是寂滅，一切都休息，解脫了就得涅槃。只有得道，智慧上大徹大悟，修證到了，所以道是進入寂滅的因。滅是滅除了一切痛苦，梵文叫涅槃，中文叫作寂滅。這個涅槃寂淨的極樂世界，怎麼才能達到呢？不是菩薩上帝給你的，是要你自己做到的。道，只有智慧悟到了才算。道是寂滅的因，寂滅是修道成道的果，所以叫苦集滅道。

所以三轉四諦法輪，我問一般學佛大家，他就啞口無言了。佛經上說的三轉四諦法輪是怎麼轉？我今年九十了，從二十幾歲研究佛學，當年問了許多的人，大家答覆不出來我這個問題。我自己怎麼答覆呢？我是找佛答覆的，現在我跟你們講起來很輕鬆，我是痛苦了幾十年的。後來回過頭來發現佛經上都有了，都講了，自己就是笨蛋不懂。

其實你懂了這個道理，現在放下坐在這裡就很舒服了，何必用功啊！如果說不用功，這個才是大用功，一切放下就是了。連自己的身體都不要，都丟掉了。這裡難過，那裡腰痠背痛，根本理都不理，你去集中它幹什麼呢？越集越痛苦，你越想辦法對付它，修理它，越麻煩。該死就死嘛，它是物理、物質的東西，要壞就走吧。換句話說，我講的「去你媽的」，滾吧！你該死就死吧。有一個同學，有一次忘了什麼事，我說我傳你一個最好的咒子，「去你媽的」。後來這個同學告訴我，唉啊！老師，你這個咒子真有用，當我最痛苦時，我就想起「去你媽的」，就好了。不集嘛！這是二轉了。

十二因緣——三轉

第三轉四諦法輪，轉出了十二個因緣，這是科學，是大哲學了。十二因緣你透徹了，你修行了，你得定了，你成道了。這一個圓圈先記住，不要靠筆記，我背給你們聽。「無明緣行，行緣識，識緣名色，名色緣六入」，這兩個地方特別注意，大關鍵。「六入緣觸，觸緣受」，你感覺空氣好不好，冷啊、熱啊，這就是觸、受，跟物理世界有關。

昨天講到觸是什麼，瑜珈叫作相應，就是交感。一觸就有交感，心理上就是舒服不舒服。觸跟受，你打起坐來腿對不對，一觸就有感受，按摩就感受按摩的舒服。受，男女兩個愛得要命，什麼叫愛情？我說那是荷爾蒙在作怪，那一點荷爾蒙消耗掉就沒有了，算什麼愛啊。這是貪愛，因愛就抓，就是集，拚命要抓來，愛錢、愛名、愛利、愛虛榮，有愛就取，有取就有現有的世界。存在哲學來了，「我思故我在」，有我思想就來了，就有了。天下的有抓得住嗎？苦集滅道耶！有就是現在的生命，有就緣生，現在的生命必然要老死，一定老，老了一定死，這是十二個因緣。

死了以後呢？生命還存在不存在？西方其它的宗教，死後善人升天堂，惡人下地獄，這是一般的宗教。佛說不是的，死了以後還會再來受報。死後一片無明，莫名其妙，黑茫茫的，什麼都不知道，又來投胎了。像昨天睡覺一樣，睡著的時候什麼都不知道，一片無明，腦筋也不清楚，什麼都不清楚，糊里糊塗。無明也不錯啊，沒有痛苦，也沒有煩惱，大昏沉，不錯啊！所以外道入了無想定，入到無明境界，什麼都沒有，等於睡了六個鐘頭，什麼痛苦快樂都沒有，無明！一醒了又行，動力又來了，無明緣行，十二個因緣先背一下。剛才我講過，為什麼講到這裡？是要講真正生死問題，怎麼了生死，修行做工夫，所以先要把這個基本弄好。

「無明愛取三煩惱」，無明、愛、取三種屬於根本煩惱。隨煩惱，小煩惱，大煩惱都是這樣來的。我們自己莫名其妙被自己支配了，莫名其妙支配自己，一切是愛，愛世界、愛名、愛利、愛什麼，拚命去抓，這三種是根本煩惱。這是把十二因緣解剖開來講的。

「行有二支屬業道」，十二因緣有個「行」，有個「有」，行是什麼？是生命一股動力你停不了它。譬如我們睡著了，心臟照樣在跳耶，你的呼吸照樣往來，血液照樣流動。生命活著永遠有一個行陰，像那個電能一樣，像太陽月亮永遠在太空裡轉動，這個是行陰，你要把握住這個。所以修行修行，要認識這個東西。行就是現實的世界，物理世界有個動力在後面走，這個動力究竟是精神的還是物理的？現在大科學來了，像量子力學，你們這裡有學物理學的嗎？某博士講一講。這個波跟粒的關係都是行陰，量子力學有波長，有粒子。要不要補充兩句？

博士：最新的的量子力學有那個「夸克」，就是靠近這個波的時候，裡面波會變動的。

南師：雙軌的透過來就是我們今天的資訊、電視等等。

某同學：我補充一點。光子、電子有時會體現粒子的狀態，有時會體現波的狀態。同一種物質，它有的時候是粒子，有的時候是波。以不同的形式表現，所以有一個名辭叫「波粒二相性」。

南師：波透過這裡，粒子就集中了，就顯現這個現象了。就是能量作用，也就是波粒二相性，兩個現象綜合起來才有今天這些精密科技的發明。我借用量子力學是為什麼？是說這個宇宙的一切，現在已經了解到這個程度了，才有今天精密科技。現在科學還沒有到家哦！學佛是要瞭解這個「行」。你以為佛學是空洞的嗎？它是大物理科學啊。所以「行」就構成今天精密的科技世界，一切皆有，不是沒有。

所以十二因緣，佛說的「行」跟「有」這兩個部分合攏來，就是我們講造業。這個造業，在宗教上是上帝造的；或者說是命運使我們這樣。其實也不是命運，也不是上帝，沒有一個主宰的，都是自己抓來的。「行有二支屬業道」，造業就是這個業，佛學這個業包括善業、惡業、不善不惡的業三種。不善不惡是中性的，修行造業造的是道業，成佛也是造業啊，造成佛的業，地獄眾生造了地獄的業。後面有一個動能是業道，所以量子力學還不究竟，行有二支在十二因緣屬於業道。十二個，講了五個了對不對？「無明、愛、取」三個是煩惱根本，心理的。「行、有」二者是物理的，也是心理的，後面的是業，這個叫業道。

然後剩下來七個。從無明緣行，行緣識，從識起名色、六入、觸、受，到生、老死，這七個綜合起來是苦報。這幾句話是中國佛學把它綜合的，非常高明。我們生命的痛苦是這樣來的，這是大科學。你們把十二支好好學喔！將來你們講政治學、管理學，物理學，你把它用上去，那高明得不得了。世界上的學問是一樣的，你看政治上許多農村經濟出了毛病，你從十二因緣給它一套，馬上看出來這個經濟政策發展是多麼大的痛苦，也就看見好壞了。這是大學問耶！現在告訴你的是第三轉。每一點都是大科學，認知科學與生命科學。

第三堂

剛才講到第三轉四諦法輪的十二因緣。千萬要記住，因為佛的一切大小乘的經論，一切修行方法，都是從十二因緣大原則出來；八萬四千法門也跳不出這個圈圈。所以你看《大般若經》《金剛經》要破根本一切無明，如何破它？剛才叫你們背的偈子，是佛學家、大師們把十二因緣歸納起來的，非常好。

無明愛取三煩惱　行有二支屬業道
從識至受并生死　七支同名一苦報

後來黑板上附帶寫的「無明行識名色六入，觸受愛取有生死」，是古道師在佛學院聽來的，這兩句話不好，只是幫助記憶十二因緣的名稱，意義沒有上面古人那個偈子好。譬如「觸受愛取有生死」，十二個都講完了，可是意思沒有說完。「觸受愛取有生死」，「有」是一支，「生」是一支，「老死」是一支，結果變成了「有生死」，好像其它的沒有生死，在文字上就會誤導，差就差在這裡。這是講寫文章。

第一個偈子是對的，尤其你們年輕辦佛學院的，這些要搞清楚。不然一聽好像都對，其實都不對。這就是老師的重要了，師道，就曉得取捨，把對與不對告訴學生，所以說寫文章不可使人走上誤解的路。

因緣　因果

我們這裡研究是書院的辦法，同學師生之間彼此討論研究。十二因緣的重點在哪裡？就是無明緣行中間這個「緣」哦，因是因，緣是緣。因果是講大原則，有因一定有果。不過這個因果有個大討論，譬如龍樹菩薩後來寫《中論》，表面上看到他把因果都推翻了，都是空的。實際上有因果哦。

當年我在峨嵋山閉關下來到成都，一班大和尚，有八九個，都同虛雲老和尚那樣威風的大老，在文殊院請我吃飯，就提佛法的因果問題。講到禪宗百丈野狐禪的公案，說法一字之差，五百年野狐身。然後一個老和尚問，究竟成佛跳出了因果沒有？我說當然還在因果之內，因果無所謂跳出，也沒有出，也沒有入，即空即有，證得菩提是因，進入寂滅是果，因果歷然，很清楚。

因果是一個大原則，因果的作用是因緣，所以這個因緣，中國這個緣字特別好，佛經中文這個翻譯不得了的好。緣是攀緣，一個連鎖一個的關係。比如說這是某某人的老三，他上面一定有老大老二。如果這是老四，上面一定還有三個。它一個一個連鎖來的。

剛才講到量子力學，量裡頭有波長，那個波動裡頭就有粒子，那個粒子就是緣，那個波就是因。而這個粒子，它不會永遠是粒子，它會變成波，變成因，之後又變成粒子，都是因緣連鎖的關係。佛學講因緣是一切有，也是物理世界中一切都有因緣，那麼因緣的本身有東西嗎？沒有，是空的。等於現在講量子力學波跟粒的關係，波跟粒兩個最後的動能是什麼？不知道。

因緣的道理非常的深，所以無明起來一定緣行。譬如你累了，夜裡需要睡眠，睡了之後下一個是什麼？一定醒，假如睡是無明，醒來是行，無明緣行對不對？這很明顯的嘛，睡好了一定醒來，你睡一萬年也會醒。剛剛一醒那個就是行，你不知道怎麼醒的。無明緣行，行緣識。醒了以後就有思想了，行接著就有識了，那個心意識起作用了，很清楚。思想一來就有身體的感覺。識緣名色。名色就是身體的感覺，名是精神的意識，色就是身體，色是地、水、火、風、空五大，是物理的，物質的。

我就拿睡眠來給你們講，你要這樣去研究體會，不是講理論。換句話說，你打坐入定，入到一念不生無明定，也會出定。出定一定緣行，接著心識作用就起來了。

所以這個意識一醒了，你就感覺有身體。比如說有一個受陰境界，非常好體會的，你們諸位一定有經驗；當你十幾歲的時候，天氣不冷不熱，很不想去上課，懶洋洋的睡在那裡好舒服啊！可是這個身體呢？有沒有感覺？只覺得身體軟軟的，那個是名色的作用。馬上就更清醒了，名色就是身體起了作用。名色緣六入，哪六入？色、聲、香、味、觸、法這六種，嘩！就進來了。你一睡醒以後，慢慢感覺自己有身體了，馬上去枕邊拿手機，打個電話給朋友吧。色聲香味觸都來了。

觸，起來活動了，觸就有受，就有感覺了嘛。白天忙了十個鐘頭、二十個鐘頭，吃飯、應酬、做事情，都在感受中。然後是愛，就喜歡了，喜歡做的事情拚命去做。愛就取，抓得很牢。取就緣有，一個連鎖一個來。這個一動，下面是什麼，你自己看得很清楚。愛緣取，取就有，家庭啊，父母、妻子啊，名譽、財產啊，就是現有的人生。活著下一步一定有老，就有死，死了以後等於又睡覺，又無明去了。明天早晨怎麼醒的？不知道。所以我說你們參禪，了生死，看看晚上自己怎麼睡著的，早晨怎麼醒來，這一夜中間這一段完全無明，你搞不清楚。

佛說這每一個動作，過程都是「無主宰」的，沒有一個人給你作主的，也不是上帝，也不是鬼，也不是神，也不是閻王，也不是菩薩。「非自然」，不是空洞自然而來的，它有物理的作用，有科學性的。因為無主宰，非自然，所以叫緣起，緣生，因緣所生；性空，它的本性體空，沒有實在的東西，也叫性空緣起。所以佛有個偈子：「因緣所生法，我說即是空」，一切皆是緣生性空，性空緣起。

十二時辰與十二因緣

印度的釋迦牟尼佛，跟中國的老子、孔子，差不多都在同一個時代。十二因緣，其實跟中國文化的十二地支（子丑寅卯辰巳午未申酉戌亥）是一個道理。這個物理世界的轉法，與這十二個輪轉次序是一樣的。這個十二因緣，同我們太陽系十二個時辰連在一起，產生藥師佛的修法。密宗的時輪金剛修法也是用這個。所以藥師佛前面有十二神將，管十二時辰，十二因緣的一步一步的修法。這個不再深入跟你們講了，你們學佛連顯教都沒有學通，更不要談密教了，所以不跟你們講。因為講這十二因緣的重要同生死的關係，才連帶順便講了一點。

最重要的兩個緣

我剛才講，平常給你們講笑話，人生是「莫名其妙的生來」，一片無明來的，「無可奈何的活著」，十二個輪盤永遠在轉，最後又老死，回到無明，「不知所以然的死去」了。學佛的人就不甘願，要打破這個無明，弄清楚它究竟是怎麼來的。破了無明叫大澈大悟，阿耨多羅三藐三菩提，開悟了。無明沒有打開，都是白搞的。那麼十二因緣同剛才講的第三轉法輪，中國佛學把它歸成一個偈子：「無明愛取三煩惱，行有二支屬業道，從識至受并生死，七支同名一苦報。」都說過了，把十二因緣歸到四諦。後面佛分析出來，一步一步作科學的心理分析，及物理的分析。

我們下午為什麼講這個呢？因為同生死來去有關係。所以佛法傳到中國，講到如何修行成佛，最初的翻譯都是講如何用功，像《修行道地經》《達摩禪經》。尤其《修行道地經》特別告訴你，學佛不管出家在家，如何跳出三界外，不在五行中，首先要了解生死的道理，再來談修行。南北朝、隋唐以後學佛，專講大話，講大的佛學，修行基本道理都不行，所以修行人越來越少。修行道理原始是從三轉四諦法輪，十二因緣生死的道理這裡來的。現在我們了解了「行有二支屬業道」，最重要的是行、有這二樣。

我們生命從入胎以後，怎麼會成長為現在的人？怎麼樣活到幾十歲？後面的動能是什麼？你說靠營養，靠醫藥，靠飲食，究竟靠什麼呢？其實就是一個「行」。有一個永遠的動力在，它永遠存在。這是一個大問題了。

講到這個問題，牽扯到全部佛學。我笑這一百多年來講唯識的，儘管講《楞伽經》是唯識學的要典，他們卻講錯了，統統沒有把握重點，都忘了根本道理，只在名相上轉。現在給你們漏一點消息，尤其你們年輕的這一些教授們，更要知道唯識。《楞伽經》講唯識，佛為什麼提出一個阿賴耶識？他否定了世界上一切宗教，什麼上帝、神、菩薩、作主的，都沒有，而是緣起性空。生命有個根本，這個根本是一片無明，這個無明，照唯識大乘的道理叫阿賴耶識，非常偉大的一片無明，在你沒有悟道以前，恢復不了那個光明。

三種相　三種識

在《楞伽經》上，大慧菩薩問佛有關生命是唯心唯識的，是心物一元的本體，這個說法已經脫離了宗教。你翻開《楞伽經》看，那都是大要點，大科學了。這些大菩薩們向佛問，也就是大科學家向祖師爺問。佛說識有三種相：轉相、業相、真相。這個生命，萬有的宇宙永遠在轉動，就是這個動能。你懂了這個，我們普通人也可修到成佛，也可修到死亡，也可使它成長，只看你這一轉的功能；這是轉相。至於業相，就是剛才講到的行有二支，也就是現象。還有一種是精神意識的真相。

《楞伽經》首先提出與生死關係的識，佛說有幾種識呢？三種。真識、現識、分別事識這三種。詳細分析就是八識。這還不算，下面告訴你修行很重要的問題。大慧問佛，整個生命的現象，物理世界與個人的生命世界，生、住、滅是怎麼來的？這個世界為什麼要生出萬有的生命，怎麼生的？住就是存在，怎麼存在呢？這個宇宙萬有，世界幾千萬億年永遠有，人的生命永遠轉出來，你看到了「有」嗎？這個世界，像去年、今年，昨天、今天，一切的一切都會死亡、過去，過去了怎麼又來？現在要研究這些現象，都牽涉到科學啊。

佛答覆只有二種，「流注生，相生；流注住，相住；流注滅，相滅」。所以拿現在科學講量子的波、粒在動，這整個世界是量子在動，這個科學的講法，完全符合佛的說法。「流注」，像一股瀑流水，電能一樣，永遠不斷的上來，就是行陰，這個是本體的功能。「流注住，相住」，整個萬有的現象就顯出來了。「流注滅，相滅」，現象就沒有了，沒有了不是斷了哦，又會流注生。

流注的功能決定生死

流注的功能是什麼？阿賴耶識。所以阿賴耶識有等流，善、惡、不善不惡，一齊在流動，就是等流，生命的本體是這樣。所以修行是如何把這個停住，你打坐得定是「住」，就是把行的功能關掉。這還不是究竟哦，剛才我們這個擴音器，雜音很大，把它一轉關掉了，那個雜音沒有了。怎麼去關掉？這叫「定」，叫「住」。這裡頭產生的問題很大，我只要有本事把它關掉，「住」了，我就可以把這個肉體生命停留一萬年，甚至也可以把它現在毀掉，馬上生出來另一個生命。基本上是這樣，這叫不可思議的力量了。

所以他說阿賴耶識的功能包括兩個最大的作用，一個是等流習氣，等流果，基本上沒有善惡，也沒有不善不惡，而是非善非惡一齊來，有物理世界一齊來的功能。為什麼變出我們個別的生命呢？這個叫異熟習氣，異熟果，業報來的，同心理行為有關係。所以這麼一個大科學問題叫唯識。至於所謂的第六意識、分別心等等，都是小玩意兒。但是有一個大原則，要配合現在科學講才比較清楚。

那麼這個開始怎麼來的呢？後果怎麼樣呢？為什麼宇宙會變出來這麼一個現象？佛說是「不可思議熏，不可思議變」，一切都在變化。所以你打坐修定，身體比較健康，比較好，這是不可思議熏不可思議變，變出來的。你如果不打坐，不修定，或者那個熏習變壞了，就變得不同了。了生死的功能也是如此啊！所以先要把這個原理搞清楚。

我們今天開始修行，就靠自己不可思議熏，決心用功要去變它，不是變不了，是要知道變的方法。這是講小乘的基礎道理也就在大乘裡頭，這是個大科學的問題。大家聽累了吧，休息一下。

第四堂

你們要學修養，儒家也好，道家也好，佛家也好，學禪也好；記住，回去生活都保持這半個鐘頭的精神，這是真講學問修養了。儒家的學問「大學之道在明明德，在親民，在止於至善。知止而后有定，定而后能靜，靜而后能安，安而后能慮，慮而后能得。物有本末，事有終始，知所先後，則近道矣」。《大學》的第一步，就是教子弟後輩，先學止靜的工夫。

諸葛亮的名言

所以我幾十年提倡諸葛亮的〈誡子書〉，諸葛亮不是道家，完全是儒家。他一生的學問精神，就是他那一封給兒子的信。他自己在前方，作宰相帶兵，對兒子的教育是一封信。我幾十年來講了多少次！你們有誰完全可以背得出來？「君子之行，靜以修身，儉以養德」，求靜是修身，現在打坐就是練習學靜。

「非澹泊無以明志，非寧靜無以致遠」就包括儒家、道家、佛家的學問。「夫學須靜也」，求學問必須要練習靜定，學靜的工夫。諸葛亮教訓兒子，「才須學也」，人生作人的本事，做生意也好，作官也好，必須要求學問才有才能。他的信、文章都很簡單，諸葛亮一輩子那麼大的學問，留傳千古的只有兩篇前後〈出師表〉。但是大家忘記了，他的信最簡要，他這一輩子學問好，事情忙，寫信都只有簡單明瞭幾句話，其中則有很大的學問。「夫學須靜也，才須學也」，才能靠知識學習來的。「非學無以廣才」，各種知識，宗教、哲學、科學、商業、經濟、金融、社會教育樣樣學問要懂，否則你的才能廣大不了。「非靜無以成學」，求學問先要學靜定，你們也讀到了博士，外國留學回來，心境一點都不靜，所以學問不大。我講你們年輕人，其實已經是中年以上，你們這些大教授、大博士，都是我的老學生，我就罵你們了。對外面人我很客氣。現在罵你們這幾位老學生「慆慢則不能研精」，注意這一句話，你們幾十年懶惰不用功，空話談得太多，應酬太多，吹牛太大了，懶惰輕慢、我慢，自己認為了不起。「慆慢則不能研精」，注意這個慆字，慢字，自滿了，得少為足，「則不能研精」，沒有進步了。

這是我一二十歲背來的，用了一輩子了，我在軍校、陸軍大學教這些將領時，要他們嚴格背這一篇才可以帶兵。你看一字千金，力量非常大。「險躁則不能理性」，怎麼叫險呢？偷巧，聽一點認為都懂了，都是冒險、偷巧來的，心浮氣躁，不寧靜，修養不夠。諸葛亮教兒子，不可犯這個險字。躁也是不能理性，明心見性的學問你做不到，心性修養也做不好，不能靠冒險偷巧的，要做大事必須照規矩來，不能蹦蹦跳跳的玩聰明，以為學問多了，這都不對。這個躁是足字旁，跳起來、虛浮。他對兒子說的都是嚴重的教育問題，修養問題。

「年與時馳」，他說年齡跟著時間一下就跑掉了，人就老化了；時間像馬一樣跑過去，光陰把握不住的。「意與歲去」，我們人生的意志，志氣，跟著年齡而老化，年紀大了，勇氣沒有了。「遂成枯落」，吩咐兒子好好讀書，「遂」就是現在白話「就」，你馬上就要老了，像枯葉一樣落下去了。「悲嘆窮廬」，老了自己再後悔，「將復何及也」，到那個時候啊，走投無路。

唐人的詩「少壯不努力，老大徒傷悲」，就是根據他這個觀念來的。我教大學、中央軍校、陸軍大學時，第一堂課一定要他們背這個，這是中國文化儒家、道家教育的宗旨。我現在還能背出來給你們聽，我以為大家叫我老師，你們男女老幼總有一個背得來！想不到全體打零分，很丟人。我的書上多少次提到啊，再背背看，你們都做記錄了。

儒家的教育宗旨

諸葛亮是東漢末期的人，他的文章簡單明瞭清楚。最後晉兵司馬炎的部隊打過來，四川亡了。他的兒子諸葛瞻決不投降，所以一門忠孝。他的孫子也是跟著父親自殺的，三代忠孝，當然另外留下旁支的小孩，諸葛亮還是有後人的。他的教育是文武雙全。

我為什麼講這一段呢？我講話有邏輯的，為了要講重要的課，他們準備得不對，今天挨了罵。然後，我說你們現在靜坐很好，讚歎你們靜坐。這個靜坐是幹什麼？不是說學佛做工夫，這是作人的根本。因為講靜坐，才提出這一篇。你以為我講話天馬行空，這樣形容我，恭維我，實際上在罵我，說老師講話不講邏輯亂來的。我哪裡亂來啊？每一句話題目在哪裡，我講些什麼，引用那麼多資料給你們聽，這個叫邏輯。所以我常常罵你們講話不清楚，主題就在這裡。看到你們靜坐坐得好，讚歎你們靜坐的重要，連帶講到這裡。

一百多年來我們國家教育沒有目標，請問中國今天負責教育的人，教育目標是什麼？政治意識不能放在教育目標裡頭耶！國家民族整個的教育，十三億人的後代，民族的精神在哪裡啊？什麼三民主義，什麼主義，那只是一個方法論耶。現在教育變成賺錢了，要自己的孩子考名學校，這是什麼教育啊！

諸葛亮這一篇短信〈誡子書〉，是中國儒家教育目標的濃縮，很清楚啊。開頭「君子之行，靜以修身，儉以養德，非澹泊無以明志，非寧靜無以致遠」，就是我們國家民族教育的宗旨，教育的方向，教育的目標。先說如何作一個人，再談事業。諸葛亮的兒子受的是這種教育，戰鬥打到最後沒有辦法支持了，戰死為止，決不投降。這種文武雙全忠義之舉，就是受這種教育造就的。

你們都說老師的記憶力真好，是記憶力好嗎？是苦練出來的啊！當年讀書的時候，一個字一句話背不來，夜裡都睡不著。哪裡像你們那樣玩聰明啊！一看就懂了，一問你半個字都出不來；儘管博士拿到，學問沒有。唉啊！對不起！飯吃飽了，有力氣好罵人。休息一下，鬆鬆腿吧。

第五堂

今天下午講的課，先說明我現在用的方法，這是書院講課的方法，不像現在大專學院，規定個時間、題目講課。書院的教授方法是活的，碰到某個問題，就在那個問題上面來講了。你們也只曉得書院，沒有住過書院，所以不懂。書院是導師制的，是跟某一個師父學的，也等於禪宗祖師的講學方法。

禪宗的教育方法是沒有方法，就是《楞伽經》上說的無門為法門。禪宗形容這個教育方法是「如珠之走盤」，像一顆珠子在盤裡滾，周流無所不到，也沒有固定的方向。

今天晚上為什麼發了講義，因為我們下午是講怎麼樣做工夫，親自證到生命的究竟。那個是用禪定的方法，為了講禪定的方法，我就提出來釋迦牟尼佛的教育方法，三十七菩提道品、四諦、十二因緣這些學理。再說明這個宇宙怎麼形成，人怎麼生來怎麼死去，從生死邊際作用的問題而講的禪定。

我下午的路線本來照次序一步一步來，今天是第二天，第一天是你們破壞了的，有許多人當天上午才到，還有許多下午到。所以今天等於第一天的開始，可是下午講到一個問題，我引用了《楞伽經》講心意識的問題，把小乘一下就轉到大乘。吃晚飯的時候有人告訴我，老師啊！你今天講的《楞伽經》很多人說聽不懂。我說：聽不懂才是你們嘛！聽懂了，那我太高興了。我說幾十年沒有一個學生聽懂啊！所以你們這些老同學，聽了慚愧吧！這是第一點。

古道與禪

第二：下午下課以後，古道跟在我旁邊，提到十二因緣，一片無明，一下子調起我的興趣來。他說：唉啊！幾十年做工夫，這個無明怎麼了啊！這個生死怎麼了！他一路跟著我走，一邊走我就拍他的背說：「古道，這一次厲害了吧？」因為古道提這個問題引起我的興趣，方向一下轉了，轉到禪宗裡頭來。

你們還不清楚古道，我倒蠻清楚他；他是東北朝鮮族的，很好玩的。我常笑他，你們朝鮮族的同胞，常常在中國變成祖師，九華山那個肉身不壞的菩薩是朝鮮人，好幾個禪宗祖師都是朝鮮人，當然也是我們中華民族的人。古道從小參加部隊當兵的，當軍人就對武功很有興趣。我就笑，他們當年年輕看了那部電影「少林寺」，就到少林寺出家，出家幹什麼？目的不是想學佛成佛！是想學武功。

少林寺是禪宗曹洞宗的系統，這個你們不知道了。古道因為學武功以後走到參禪的路子，到處參禪，然後離開少林寺，一個人到甘肅崆峒山住茅蓬。天下這些苦頭他都吃過，到處去叢林尋師訪道，找好的老師，想參禪成道。用吹牛一點形容他是「走遍天下」，由西北到東南。

他也真用心參禪，最近他訪問了江西的五大祖庭。我叫他去訪問的，因為江西宜春市的市長，宜豐的縣長找到宋老闆，找到我們。我們還幫忙修他們市裡的一條公路，也是為了江西禪宗五個祖庭。現在江西在謠傳，說公路是南老師出錢修的。所以我叫古道到各祖庭都去看一下。回來後，我叫他守這裡的講堂，因為他是參禪的。今天他一下子觸動我講起禪宗來，搔到我的癢處。

頓悟　漸修

你說打坐坐了半天沒有得定，想悟道又悟不了，半輩子的光陰過去了。剛才講到諸葛亮的話「遂成枯落，悲嘆窮廬」對不對？「將復何及也」，怎麼辦？他講的是重要的問題。譬如我們人睡著了，或者死亡了，這一段一片無明，什麼都不知道。如何從無明轉到明呢？講禪宗就不跟你談打坐了，禪宗明心見性大澈大悟，不一定是打坐來的哦！不從禪定來哦！由打坐到開悟這叫作漸修。南宗的五宗是講頓悟，不是漸修這個路。

古人比方禪宗如一根竹子裡頭的蟲，這條蟲要爬出這個竹子時，是一節咬一個洞，咬了第一節後，爬到第二節再咬一個洞，爬了幾十個節才跳出了竹子，這是漸修來的成果。頓悟的禪宗呢？竹子裡這一條蟲，不是一節一節爬上來，他橫的咬個洞出來，就一直爬到頂，這個比方是頓悟。修禪定是漸修，修到大澈大悟，很穩當，工夫一步一腳印。

修南宗的禪宗呢？就是「橫超頓出」四個字，從橫的跳出來了叫作頓悟。所以講禪宗，我不但回來大陸沒有講過，在台灣也很少講。只有三四十年前，像楊麟他父親楊管北老一輩子，少數十幾個人打七，專門講禪宗。但都過去了，這幾十年我沒有動這個。

中國的文化整個衰落了，程度差了，不談了，準備老死帶走，不用棺材，跟著生命就消失了。今天古道觸動了我這個，才又提出來。

講禪宗，先講個故事給你們聽，禪宗臨濟宗的五祖法演，宋代的大禪師，這是禪宗的「公案」，不叫故事。儒家叫「學案」。這兩個名辭要記得。公案是沒有祕密，是公開講的，記錄古人悟道的經歷。後來儒家學禪宗叫學案，所以語錄啊，學案啊，書記啊，都是禪宗的名辭。

小偷和死囚的脫逃

有個人來問五祖演禪師：師父，學佛開悟，大澈大悟成道，什麼是修行的方法啊？五祖演說沒有，禪宗是根據《楞伽經》來的，無門為法門，也就是沒有方法的方法。當然這個問的人聽了一頭霧水，不懂。

五祖演很慈悲，他說我告訴你一個故事吧！禪宗的故事很多的，都是大學問。有個高手的小偷，天下第一偷，他兒子說：爸爸，你年紀也大了，我也想作小偷，你把偷的本事傳給我。這個小偷就講，你不要走這條路了，好好作個人，不要學這個。這個兒子一定要學，小偷說：你真要學嗎？下了決心？兒子說下了決心。「好！晚上跟我來。」這個老小偷帶著兒子去偷一個富貴人家，高深大院裡頭進去了。

進去以後打開人家祕密的倉庫，倉庫裡頭有個木頭的櫃子，一把鎖鎖著。這個小偷進來就把櫃子打開，裡頭都是金銀珠寶。他叫兒子進去，當然夜裡不講話，比一下手勢。這個兒子一進去，小偷就把櫃子關上鎖起來，然後大叫「有小偷喔！」這一下全家都起來了，不得了，小偷在哪裡啊！一家子夜裡起來捉賊，發現倉庫門開了，那個重要的櫃子還鎖住的，沒有事啊。

這個兒子鎖在櫃子裡，現在不是偷東西，是要逃命啊！這個兒子恨自己的父親害他。哦！忽然想到學老鼠叫，學老鼠在櫃子裡爬。吱、吱、吱，手指頭在木頭上面抓。家裡的人聽到了，不得了，珠寶櫃裡有老鼠，趕快點個蠟燭，把鎖打開，那個小偷兒子呼！一吹，把蠟燭吹熄就跑了。

逃回家裡，看見父親躺在床上睡覺說：你回來啦？你怎麼回來的？兒子說：唉啊！你怎麼搞的？把我鎖在櫃子裡頭，沒有辦法，只好學老鼠叫，他們打開櫃子，我把他們的蠟燭吹滅就拚命的跑了。老小偷說：「好了，你本事都學會了，作小偷沒有一定的方法，能逃走就行了。」

所以你學禪，你怎麼開悟？沒有方法，隨便你怎麼開悟都行，這就是禪宗。可是你怎麼學啊？所以我說我一輩子沒有講過禪宗。

還有個公案，同樣的道理，關於學佛怎麼樣叫作大澈大悟成道。有兩個人坐牢，都是判死刑的，想逃出這個牢獄。其中一個想辦法拿個鑽子，慢慢打地洞，慢慢挖了很多年，從洞裡逃出了牢獄。佛說的，我們這個三界如牢獄，我們整個世界的人，就關在這個牢獄裡頭，成佛就是跳出了世界這個牢獄。這個打地洞的，用了多年工夫挖、挖、挖，結果逃了出來，這是小乘的，個人跳出了生死的牢籠了。

另外一個死刑犯，看他挖地洞逃出去，就笑他沒出息，自己在牢裡跟管牢的人變成好朋友，常常弄些好酒好肉來請這個管牢的人。我們普通叫牢頭，在法律的名稱叫典獄長。多年下來，典獄長什麼都相信他，有時候把這整個牢裡的鑰匙都交給他管，等於死刑的犯人變成副典獄長一樣。他也管管又還給他。過了一陣子，有一天，這個死刑犯，又請這個牢頭大吃大喝，喝醉了。典獄長說，我醉了，今天夜裡你管吧，把全牢的鑰匙都交給他，喝得醉醺醺的，把領章、階級、軍服都拿了下來去睡覺了。這個坐牢的人，就把自己的衣服脫了，穿了他的衣服，帶上領章，拿上鑰匙把整個牢獄都打開，自己出來了，把所有的人也都放掉了，這就是大乘的菩薩。所以禪宗沒有一定的方法，你看學禪宗跟你講這些，你怎麼開悟啊？

説夾山

古道講聽了下午的課，問這個一念無明，怎麼樣打破。你不是參了洞山嗎？所以我叫你印出來洛浦見夾山這一段公案。洛浦是臨濟的弟子，這一個公案太長了，我先講重點，你們去研究，不懂明天再問我。因為古道參禪的問題，我就說一下夾山悟道的公案。有人跟我認識是走這個路線來的。他參禪學禪宗，當時到上海來見我，打坐坐得很好，我就給他講上海的禪宗祖師公案，就是華亭船子禪師。上海有個地方叫華亭鎮，是湖泊填出來的。當年這個祖師是在華亭划渡船的。

這一段公案很精彩，我跟他講了這個故事，他就在我前面打坐。我說夾山禪師當年沒有悟道以前，是個大法師，坐在上面講經說法。有人問夾山，如何是法身？

悟道成佛了就具備有三身，也就是法身、報身、化身。我們肉體生命以外的一個不生不死的生命，叫作法身，我們現在這個肉體生命的身體叫作報身，一切眾生的子子孫孫，就是一切眾生的化身。

當時有人問夾山，如何是法身？夾山祖師答話，就是禪宗講法了，不像我這樣的囉嗦。他說「法身無相」。那人又問，如何是法眼？夾山禪師就說「法眼無瑕」。這是上千人一起公開的對話、討論，問問題；這個法師回答是一流的。下面有個和尚叫道吾禪師，坐在最後的位置聽課，他是開悟得道了，故意來教化這個法師的。他聽了在後面噗哧一笑。夾山這位大法師坐在上面，看到有一個和尚在下面笑，趕快下座到這個和尚前面來說，師父啊，我的講法錯了嗎？認識錯了嗎？就是認知的問題。道吾說：道理對，你工夫沒有到，可惜沒有好老師。

夾山是大法師，學問也好，受不了了。師父啊，那請你指點我。不行，我不是你的老師。那天下的明師在哪裡呢？他說有啊，有一個好老師，此人「上無片瓦，下無卓錐」。只講這樣，你要找這個老師，你找不到的。你看唐宋的知識文化，這兩句話就是沒有一棟房子，沒有一片土地，這個傢伙住在船上。夾山禪師一聽，啊，師父帶我去見他！見他就要跑上海去了，夾山是在湖南耶！那個時候走路要幾個月去找明師。這一段你們自己去研究，我簡化了。

後來夾山見到船子禪師，對話妙不可言，都是最高深的哲學、科學與文學。然後夾山禪師又問問題，船子和尚拿船槳一下就把他打下水去了，夾山是個大法師耶，那還得了啊，大教授被他打下水去了，頭剛剛一出來，船子和尚說，你說，你說。等他一開口，又一槳把他按下水去了。最後一次按下水去，他頭一出來，你說，你說，懂了沒有？點頭了。就把他撈上來了。

還有一個人也是這樣參禪用功，打下水，然後問他，你懂了沒有？那個頭剛剛出來，那個水喝得差不多昏頭了，問他，你悟了沒有？悟了。悟個什麼？「伸腳原在縮腳裡」，這個腳要伸開就在縮腳裡頭。

這是夾山，我簡單的講，不是全盤的，全盤的精彩得很。所以你講禪宗的教育，演電影也演不出來啊，這是中國古代文化的精華。夾山開悟以後，大禪師全國知名，再出來講經說法，有人又出來問，師父啊，如何是法身？「法身無相」。如何是法眼？「法眼無瑕」。還是這兩句話。為什麼上次講就錯誤，這一下就對了？這些詳細資料我不談，你們去研究。

後來夾山有名的一個法語，教你們怎麼打坐，怎麼樣修行，怎麼悟道。到上海來見我的這位，在這個上面得了一點好處，進門了。法語怎麼講呢？「目前無法，意在目前，不是目前法，非耳目之所到」。你們現在打坐，參這個境界看，當時我跟他講，夾山後來的法語最精彩了，打坐得定、慧都在當中。「目前無法」眼睛前面沒有東西，什麼都沒有，一切皆空了。「意在目前」，你說一切皆空了，意在目前，等於說第二句又否定了。「不是目前法，非耳目之所到」，非常精彩。我現在講到他當年來跟我見面，然後得了一點好處，現在不曉得他有沒有耳目之所到，還是目前有法、無法，我都沒有追問了。

洛浦和夾山

現在不管夾山，這些故事都過去了，再講洛浦來見夾山的公案。洛浦見夾山問了兩句重要的話，洛浦打坐工夫已經很好了，就是沒有開悟。就像是黃醫師問我，現在怎麼老是給氣帶著走呢？氣究竟是什麼？我還沒有答覆他。洛浦當時這些工夫都到的，都超過了。他從北方下來到湖南，住在夾山的山頂上不下來，那麼傲慢。後來夾山想辦法把他引下來，他下來見夾山的時候問答，中間有兩句話：「朝陽已昇，夜月不現時如何？」意思是天曉了，夜月不現了，白天也是一片無明，晚上也是一片無明。你看夾山答覆他的話：「龍銜海珠，遊魚不顧」。洛浦就佩服了，跪下來拜他為師了。這是什麼意思？

因為古道送我回到休息的地方，問到「夜半正明」這句話，我聽了哈哈大笑，拍了他的背兩次，我說你還有點像樣，還問「夜半正明」，你夜半還沒有明呢，是一片無明。從前有禪師講「夜半正明，天曉不露」這句，說夜裡什麼都看不見，一片黑暗無明的時候，自性清淨最圓明的那個一片光明，反而因白天有光明看不見了。這是我把他這兩句話作文字解釋，是不是這個意思你們去參。「夜半正明，天曉不露」時如何啊？工夫見地到這一步境界，你說我們現在夜半正在睡大覺，一片無明。所以一輩子參禪有什麼用？公案也不看，光是把一個死的話頭「念佛是誰」抱著，你參得通嗎？所以唐宋時代的中國文化，到禪這個階段就到了頂尖了。

那麼我們回過來，今天晚上跟你們不是講這個，重要的是浙江諸暨的洞山良价禪師。

洞山和影子

洞山禪師打坐用功幾十年，他在浙江出家，後來到了江西，這些都是當年大英雄人物。洞山是個山名，山水下來形成一條溪水，他過溪水時，太陽照下來，溪水裡頭有個影子，他看到影子開悟了，寫了一首偈子。

你們注意啊，洞山是曹洞宗，你看今天日本，還有全世界禪宗都是在他的教化之下。今天全世界一提禪宗，就說到曹洞宗。洞山悟道的這一首偈子很有名：「切忌從他覓，迢迢與我疏，我今獨自往，處處得逢渠。」

唐宋的國語是廣東話，「渠」就是他。「渠今正是我，我今不是渠」，他正是我，我不是他。「應須恁麼會」，唐朝時候的白話，意思是如果你那麼理解他，「方得契如如」你差不多懂得佛法了。好！這一首詩你們要記得。

現在我跟你們解釋一下，講到文字我有點傲慢了，尤其是禪宗你更不懂了。先不講洞山經過溪水，看到影子開悟的，你們讀過《莊子》沒有？莊子說：人在太陽下走路有個影子，影子外面還有個影子，看到過沒有？你們都沒有留意。尤其夜裡在稻田裡走過，你就看得很清楚了。月亮照到我們這個身體，身體有個影子照在稻田上，你的影子外面還有一圈發亮的，莊子叫它魍魎。那個魍魎的光圈問影子：喂！你老兄怎麼一輩子沒有主張啊，一下子蹲下來，一下又站起來，一下又走路，一下又睡覺，你自己沒有主張嗎？

那個影子答覆魍魎，你不知道啊，我作不了主，我後面還有一個老闆作主的。他要走我就走，他要睡我就睡，他要站我就站，他要坐我就坐。可是我這個老闆他也作不了主耶，他後面也有個東西，叫他睡就睡，叫他死他就死，叫他走路就走路。《莊子》在幾千年以前就講過這個。你要想，我們的腦子，我們的思想，我們一輩子做事，是第六意識這個思想指揮我，要這樣做、這樣講。「我」作不了主啊。「我」其實是「他」耶！這個是賓，客觀的，後面有個主觀在指揮。你以為那個主觀了不起嗎？後面還有個董事長耶，那個董事長誰也沒有見過，所以這個生命是這樣的。

然後你看洞山，他從溪水上面過，看到自己的影子，開悟了。「切忌從他覓」不要跟「他」走，我們的情緒、感覺思想，打起坐來，這裡不舒服，那裡又氣動，這裡有感覺，都是跟「他」在跑耶！這不是道啊。戴博士這裡難過，跟「他」（身體）在走。你從「他」那裡解決問題，解決不了，是不行的。「迢迢與我疏」，你越顧慮這個身體，就離開越遠，你一輩子跟不上，你要找到自己那個靈性，作主的那個東西。「我今獨自往」，你超越了這個肉體，超越了物質的環境，「處處得逢渠」，就找到那個真正生命的老闆了。

可是現在生命這個身體是不是「他」變的？是「他」變的。「渠今正是我」，今天這個身體是我嗎？「他」是我。「我今不是渠」，這個不是我的生命，後面有個老闆，這個肉體是虛假的。「應須恁麼會」，你要從這個裡頭去體認，「方得契如如」，差不多懂得佛學了。「切忌從他覓」，如果你跟著感覺知覺在跑，都是跟「他」。所以臨濟宗講賓主，這個是客觀的，不是主觀。你那個知道感覺，知道舒服不舒服，那個生命的主體不是在這個上面。這首偈子要好好記得哦。你碰到的都是「他」，都是生理，肉體、物質的作用。「他」現在這個生命正是我，「我今不是渠」，可是真正的我不是這個身體，不是「他」。

好！現在回過來，我只好給你們講禪。你說夜裡睡著什麼都不知道，一片無明。那一片無明也是他，不是我。我究竟在哪裡？「夜半正明，天曉不露」。因為古道參禪參了半輩子，所以今晚送他一堂，這個課程是額外超出來的，詳細沒有跟你們講，這裡頭的珍珠寶貝太多了。

第六堂

普茶 千僧 結緣

昨晚還有今晚，郭總沙彌請諸位普茶，大家請喝好茶，是臨時的獎勵，這是禪宗裡頭的規矩。學密宗的更嚴重，你們只曉得到西藏去學密宗要準備很多錢，先請一千多個和尚普茶，熬酥油茶喝，先結人緣，花費很多哦。等於現在顯教五台山打個千僧齋，請一千個和尚吃飯，每個和尚還送一個紅包。這個請普茶是結緣，其實也就是輕鬆一下，請吃點心喝茶，這是傳統的習慣。我要跟大家說明一下，這只是個人發心，請大家普茶結個緣吧，是這個道理，此其一。

第二，據說打千僧齋時，釋迦牟尼佛弟子賓頭盧大阿羅漢每次必到，不過不讓你知道。他會變成什麼樣子，變成大和尚，或者尼姑，或者叫化子，都不一定，有緣的話會見到他。以前廟子上有規矩，過後才會知道，一千個人，不曉得哪一個是大阿羅漢，聖僧。走了以後，會留個影子給你。

密宗裡頭的請普茶也有這個規矩，算不定他突然來參與，你也不知道是哪一個，就是這樣很神祕的。所以兩天晚上的普茶，我把舊文化，舊規矩講給大家聽一聽，這叫請喝普茶，是「未曾成佛，先結人緣」。剛才沙彌也學會了說：「諸位菩薩，請來普茶。」

你們大家都是菩薩，是因地上的菩薩，有這個資格，有一天成就了都是大菩薩。這就像凡是國民都有當選主席作總統的資格一樣，不過看你功德夠了沒有。所以諸位都是菩薩，看你修持到了沒有。

洞山禪師的圓寂

今天晚上忽然講到禪宗，明天起還是要講用功方面的啊。今天晚上算我有精神，再給你們補充一下。洞山祖師後來是在湖南江西之間，為曹洞宗的創始人。他過水看到自己的影子大澈大悟。他最後怎麼走的啊？我們看看，某同學來報告一下，看你報告得好不好，也考驗一下。

某同學：我依文解義亂講一通，報告不好的地方對不起啊。洞山良价悟本禪師的這一篇，師將圓寂這一段。洞山良价禪師看看因緣，覺得差不多了，他想走了。這個時候在堂上，就是大廳裡邊，大家平時都上課的，就像我們現在一樣。良价禪師就說了，我這一輩子出來弘法，出頭露面，留了一個很大的名聲在外面，是個累贅。

南師：他說一輩子給大名所累，現在我們通知，我們內部培養師資，將來這些要出去弘法的，你要講好，不要照文字講，不要依文解義。

某同學：一般常人都喜歡這個名氣，那麼洞山禪師要走之前，他很希望下一代接班人出來，能夠青出於藍勝於藍。自己這個名氣已經很大了，他本身覺得是拖累，希望有人替他把名氣拿掉，更有人來繼承這個事業。所以他說：「吾有閑名在世，誰人為吾除得。」大家當時聽了之後，就沉默了。過一會兒有個沙彌出來，所謂沙彌是沒有受比丘戒的出家人，年齡大小不一定。這個沙彌出來就說：「請問大和尚法號。」你叫什麼名字啊？他明明是他的徒弟嘛。現在出來問：老師你叫什麼名字？

南師：他說名氣大嘛，你叫什麼名字？

某同學：良价禪師就說：好，你已經把我這個名氣除去了，連我的學生都不知道我叫什麼名字了。可見是無常的，已經過去了，已經空掉了。然後這個小和尚就問說：老師你這個身體不太好，「和尚違和」就是身體不舒服。那麼老師你現在覺得還有一個不病的嗎？

南師：你老了，身體不舒服了，還有一個不老、不病、不死的嗎？

某同學：良价禪師說：有啊。那麼這個小和尚又問了，這個不老、不病，不死的這個東西還看和尚否？它還觀照著你嗎？良价禪師就說了，現在不是它觀照我，是我觀照它了。小和尚又問：老師你是怎麼觀照它的？良价禪師就說：你們雖然看我現在是老了，病了，但是我觀照它的時候，我看不到病，也看不到老，也看不到生，也看不到死。

南師：你們如果認為他沒有報告清楚，要問他。他報告清楚了嗎？

某同學：然後現在反過來了，良价禪師就問這個小和尚，你們平時都看著我，跟著我，有時候說，看老師一眼心裡也舒服。那麼現在離了我這個身體，你們什麼地方和我相見？《金剛經》說：「若以色見我，以音聲求我，是人行邪道，不能見如來。」你們平時都覺得這個身體就是我，現在假如我走了，我把這個身體拋掉了，或者換一個身體，假如我變成張三李四了，那個時候你們上什麼地方去找我？這個小和尚就答不出來了。這個時候良价禪師就說：「學者恆沙無一悟」，修行人如恆河裡的沙子一樣，像長江、黃河裡的沙子一樣，太多了。從古到今修行者，很少有悟道的。「過在尋他舌頭路」，就比如說問路，我這個手指這一條路往東走，那麼大家都往東這邊看。往西走，大家往西看，沒有一個憑自己的慧眼。

南師：講一點佛學就跟佛學走，講一點工夫就跟工夫走，你要這樣講話嘛。

某同學：反正講什麼跟什麼走。就是說老是跟著別人的話在跑，總是被牽著往前走，沒有想到反觀自照，所以「學者恆沙無一悟，過在尋他舌頭路」。大家之所以沒有找到自己的路，就是說隨時隨地都在看別人的方向，看別人的臉色，或者是別人的話啊。佛講了一大藏經，很多了，為什麼沒有人一看《大藏經》就悟道呢？或者成道了？

南師：一般人都是傳一個法給你，死死的守那個法，就不曉得透過這個法看到後面是什麼。

某同學：老師在前面一堂課也講了兩個故事，就是一個小偷的故事，還有一個坐牢的故事。這裡面都沒有法門教給大家，實際上我覺得也教給大家了，路是指出來了，大家自己去打開，自己像蟲子一樣，鑽那個竹子，鑽出來就對了，不管用什麼辦法。下面「欲得忘形泯蹤跡，努力殷勤空裡步」，大家要離開這些形象的執著，包括這個身體啊，思想啊，種種的學問啊，想拋開這些累贅的話，努力殷勤空裡步，要向那個無罣礙，無生無死，沒有老，沒有新舊，沒有前後左右，沒有古今這個地方去體會。說完這個偈子就叫學生把頭髮剃一下，然後洗澡換上衣服。「聲鐘辭眾」，叫寺院把鐘敲響，告訴大家我要走了。

南師：打鐘就是發命令大家都來，向大家告辭，我要走了。大家來了以後，洞山禪師打坐就走了。大家一看師父坐著不動，走了，就叫師父啊，不要走啊。「時大眾號慟」，號就是叫起來，大家哭師父啊，師父啊，你慢些走啊，你多留一下啦。「移晷不止」，一個時辰，兩個鐘頭大家都在叫師父啊，你留下來啦，大家跪下來請師父慢一點走。

某同學：大家一直在求師父不要走，可憐可憐我們，我們還沒有得道，你千萬不要走，你走了整個世間明燈就滅了，不要走，不可以走。這個良价禪師突然眼睛就睜開了，跟大家說：修行人，是真出煩惱家的人。

南師：修行人，出家人，「心不附物」，你們還被生死，被物質牽附著啊，這個心要跳出三界外，還管這個肉體死不死嗎！那才是真修行啊。你們哭起來，叫我不死。他就罵人了「勞生惜死」，把這個肉體認為是真實的生命，那個真正不生不死的，你們不知道。「哀悲何益」，哭叫要我留下來，有什麼用啊。好啦，我答應你們，笨蛋！罵大家一批笨蛋。好了，叫廚房辦好的飲食，請他們吃一餐。「令主事」，管飯食的，辦一餐飯給這些笨蛋吃。

某同學：「眾猶戀慕不已」，大家不想老師走，就「延七日食具方備」。

南師：這個廚房的人故意慢慢辦，要師父慢一點死，拖拖拉拉的辦，「延七日食具方備」，拖了七天才把這個素齋辦好。

某同學：「師亦隨眾齋畢」，洞山這個老師就隨著大眾吃了這一餐飯。吃完之後就說，「僧家無事，大率臨行之際，勿須喧動」。

南師：他是出家人，已經出家了生死了，沒有事情，他說我要走的時候不准傷心哭。大率是大部分，臨行是要走的時候，勿須喧動，不要叫，不要鬧，不要哭。「遂歸丈室」，就回到他自己的房間去，端坐走了。這是唐朝末年的咸通十年，西曆公元八六九年。

某同學：良价禪師走的時候是六十三歲，出家戒臘是四十二年，最後給他的謚號是悟本禪師。

南師：這是當時的皇帝給他的封號，叫悟本禪師。這是禪宗的祖師，生死來去自由。

某同學：對不起，報告得不好，耽誤大家。

南師：對啊，我要考驗他。然後不特別指定哪一個人講，大家要準備哦。學了半天，不要死守那個文字言句，講文字要活潑生動，要變成一個活的螢幕出來。他是這樣生死來去自由的，這叫修行成道。在古代禪宗的話，臨走就現神通了，西藏有些修氣脈有成就的，一下子身體就放光，變化一下給你看，然後再見就走了。現在人也不是做不到，是沒有人真去修罷了。這就是真修實證，這叫作修禪。

天下曹洞宗

我們本來講漸修法門，然後由漸修怎麼一步一步修持到這裡。中間因為講了四諦、十二因緣的問題，生死來去那個科學性的沒有談，由於古道提出禪宗的事，所以插過來這一段。這一段公案大家都有，可以參考，這就是中國的禪宗，也是禪修來的。所以講洞山良价禪師最後走的情況，當年怎麼見影子而悟道，最後說法幾十年，名氣非常大。

曹洞宗是講工夫，將修禪定工夫與智慧的悟道配合在一起；臨濟宗是不大管你工夫，就像溈山禪師的話：「祇貴子眼正，不說子行履」，臨濟的教育方法，只要你智慧高，開悟了，工夫一定到。子就是你，只問你見解到了沒有，不問你工夫到了沒有，這是臨濟的教育方法。曹洞宗呢？工夫跟智慧一起到達。所以現在差不多天下禪堂，一半以上都是走曹洞宗的路線。但是留傳下來到現在，像少林寺、江西雲居山，都是曹洞宗的系統，只不過也只有形式了。至於有沒有工夫到了的人，不知道；但你不要輕視，也許有，只是我沒見過。

今天我們偶然碰到機緣，晚上的課程忽然變了一個方向，向這一面走。明天開始還是繼續原來的，明天上午找到我講生死問題的錄音帶，你們一邊練瑜珈，一邊先聽。我記得每次都講這個問題，講的雖簡單，重點不一樣。你們選一個先聽，我們再來討論。這是明天的工作。

今天辛苦大家兩個腿了，對不起！休息吧。

第三日

第一堂

對我來講，心情的沉重是每次上課都有的感覺。連普通上課也一樣，生怕對不起別人，耽誤大家的時間精神，自覺應該有一點貢獻給大家，怕自己講得不好，或者大家沒有聽懂，或者沒有心得，這是很罪過的事。我這些不是客氣話，一般人認為是客氣話，那是你錯了，這是很誠懇的說哦。換句話說，一個修行人活在這個世界上，隨時覺得對不起人，尤其學佛的人，早晚功課都唸到「上報四重恩，下濟三塗苦」。

上報四重恩：佛恩、父母恩、國家恩、眾生恩。所謂國家就是社會，我們生命活著同這四種都有關連，所以要如何上報四重恩，否則欠的帳怎麼還？除了父母以外，整個的社會國家對你都有恩惠。下濟三塗苦：對於地獄、畜生、餓鬼最苦難的眾生，怎麼幫助他們。所以我講學佛這個心情，要真的有這個發心，不是嘴裡唸的。你們怎麼樣我不知道，在我是隨時覺得難受，一直到八九十歲。有些同學跟我身邊久了，常常聽到我一句話：「唉！活了八九十歲，活著幹嘛！有什麼用！對這個世界沒有貢獻，這個生命白活了」。同學跟我久了，聽到只好笑一笑，或者不笑。好像變成我的口頭語，但是在我的內心不是口頭語。

有關生死的書

現在已經過了兩天，我隨時想，怎樣使大家很快得到一種利益，所以我們兩天等於浪費了。今天開始講真的修行，了生死的用功方法。諸位上午有沒有聽生死問題的錄音帶？有。不曉得你們聽清楚了沒有，我一生講這個問題，應該說是幾十次了，每次講完就後悔，後悔沒有交代清楚。譬如最近美國一個老同學姓胡，他在紐約，文章也很好。因為在外國尤其在美國的同學們，看了西藏密宗這一本《西藏生死書》，也叫《中陰救度密法》，有關人死了以後靈魂怎麼超度；而且有法國、日本、中國西藏合拍了一部電影，死後靈魂怎麼離開身體，怎麼樣投胎。我都看了，看了就笑，這一批唯物論者，靈魂你是看不見的，怎麼還會有一個嬰兒出來？怎麼去投胎？他們也發現了問題。

西藏密宗的生死書不是完全不對哦，也對哦！那是根據佛法來的。說人死後七七四十九天當中，第一天出現了多少菩薩，多少凶神惡煞，在西方也流行了，在美國更流行。所以美國人拚命研究生命科學、認知科學，因為同這些有關係。這些人最後發現問題了，跑來找我問對不對？我說：沒有對。

佛學不是那麼講的，我不是隨便講，是根據佛經。先不講一切眾生，就說世界上有六十億人口，死了以後，七七四十九天，第七天出來哪些菩薩，第二個七天出來哪些菩薩，但是有些人信上帝的，有些人沒有信仰的，也會出來那些菩薩嗎？佛是救度一切眾生啊！所以佛不是這樣說的。他們聽了說：對啊、對啊，就是這個問題問你啊。

我說幾十年前在西藏、成都，也知道《中陰救度密法》，這些書都看了，笑一笑放在一邊了。我在四五十年前寫的第一本書《禪海蠡測》，有關生死問題，已經說了。中陰七七四十九天變化，不一定看到菩薩哦，也不一定看到凶神惡鬼哦！所以胡君很著急，跑來兩趟，然後又聽我講過一次，覺得這一次講得比較完備了（編按：《人生的起點和終站》，二〇一六年南懷瑾文化重校出版）。他們說一定要中英文出版，不然害死人。我講我要出的書多了，慢慢來，沒有那麼多精神和時間。剛才這一番話是講你們今天上午聽了錄音帶，我講得還不完備，但是來不及跟你們再講。

學佛要找問題

現在回過來講，我今年八十九歲了，從十二歲起摸這個玩意，為了這個問題學武功，學道，學佛，學禪，學密，一直滾過來，就是找這個問題。你看密宗講的，那些活佛死的時候，化成一片虹光，身體就不見了。嘿！嘿！我也親眼看到過，這是個科學問題，暫時不談，因為問題太大了，先保留這一點。

講到這個，昨天還有個問題補充，很多有工夫的人，死的時候身體縮得很小，還有些肉身留著不壞的。唉唷，老師啊，有人死了，頭髮也長了，鬍子也出來了。我聽了又笑，笑什麼？太不懂科學了。這個肉體死了一定會縮的，縮了那個鬍子頭髮根就出來了嘛，這是科學問題，你以為他的鬍子頭髮還會永遠長下去嗎？現成的科學都不懂。除非這個人，像我們前天講慧持禪師在樹洞裡面，記錄上說他指甲長得繞滿了全身，鬍子頭髮都蓋住了。那是因為肉體還活著的，這些都是零碎，只提出一些資料。

學佛，學禪宗，學密宗要注意，要提問題，要懷疑的，要求證的。如果聽了就相信，那是宗教，不是佛法。佛法是科學的，要追問的，這個問題究竟怎麼樣？譬如昨天晚上講到洞山禪師這個公案，我說洞山禪師怎麼死的，你看他生死來去多從容啊。但是《指月錄》還有其它的記載，他死了以後這個身體燒化了，還在那裡修個墳，佛教不叫墳，叫作塔。昨天講義上面沒有寫吧！古道這一次去了洞山那裡，碰到當地一個學者，專門研究五宗宗派的祖師，他回來跟我講，這個人是本地人，每個祖師的墳墓他都找出來。他說十幾年找不到洞山祖師的塔，後來找到了，在地底下有一個塔院。古道回來跟我講，我聽了非常佩服。

宋老闆在那裡做了好事，本來這個區要變成觀光區，把這些塔墓都遷開。他看了急死了，給地方首長講不能這樣做，我們後來也叫朋友去協調，所以弄一條路，現在都保留住了。話是那麼說，將來時代轉變也不知道怎麼樣。這是剛才講到生死問題補充這一點，這和學術、考古有關的。

修拙火 誰說的

現在我們回轉來講生死問題。聽了有關中陰這段話，以我學了幾十年，為什麼最近常常提這兩本經典？我學了各宗各派修持的方法，尤其是西藏密宗的第一步修氣，第二步是修脈，氣跟脈分開哦！第三步修明點，第四步修拙火。中國翻譯為什麼叫拙火呢？是形容辭。拙火也翻成靈能、靈力、靈蛇，一條蛇一樣永遠在那裡睡覺，要修持以後它才起作用。

為什麼叫拙火呢？因為生命活著要有溫度，這個溫度不發起來，冷了就死亡，拙火永遠沒有發起過，要修持才能發起。明點也是個問題。明點是精，一般人認為是男女交媾排的精，都錯了，它同精是有關係，與精氣神都有關連。密宗最後修拙火，這是密宗所標榜的「即身成就」，就是肉體的身成佛了。不管紅教、白教、花教、黃教，真正進一步修法祕密就在這裡。

這個拙火在印度有沒有？修瑜珈的也是和修拙火最後一樣，真的瑜珈就是這個路線，不是身體瑜珈，動作不算，最後真的瑜珈也是修這幾步。這個拙火，過去一班老輩子學佛的告訴我，懷瑾啊，那是騙人的，你去看看唐朝密宗的翻譯，哪有拙火這個東西啊！那個時候年輕，我說那不一定吧！那些老輩子說：唉啊，你去查《大藏經》嘛！最後《大藏經》看完了，我告訴他們，有。那些老輩子就客氣起來了。老兄啊，你說《大藏經》有，我們就信了。

在《大藏經》裡，拙火叫軍荼利。你看中國唐密有軍荼利瑜伽，軍荼利就是拙火，拙火英文翻成Kundalini，就是生命的本能。這些我們統統學了，我可以當到諸位講，我一生學完了這些法門，最後我回過來統統不信。

為什麼不信呢？因為一切都應該以釋迦牟尼佛所說的為標準，他老人家親口沒有講過這些東西啊，這是後世加上去的。這些東西不但不信，我自己加以修持，Kundalini也修，什麼單修、雙修我都親身去試驗。最後回轉來，我找本師釋迦牟尼佛，他老人家講了那麼多學理，我們所有學佛都上了其他法門的當。

譬如講到天台宗的判教，又叫分科判教，就是把佛經整個的科學的分類研究，是由天台宗的智者大師開始的。其實在唐朝以前，大師們已經把佛學用科學分類的方法研究整理，然後把所有的佛經分成「五時八教」，這些不跟你們談了。我們有很多教授在這裡，他們都會。然後有華嚴宗，分成三時五教，又同天台宗不同。

這個大家都上當了，我就不吃這一套，你講了半天，是不是佛當時這樣講的？所以我在峨嵋山三年研究《大藏經》，雖然沒有辦法直接跟釋迦牟尼佛對話，至少有他留傳的東西。他老人家當年教大家，那麼多修行證果的人，用的什麼方法？他沒有教人家修氣、修脈、修明點，修拙火啊！也沒有教人家一定要單修啊，一定雙修啊，都沒有講啊。

我初到台灣時，第一次在師範大學講演，那時在座的幾位教授還是學生呢。這裡有一個老前輩，陳太太吳女士正在台大讀書，她首先參加我在師範大學講的課，我講小乘經典。為什麼？那個時候幾十年前台灣沒有這個東西，我第一個出來講的，偏要講小乘經典。我講佛法基本修持在小乘，立刻可以證果的，求證得道。由小乘發展到大乘，禪宗是小乘到大乘很直接的一條路。陳太太現在還在座，所以她有時候對你們笑，心想聽課她是最早期的。她當年讀台大法律系，但她一輩子也不肯搞法律，她同現在的王院長差不多同一時期參與聽課的。

釋迦教的兩大法門

我提出來釋迦牟尼佛所教大家的，一輩子只教兩個法門最重要，一個是安那般那，出入息；一個是不淨觀白骨觀，重點在白骨觀。現在南傳的小乘佛教，統統修這兩個法門，他們是不承認大乘的，更反對什麼密宗、禪宗、華嚴、天台、淨土，認為都是後期的佛學。

佛是教你走呼吸路線修持的，安那般那就是一呼一吸。所以我在前面也提到過，釋迦牟尼佛吩咐四個弟子留形住世，永遠活在這個世界上，當然我們沒有碰到過，是據說。我也相信四個人真的活著；其中賓頭盧尊者因為現了神通，犯了佛的規矩，佛就罵他，叫他不要玩神通，罰他留形住世，不准死。所以長壽是留在這個世界上受罪的啊。我常常提醒大家注意，他們四位是以什麼方法得以留形住世呢？就是修安那般那。我的研究對與不對你們去求證吧。

回過來看《大藏經》，你們當然沒有全部研究過。佛自己在雪山修苦行六年，不吃東西，六年哦！他當時二十幾到三十歲。所謂的雪山就是喜馬拉雅山。他是尼泊爾人，就在那個山腳下最冷的地方修苦行。六年來每天等於只吃一顆青棗，二三十歲就變成七八十歲的老頭一樣，骨瘦如柴，六年的苦行求證。

在律藏裡頭講到他反對修呼吸法，他說自己那時修氣功，因為不吃飯，只靠吃氣。修這個法門的時候，頭痛得很，痛苦極了，頭要裂開了，所以他叫弟子們不要修這個。為什麼後來又叫弟子們修安那般那呢？這是問題吧？而且在另外一部戒律上也講到，佛出來說法幾十年以後，有兩個月閉關，出關以後弟子們問他，在關房裡修什麼？他說修安那般那。又是呼吸法！這好奇怪啊！他一邊叫大家不要亂修，修得很痛苦，一邊自己還在修這個，有時休息也修這個。所以我看《大藏經》和你們不同吧！我注意的是修持這一方面。他出家同我們一樣，追求的是了生死，這是生命的問題啊，不是光吹牛談學理的。

各種定境

藏經上講，有一次佛帶領弟子在恆河邊上偶然休息。因為他出門同孔子一樣帶領弟子們，尤其是印度，有幾千人跟著他。印度人是光腳的，一件衣服一披就走了。天氣熱，到了河邊大家休息一下，他也盤腿休息，一下子入定了。出定以後，他看到前面恆河邊上都是水，地下搞得亂七八糟。就問徒弟們是怎麼回事？徒弟們說，剛才有做生意的馬車隊經過，所以把地上搞髒亂了。你說他既然入定，又有神通，怎麼不知道剛才發生的事呢？卻好像睡覺醒來一樣。他這個是入的什麼定？是昏沉睡眠嗎？還是無想，還是休息定呢？定有很多境界啊。

所以前天跟大家提到宋徽宗一句話「定中消息許誰知」，到底進入哪一種定境？假設佛現在還在，我要請問他老人家，你當時入的是睡眠一樣的昏沉？或是六根不起作用的無想定？你當時的環境就是原子彈下來，你也不知道嗎？

睡眠、悶絕、無想定、無想天、滅盡定，這個在唯識上講是五個無心位，研究唯識要知道。睡眠：睡著了是無心位，第六意識思想不起作用了。悶絕：昏過去了，或者是吃了重量的痲醉藥而悶絕。另一種是無想定。無想定的結果是生無想天，然後是大阿羅漢的滅盡定，這五種屬於無心位，第六意識思想不起作用。普通人哪個人做得到啊！多半是想睡也睡不著。所以道家、密宗有一種修睡眠的方法。

我很喜歡道家的神仙陳摶寫的字，「開張天岸馬，奇異人中龍」。我們小的時候，曉得道家陳摶在華山，我們鄉下人講話「彭祖年高八百歲，陳摶一睡一千年」。修睡眠定也可以到達無心位，可是肉體不能死掉。我還有個小故事，我父親看書唸詩，唸得很高興。我那時候很小，跑到旁邊去看，他就告訴我是一個和尚作的詩。我們家鄉的這個和尚原是打漁的，一個字都不認識。他忽然不打漁，出家了，專門拜佛。我們那個地方，你們有人去過的知道，大殿地上鋪的是四方的石塊，他拜佛拜了好幾年。拜佛是兩個膝蓋頭，兩個手趴在地下，同時額頭還在地下輕輕碰一下，所以有五個印子。有一天忽然不拜去睡覺了，一個姿勢睡在那裡不動好幾天。他的師弟跑來告訴師父，師兄恐怕死掉了，這個師父說：你不要吵他，去倒一杯水放在他的屁股上，過三天去看看。三天後去看，一點水都沒有出來，可見三天三夜都沒有動。他睡了九年起來就會作詩，會寫字，得道開悟了。這個詩是他作的，所以我父親很高興，常常拿出來唸。

我那個時候九歲還是十歲記不得了，我也很喜歡唸這個詩。我還記得有一句寫得很妙「吟回明月滿東墻」，這一句我到現在還記得。有一天我也高興，就寫一首詩給我父親看，我說我也會作詩了。我父親一看不錯，作得好，你偷來的！偷和尚那本詩的句子，東一句，西一句逗出來的。

剛才講到五無心位，就是講到釋迦牟尼佛有時候入定，也進入無心這個定境啊，現在我們話講長了，再拉回來，免得時間不夠。

出入息發展出的一切

再回頭說，原來密宗的修氣，修脈，修明點，修拙火，都是安那般那出入息發展出來的一切一切。譬如密宗花教薩迦派有個瑜珈，古道最崇拜這個瑜珈。也是我一個學生，順便拿一個法本給他，他常帶在身上。我說這是薩迦派的，是修心瑜珈的四個要點。你們注意這個，值得參考。這個法門修行四個要點：第一專一瑜珈；第二離戲瑜珈；第三一味瑜珈；第四無修無證，同禪宗一樣。

修行第一是專一瑜珈；心念專一，專一以後再打破專一。離戲：什麼叫離戲呢？佛說都是戲論，是笑話。落在空是一邊，落在有是一邊，落在非空非有也是一邊，落在即空即有也是一邊，這四句都要離開，就是空啊，有啊，即空即有，非空非有都是笑話，空話。離戲瑜珈非空就是有嘛，非有就是空嘛，不是空話嗎？即空就是有嘛，即有就是空嘛。這些戲論都離開了，證到空性，心念清淨了才做到了第二步。

第三步一味瑜珈：走路、做事，入世、出世，都在這個境界裡頭，如如不動；所以禪宗叫一行三昧。唐朝不是有個一行禪師嗎？《六祖壇經》叫一行三昧，就是一味瑜珈。最後無修無證，成功了，就是昨天洞山祖師悟道的最後一句話「方得契如如」。所以這些發展，所有密法，道家，尤其是道家修神仙的，修長生不老的，一切法門統統都是從安那般那來的，而且與生死有關。

第二堂

（古道師打板通知上座）這叫打板，他打的花樣特別好聽。鐘板響了進禪堂，在古代就用這兩個木頭打出很多花樣，板響了是下命令，命令大眾進來，現在禪堂叫鐘板。

剛才講到薩迦派，古道師還跑上來跟我講，老師啊，這是噶舉派的，不是薩迦派的。他怕我講錯了，怕人家挑剔。所以我很幸運，講到重要學術的地方，同學們都會注意。我說你不懂，西藏密宗噶舉派是白教，是由薩迦派轉過來的。密宗一開始是紅教，唐朝叫寧瑪派，跟著是花教薩迦派，元朝的大寶法王就是。下來是噶舉派白教，白教的重點是大手印。最後是黃教，宗喀巴大師創立，不用這些法門了，走中觀正見，學止觀的路線；「正」就是重點的意思。這些都介紹給你們，每一個東西講起來內容都很多，不是幾天講得完的。

大乘小乘與修證的關係

現在我們回過來講釋迦牟尼佛，這一講又講到教理了。大家都曉得小乘的法門是有為法。大乘所有的方法包括禪宗，密宗，最高的高到無為法。有為，無為，兩個觀念是借用中國文化老子的觀念，最高的道是無為，無為就是空。有為就是有方法有路線可尋的，所以後來中國的佛學，大乘流行了以後，尤其是禪宗各宗各派，天台，華嚴，都看不起有為法。換句話說，有為是走唯物的路線，特別注重時代因素。無為是走絕對唯心路線的，這是哲學上的一個大問題，也是科學上的大問題。

其實拿整個佛法來講，有關唯物唯心的問題，梢堂禪師有一首詩說得非常好。這位大禪師，幾十年到現在我考證不出來。他是溫州人，溫州出兩個大師，一個是永嘉大師，成就沒有話講。第二個是詩跟文學最好的梢堂禪師，但是《高僧傳》到現在還查不清楚。他的詩我們都很佩服。

梢堂禪師的《山居詩》有：「千丈巖前倚杖藜，有為須極到無為。」有為工夫修到了極點，最後證得空。杖就是手棍，這個手棍靠在前面，修行做工夫先從有為法來，最後證到空性，有為須極是到無為。下面再講又講起文學來了，引用他這一句話是說明有為、無為。他講的很實在，這個話對，我贊成。小乘是有為法，有為法都沒有修好，工夫都沒有做好，隨便談空，你空得了什麼東西啊！

物理最後的空

剛才特別提出來要點，對於現代學術思想，佛學有關的有為法，是小乘的法門，是唯物論者；無為法是絕對唯心論者。你們這幾位教授，講哲學的要搞清楚。但是，一般研究佛學的，這一百多年來，包括日本的，我沒有看到一個是對的，我就那麼傲慢。大家把有為、無為、唯物、唯心兩個分開了，實際上佛法是心物一元論，物跟心是一體的兩面，你們要注意哦！《楞伽經》《楞嚴經》告訴我們自心自性不生不滅；唯物的東西，四大的本性也是不生不滅的。這個是重點，大家學佛多半沒有把這個觀念弄清楚。

佛說的四大地水火風，是唯物的，現在物理研究到「夸克」。我說你們不要慌，還要等，還要發明，夸克最後是什麼東西也不知道。最後是畢竟空的，這是佛法的特點。譬如說當代的佛學家歐陽竟無先生的弟子呂秋逸（呂澂），寫了一百條理由認為《楞嚴經》是假的。我看了很生氣，很想批駁他，結果我發現已經有人批駁了，我就懶得再說了。至於別人批駁的好不好，不管。

呂澂講佛學概論，共產黨統一中國以後，他在黨校講的佛學專題，我也看到了。當然我曉得這些研究佛學的，一點工夫都不做的，不求證，這個不去管他。《楞嚴經》到了最後告訴你，四大，物理世界也是不生不滅的。物理、物質的本身到最後是空的，這個空性是不生不滅的。即空即有，非空非有。

現在科學上的大問題來了，大家沒有注意，我常常提出要大家注意。大乘的《圓覺經》《楞嚴經》，佛提了「四大性離」這個要點。地水火風是唯物的變化。我常常說，假設到了南北極的最下面，有沒有溫度？一個科學家答覆我，還是有溫度。我說對了，它那個能量還是保持的。所以四大裡頭是這個「能」性離。水跟火不相容，風跟地不相容，各管各的，這就是四大性離。四大組合在一起變成物質世界，其實不只是四大，還有空大，這個四大都在空大裡頭，而四大在這個空裡頭又是各自獨立的，這些互相矛盾的組合變成了物質世界，變成了物理世界。

不同的空

我現在不是講學理哦，你們對自己身體要搞清楚，我們的身體就是地水火風空組合攏來。地球，這個物理整個組合叫四大，四大性離，平等的。哪個力量最大？沒有差別，力量同等的大，同等沒有力量，到最後是空，一點力量都沒有，四大歸之於空。這個空不是沒有哦，像我們看到的，宇宙的太空，像現在我們到禪堂外面，眼睛看到的這個虛空，你覺得是空嗎？不是空。我們眼睛看到的是地水火風空的一個組合，一個畫面，這個不是空耶。這還是有相的世界哦，是有相的空間的空，是物理世界的空，這是地水火風空的空。

所謂空大，譬如我們大家坐在禪堂裡，看到前面是空的，錯了，你這就不能修行；前面不是空的，裡頭地水火風都有。所以等你禪定工夫到了，你閉眼看到前面，像電子的走動，現在叫量子的波粒，都在你前面跑動耶。地水火風都在這裡轉，這個前面不是空，是有的。

但是《金剛經》《般若經》所講的空，不是這個空。那是無相的，你看不見的，那要你最高的智慧去體會的，不是這個肉眼所看的。肉眼看的空是有東西的，什麼東西？地水火風的組合，這是物理世界，所以要如此懂進去才行。

火水風的災難

佛告訴我們，這個世界，這個宇宙現在存在幾千萬億年了，將來會毀滅的。佛講到毀滅，有個觀念叫「三災八難」。這個世界是假有的，雖然幾千萬億年的存在，也是剎那之間過去了。三災，大的三災。注意哦，現在講到修行了，目前科學家都擔心北極南極的冰山慢慢融化，溫度越來越高了。所以我也給大家講，現在世界上的戰爭，還在文化戰、經濟戰、思想戰裡頭，慢慢會為水而戰，全人類水不夠用，淡水沒有了，因為地球上的溫度高，冰山融化了。

講到地球要毀滅，第一個災難是火災起來。佛經記載說，將來火災來的時候，這個世界上十個太陽一起出來。以當時的科學，因為大家不懂，只好那麼講；就是世界到了要毀滅的時候，溫度像十個太陽那麼高，火災起來了。火災起來整個地球就燃燒了，水也乾了。你把它當成神話看也好，實際上是個科學研究，現在一般新的科學就擔心這個問題，跟佛學接近了。佛在幾千年前講的話，沒有人相信，那個時候的文化沒有科學，現在越來越曉得厲害了。

這個火災燒到什麼程度呢？整個喜馬拉雅山，整個地球毀壞了，一直燒到太陽月亮系統。拿佛經的形容，燒到了初禪天。不只毀了這個世界，還毀到了外太空的旁邊。外太空的第一個階段是初禪天。我們打坐得了初禪，初禪天是在欲界天的頂天，到色界天的第一步。最近我看交通大學一個學者的研究，還沒有到達這個邊緣，可是有一點像樣了。

所以你要知道，我們打起坐來，有時候腿痛，有時候瘦，你還沒有得到初禪，沒有得定呢！但是已經受不了啦。呂老闆說，老師，我一打坐一身都是汗啊。我說恭喜啊！好啊！是那個火力起來把你的汗逼出來了，你發胖就是水太多了，給你蒸發出來，所以會熱得受不了。

還有你打坐做工夫，忽然性慾衝動了，那是火災來了，所以男女性關係叫慾火，也叫婬火。婬慾是一種火，會毀滅這個生命，這是欲界天的火災來了。所以很多人用功很好，最後男女這一關過不了，講好聽是兩方運動火力消了；消了以後精出來了，水大也分散了，還覺得清淨，實際上是毀了。所以火災毀到初禪天，這是第一災。那中間的來回及時間，佛說得很詳細，寫出來是大科學的書。我們這些同學們，大教授們，很可惜沒有人好好研究科學，沒有把佛學向科學的路上帶。大家坐在那裡講那些空話，沒有用。

火災以後，宇宙又形成了。第二次的毀滅是水災，水災比火災還嚴重。宇宙由形成到毀滅有成、住、壞、空四個階段：「成」就是宇宙的形成；「住」就是宇宙的存在；「壞」就是毀壞；「空」就是銷亡了。現在我們人類科學的發展，用能源，自己破壞這個宇宙，越破壞得快，越死亡得快。在人的生命來說，則是生、老、病、死。

第二個劫數水災，整個的宇宙變成了水，萬物都被水冰凍死了。它擴充的範圍比火災還要高，還要大，淹到了二禪天。儘管打坐得定達到二禪天的境界，也逃不過這個水災的劫數。你看這裡的同學朋友們一個個水大都來了，身體的胖或者是血糖高，都是水災。宇宙物理也是這樣，所以第二劫是水災。其實我們年輕時，喜歡男女飲食，在火災裡頭玩；到了中年，就是現在講的「有賊心無賊膽」，那個賊沒有了，水災來了，你那個性慾衝動不了，被水泡壞了。

水火兩個雖然可怕，比起風災來，還沒有那麼可怕。當第三劫風災來時，到第三禪天，大風統統把你吹垮了。佛經形容風災來的時候，喜馬拉雅山被風一吹連影子都沒有了，整個地球不知道吹到哪裡去了，三禪天這整個宇宙都毀了，這就是三災。

水火風是三災，沒有空災，空本來就是空了嘛。這三個災都在空裡頭自然的轉。空是包含了一切，就是到了物理那個真空的世界，這三樣東西起不來了，可是仍然都存在空裡頭。它一動，四大性離，各有各的作用起來，但那是不生不滅的，即有即空的。我們的身體，現在的生命每天難受，不是牙齒痛就是骨節痠，這裡動不了，那裡不舒服，不是水災就是火災。所以有人生病說中風了，什麼叫中風？裡頭有風，風困在裡頭轉不出來了，神經動不了，不能流動了，就叫中風。中字不是唸中央的中，要唸「重」，拉弓射箭一樣，給風咻一下打中了，這個地方出了毛病，中風了。

善行數變的風

所以我叫你們讀《黃帝內經》，現在中醫不大注意，幾千年前我們老祖宗講風是怎麼講的？《黃帝內經》有句話，說我們身體內部的風，這個氣流「善行而數變」五個字。不懂古文，怎麼讀中醫啊？怎麼叫善行？你不要看成善惡的善哦！這個善是形容辭。這個風在身體內部是咻……咻……這樣轉，轉得很快，叫善行。身體內部這個氣不僅動而且多變，它會變化的。你這個骨節為什麼會中風了呢？風碰到那個骨節時，地大這一部分溫度不夠了，或者骨節疏鬆，這個氣一到這裡，咻！打中了，動不了了。風善行而數變，風會變成結塊的東西，變成實體的了，所以說有些人身體裡長瘤啊，生癌症啊什麼的。譬如說有時候打起坐來身體發癢，我就給他吃中藥，把風散開。老師啊，你那個藥好靈哦，不癢了。為什麼癢？因為風在裡頭動。痠痛也是風在那裡作怪，看你用什麼藥。《黃帝內經》的一句話，現在人的中文不好，怎麼去讀醫書啊！

風就是氣，所以佛叫我們修安那般那，修風大，修呼吸氣，直接可以達到三禪天的境界，然後配合把念頭清淨了，就到四禪。四禪是捨念清淨，聽我們的老師釋迦牟尼佛的提倡，叫大家修安那般那，他的學理就在這個地方，這是科學的。安那般那修風大，因為風不容易認得，所以先從你身體上的呼吸講起，你才會懂得。從這一部分做工夫，很容易入定，也很容易把你的一切病痛轉變過來。

譬如你們到了中年，肚子大大的，像山門外的彌勒佛一樣；水多了嘛，中年老化胖了。什麼叫胖？我們中國字的胖字，問問你們，台灣大陸都一樣，都是學現代文化出來的，胖字怎麼寫啊？你們一定說月字旁邊有一個半字。錯了，是肉字邊。規規矩矩中文字，月亮的月上面二橫，下面這一劃往上挑就代表這個肉。肉字旁邊一個半字，你的肉多出了一半了，肌肉沒有，都是水了；一看你胖了，就曉得你不健康了。這就是中國字。

中國字改成簡體字，所有的文化意義都沒有了。所以人家說中國字很妙，一個肉字，肉是個符號耶，狗肉、馬肉、豬肉、羊肉、人肉。外文就不能這樣用了。所以中國字只用兩三千個字，就保留了幾千年的文化。

地水火風四大性離，所以佛叫你修安那般那，從修呼吸法入手，把這個生命改變過來，即身成就，也就是用我們肉體的身修持，直接可以跳出來成佛。

第三堂

說到八難，常有人說老師啊，你要活一百歲。我說你是叫我受難嗎！長壽是八難裡的一難啊，一個人活太老了是個災難啊。我就笑那個同學最近給老人家包圍了，被災難包圍了。活老了你以為好受嗎？所以人在這個世界活得很辛苦。

你們這些學者的聰明才智也是八難之一，這叫「世智辯聰」，對於世間的知識非常會思辨，會邏輯思考，特別聰明，多生累世變成學問家，哲學家，但是不容易成道。所以學問好有什麼用！可是不讀書不行哦，沒有聰明才智，沒有智慧也不行，很難啊。像我們都是三災八難之人，出生的時候佛已經走了，後面的佛還沒有來，中間空檔的。所以現在這個社會，家裡有老人，後代年輕人就非常痛苦了，那真是個災難。（八難：一地獄，二餓鬼，三畜生，四長壽天，五邊地，六盲聾瘖瘂，七世智辯聰，八生在佛前佛後）

人的開始

剛才講到風大的重要，我就倒轉過來講，所以上午要你們聽錄音帶，我可以少講一點，不然要很長的時間講怎麼來投胎。

你們聽了生死問題，我現在不多講，如果沒有聽清楚再放錄音帶聽，有問題問我。當我們的中陰投胎的時候，是在男女做愛，精蟲和卵相遇時。現在醫學知道，女性每月只有一兩個卵成熟，所以月經期二十八天，中間十幾天當中，不曉得哪個時候會排下來。卵排下來，在自己的身體內部停留的時間，你們去問黃醫師，他是專家。

男人一次排出的精子，有好幾億那麼多，有一個跑在前面，碰到那個卵子就成胎兒了，所以人身難得啊。換句話說，我們這個生命得來，是跟幾億個兄弟姊妹賽跑，總算我們跑到前頭來了，碰上那個卵。如果是個壞卵也沒有用。佛在幾千年前講，女性的子宮高了不行，歪了不行，偏了不行，太冷不行，太熱不行。他講了好多條件，同現在生理一樣。他在幾千年以前，就看得那麼清楚！

所以三緣和合而生人，一個精蟲，一個卵子，兩個結合還不能變成人，必須要靈魂加入，這個叫中陰。這個中陰是什麼？你們研究唯識的這些同學，這些教理要注意哦！中陰是阿賴耶識的種子變化，是前生的業報帶來的。三緣和合變成胎兒。然後佛又說了一本經，給他兄弟講的《佛為阿難說處胎會》，也給弟子們講過，說生命怎麼來的。

風動了

行陰，就是動力在轉，轉得你昏頭昏腦，前生的事什麼都忘了。第一個七天有個名稱，原文的發音「羯羅藍」，翻譯成中文就是凝滑。就像把牛奶啊、水啊、白糖啊合在一起轉成漿糊一樣。這個轉的力量是什麼？佛告訴你風大，就是一股氣，生命在這裡頭轉。佛還是講大概的，沒有講細的科學。如果他老人家生在現在，他一定用最新的科學告訴我們。這個氣在裡頭轉七天，這股生命力量的動能在五陰裡頭叫行陰。你們注意，「行」是動力，究竟屬於真空力學，還是屬於量子力學，還是屬於生命力學，等科學家慢慢去摸吧。

所以修行修行，告訴你這個行就是動力在變化，能量在變化。這個氣就是能量，七天一個變化，然後佛告訴我們每七天長了些什麼東西。第一條就是背脊骨督脈這裡慢慢起來了。當然起來不是骨頭，是軟的。所以《黃帝內經》說「風善行而數變」，都是這股氣變出來的。修氣脈講做工夫，就是背脊骨這個地方，慢慢開始一條上來。成胎後七天一個變化，每七天有一個風的變化，佛給它不同的名稱，形容這個能量風力的變化，同宇宙的法則一樣。基督教的禮拜就是七天，為什麼七天一個週期？像我們現在女性從十幾歲第一次月經來，七天一個週期，四七二十八天一個月經的週期。然後擴大一點，七年一個變化。女性以單數七為主；男性是雙數八。單數是陽的，女性反而是陽數；雙數是陰的，男性反而是陰數。這個裡頭陰陽變化，太多科學了。

誰是轉世活佛

我們有一個同學把《佛為阿難說霓胎會》翻成白話，你們自己去研究。中間有一部分也問過黃醫師的。這個胎兒的形成，佛就說是很不容易的；所以說到活佛轉生，哪個是轉生？我不知道，誰也不知道。

佛說中陰這個靈魂，入胎就迷了，把前面的事情忘了。不要說入胎，我們大家在座的活了幾十年，你每一件事情都記得很清楚嗎？都記不得。一個月以前的事你都忘了。如果修到記憶力永遠不失的，當然入胎不迷；入胎那個劇烈轉動的時候沒有迷，還在定中，還在打坐，很清楚，這是入胎不迷。如果住胎也不迷，三十八個七天出胎，你非迷不可，要很大的定力才能夠不迷。

你看我們活了幾十年，年輕讀的書，到現在都忘了，都迷掉了；出生的時候更痛苦，還要出胎不迷。三個階段：入胎不迷，住胎不迷，出胎不迷，這才能說自己是什麼人轉生來的。隨便說這個喇嘛是誰轉生的，誰知道啊？

我不知道，因為我不是喇嘛也不是活佛。要能真知道，定力就要修到入胎、住胎、出胎都不迷。如果你修到這個工夫的話，你前輩子的學問，這一輩子生來都記得。有人沒有？有哦。世界上不是沒有哦！天生沒有讀過的書一看已經知道了，什麼知識都知道。這個是生命的科學了。

所以我常常引用「書到今生讀已遲」這句話，這一生來求學已經太遲了，都是前生讀來的啊，是帶來的，這叫種子識入胎。

如果講眾生的生命，那要研究生物學了。貓是幾個月懷胎，羊是幾個月？好像有個口訣可以背的。人是十個月，另有動物懷胎一兩年的。現在我們只講人道，三十八個七天，九個多月。最後一股風把胎轉向了，頭倒過來向下，要出胎了。有些生命的業報，他過去造的業，使他住胎就死掉了。有些快要出來就死掉了，有些是剛剛出產門死掉。所以佛說四句話「人身難得，中土難生」，這個中土不一定是指中國，勉強來講就是文化中心的地方。「明師難遇」，得道的明師碰不到。「佛法難聞」，生在邊地，一輩子聞不到文化，聽不到佛法。

我們記住了在胎中三十八個七天，每七天風在轉動，直到出胎生下來。這個胎兒在娘胎沒有用鼻子呼吸，臍帶跟母親連著，營養都是臍帶吸收進來的。那股氣就從臍帶進來，使胎兒慢慢長大。嘴巴沒有牙齒，也沒有大便，好像現在的科學證明，有一點排泄物。實際上髒的東西都在嘴巴裡頭，所以嬰兒生下來嘴巴是圓的。生下來臍帶一剪斷，護士趕快把嬰兒嘴裡那一坨髒的挖乾淨。

像我小的時候，我們鄉下有個胖胖的接生婆。我們鄉下人家，唉唷！趕快把那個接生婆找來吧，要生了。水桶裡面煮了開水，剪刀什麼的放好。真正生的時候，做媽媽的痛苦，孩子也苦，生老病死苦，兩方面都苦，生死問題最痛苦了。佛學把生日叫「母難日」，是母親受災難的一天，所以不會請客殺雞給大家吃，要吃素。自己生命來了，為什麼殺別的生命來慶祝呢！這是佛教的觀念。

呼吸　根本依　種子依

按照《達摩禪經》，臍帶一剪斷，嬰兒開口「啊」一聲出氣，鼻子的氣立刻進來了。第一次進氣以後，開始靠鼻子呼吸了，後天的生命就靠風大一呼一吸來來去去。所以呼氣叫般那，吸氣叫安那（另有經典說法不同）。安那根據什麼？就是發音的開始，嬰兒嘴巴裡「啊」發音出聲，接著鼻子氣進來了。所以唸阿彌陀佛的「阿」是開口音，就像中國道家講的「吐故納新」。呼吸鼻子也好，嘴巴也好，呼出去是碳氣，吸進來是氧氣，一來一往，生命就在這三寸地方。鼻子通到咽喉，左邊咽是氣管，右邊是食道管，兩個是分開的。我們生命是靠這一口氣，喉嚨這裡三寸氣不來就死掉了。氣出去不進來死掉，進來不呼出去也死掉。生命是那麼脆弱、短暫，就在這個呼吸往來之間。

現在你們這些學者們，大家注意。當然這裡學者很多，有兩個是老同學，所以一講就是他們。並不是他們兩個不對，因為太熟了我老是盯住他們，有些我不熟就不好講了。

唯識講生命是因緣所生，在八個識裡頭，這個呼吸是什麼作用知道嗎？這叫「根本依」，因緣裡頭的根本依。一般講唯識的，你問他什麼叫根本依？他會說「那是習氣」，他當成理論上的觀念了，他不曉得就是這個氣來的，這個氣叫作根本依。根本依的後面是種子依，就是你的個性了，前生業力的習氣所帶來那個叫種子依。所以你們要搞清楚，我們活著有這一口氣的生命，是因為有根本依在這裡的原故（按：另有認為根本依是阿賴耶識）。

而這個氣呢？表面上看到是身體內部一股氣，尤其是鼻子這裡很明顯；實際上不只鼻子耶，我們十萬八千個毛孔都在呼吸。尤其身體外部有九個洞，臉上有七個，下面兩個，九個洞都在呼吸。不過呼吸主體的作用在鼻子，像兩個煙囪一樣在呼吸。

呼吸與氣

呼吸是什麼東西呢？就是佛學說的生滅法，有生就有滅，有滅就有生，一來一往，也叫如來如去。其實呼吸進來有停留在裡面嗎？沒有，不可能。不停留在裡面嗎？也不可能，因為這是呼吸。注意《達摩禪經》有祕密告訴我們，大阿羅漢的修行經驗，這個一呼一吸叫「長養氣」，保養用的，也就是安那般那。

另有兩種氣，他提出來，沒有告訴我們在哪裡，是最高的祕密，一個叫作「報身氣」。我們這個業報身體，在胎兒裡成長這個氣，那個時候只有臍帶，沒有呼吸，那個是報身氣，業報之身來的，是一種能量的變動。另一個叫「根本氣」，就是說男女那個精蟲卵子碰到的時候，有一股力量，那個氣是根本氣，是個動能，就是行陰，所以一共有三種氣。

道家叫根本氣為元氣，修神仙叫修元氣，所以道家的道書上告訴你「先天一炁」，宇宙萬物靠這個力量來的。先天一炁從虛無中來，空到極點，真空的爆破，真空的充實的力量，都是它所發生的。我們活著生命裡頭就有這三種功能，所以要打坐入定，轉變這個身體。

今天下午起跟你們講的是很重要的，先告訴你學理，再用方法，你就可以上路了。首先要認識氣的重點，現在我們呼吸的氣，你們看到鼻子呼吸很簡單，但是學過瑜珈，學過密宗，學過禪，呼吸都有不同。左邊的氣同右邊的氣又不同。如果說我們每天早晨睡醒，試一下呼吸，右鼻很通，左邊不大通，身體就有一點問題了。如果再加上呼吸困難，更有問題，自己就知道了。豈止這個，連下面放的屁，都有從左邊、右邊放出來的不同，你以為放屁那麼容易放啊？你自己體會體會，這個生命不是那麼簡單，此其一。

第二：兩鼻孔的氣，當工夫真的到得定時，鼻孔這裡不呼吸了，但這個鼻子的根根在呼吸，最後來到腦子呼吸，那你差不多了。所以學佛叫止觀，得止，很寧靜。得定了以後，自己內在的智慧，慢慢的觀察內部的身體，就是止觀，這都是有為法。道家同密宗可以歸納一句話，叫「內照形軀」四個字。所以中國神仙的丹經《參同契》，也提到內照形軀。當時佛經還沒有來，中國已經有了，這個止觀叫「內視」，就是反過來觀照自己的內在。所以心跟氣配合為一，念頭思想跟氣配合為一，打坐才能真正得定，進入那個定境。

我們普通活了幾十年，只曉得白天活著，夜裡睡覺，誰來管過自己的思想啊！呼吸也永遠在呼吸，可是你沒有跟思想配合，心跟氣兩個不配合，它兩條路分開走了。尤其我們在注意一件事的時候，呼吸好像停掉了，拚命注意事情。有時看到一個人，一件事情，唉唷，好可怕，呼吸停掉了。或者一個很高興的事，哈哈一笑，呼吸也停了。心跟氣根本不容易配合的。心氣配合為一的時候，你才懂得中醫，你才曉得身體十二經脈的變化，以及一切的變化，那時才懂得修行之路。所以對於氣的認識很重要。

第四堂

消息　止息　真息　出入息

安那般那，中文簡稱出入息。那麼翻譯中文的時候，為什麼不翻譯成出入氣呢？問題就在這裡哦。大家研究中國傳統文化就要注意了。「息」字哪裡來的？我們現在講話，比如說有沒有「消息」，消息這兩個字出在《易經》。我們用了幾千年，不是孔子哦，老祖宗就有了。什麼叫「消」？這是科學了，我們一切動作，一切講話，一切生命都在消，都在放射，消失掉。以科學來講就是物理的放射作用，放射完了就沒有了嗎？不是沒有，而是「息」，息是成長哦。所以一消一息就是佛學講的一生一滅。滅不是沒有，是另一個生命的開始。

生死也是同樣的道理，死亡是另一個生命的開始，另一個生命進入無明的階段，無明再緣行，另一個生命又開始了。所以我給你們上了一些中文課，就理解進去了，這是修出入息的第一個意義。

第二個意義：一出一入中間很短暫，你分不清楚，中間那個寧靜的階段很快速的。拿機械物理來講，發動機嘎啦嘎啦在轉，你聽第一聲跟第二聲中間有個空檔，非常快速的剎那。剛才黃醫師講在胎兒細胞變化時，都在消息，一出一入，一進一出，中間有一剎那的，就是真息。道家有個女神仙，是宋朝開國大元帥曹彬的孫女，出家得道，叫曹文逸仙姑。她有一篇修道的歌，叫作《靈源大道歌》，可以跟永嘉大師的《證道歌》相提並論。中間講到生命根本一句話，非常好，「命蒂從來在真息」，這個生命的根蒂在一出一入那個止息的階段。這個一出一入的真息，就是一切眾生的生命所在。

譬如我們農村裡出來的，看到種在泥巴裡的稻子，被泥巴跟水圍著，它的成長，那一下子是真息。在農村的夜裡，四五月間稻子成長的時候，半夜三更在稻田邊上，聽到那個穀子劈哩啪啦聲音大得不得了。其實不止稻子、麥子，一切植物開花、成長都有聲音的，你用超音波來聽就聽見了。這就是

「命蒂從來在真息」，所以我們翻譯叫出入息。

修行道地經的故事

佛叫你先修出入息，再修到明心見性、證阿羅漢、成佛，連帶身體也變化了，叫即身成就，這是祕密。所以我上午告訴大家，像我這一生，不敢說世界上這些統統學過了，但幾乎差不多學遍了。回過來一看，原來這許多的法門，都是從佛講的變出來，大家都給這些花樣騙住了，其實就是修出入息。所以最近這幾年，我叫你們看三國以後，東西晉這個階段翻譯的佛經，除了《般舟三昧經》《安般守意經》以外，還有講修行很重要的一本書《修行道地經》。這是當時最初比較具體的翻譯。

可是我當年看《大藏經》的時候，把它忽略過去了，所以後來非常懺悔。因為我們書讀多了，有的時候被文字困住。看到他把五陰翻譯成色、「痛」、想、行、識，認為是最初期的翻譯，翻得不行。後來的翻譯是色、

「受」、想、行、識。等到六七十年後，再誠心的讀，才發現他翻譯的對，因為感受都是難過的、痛的。他是印度人，到中國來把佛的修行方法變成中文，「色」容易講，看得見。「受」是什麼呢？一定掐人家一把，感到很痛，所以把感受都翻成痛。感受最大的反應是痛，輕度的反應是癢。

當年看到這個初期的翻譯，《修行道地經》把五陰翻成色痛想行識，覺得後面的翻譯應該好一點，結果越看後面的翻譯越上當。後來正統的翻譯就翻成受了，其實文字越精練，道理越搞不清楚。因為感受、感覺有三個內涵：「苦受」，痛苦，痛在苦裡頭；「樂受」，樂就是爽快的爽，快感、樂感，快感是樂感的一種；還有一個中性的，「不苦不樂受」。現在我們坐在禪堂，空氣調得差不多，馬馬虎虎，不苦不樂，很舒服，中性的。其實有沒有感受呢？也有。比較偏向於爽的一面，其中心理分析是非常仔細的。

這三個受是由感覺連帶屬於心理的憂喜兩種，其實是五種。但是這個受也是受報，這一生為什麼變成男人？為什麼變成女人？為什麼有窮的，有富的？為什麼人生遭遇不同？都在受報。

老子也說出入息

現在講到修行出入息，今晚告訴你先認識什麼是出入息。這個出入息除了佛說的以外，還有哪個祖師也說過呢？大家還記得嗎？考驗你們這些大博士大教授們，他們拿了學位是吃虧的，就成為我罵的對象了。是老子說過的。我一提你們想起來了吧！老子說「天地之間其猶槖籥乎」，實際上籥是笛子，裡面空的，氣一進來發出聲音。風箱也叫槖籥，以前打鐵的地方，旁邊有個風箱，一拉一抽，唧哺唧哺，那個風就動了，把火吹了起來。老子告訴我們，整個的宇宙空間及生命是一生一滅，一來一去的呼吸關係，「天地之間其猶槖籥乎」。

修道家，老子也告訴你修呼吸最好，修到「專氣致柔，能嬰兒乎」。尤其打太極拳，大家都曉得用他這一句話，實際上工夫都沒有到。他傳你修安那般那出入息的法門，可以成仙，長生不老。專氣是修煉這個出入息安那般那。致柔是把一身的細胞、骨頭，統統都變化成非常柔軟。不管你是否一百歲開始修，只要工夫到了，整個的身體像嬰兒一樣柔軟，就是用這個一出一入的氣修成的。

剛生出來的嬰兒「啊」一哭，氣一出入，在一百天以內，他不哭很靜的時候，好像沒有呼吸了。嬰兒的呼吸在哪裡啊？你們這邊媽媽們都經驗過的啊！嬰兒呼吸不在鼻子，在肚子下面丹田，自然動，一進一出，進來出去全身都通的。所以道家叫你守肚臍下面，不過這又著相了；不要去著相，工夫到了自然如此，這些原理先要了解。

我有一個經驗告訴你們。我說什麼都不可怕，死人我也看過很多．最難看的是睡覺的時候。一百個人睡在一起，有些人龇牙咧嘴的，有些在做夢，那個鼻子，肉啊都在抽動，各種各樣。你說一百個美人，把他們的化粧洗掉，統統睡在一起，夜裡看了以後，你不修白骨觀已經成功了。如果那些女的化了粧，眼睛藍的，嘴巴紅的，牙齒白的，頭髮染成紅的，睡覺時嘴巴張開，口水直流，你不嚇住了才怪。

帶兵時為了愛護士兵，夜裡去視察一兩次，我得到了經驗。凡是打呼嚕，呼吸很粗的，他沒有睡好；雖然睡著了，其實腦子在做夢。睡眠真正睡得好時，你會覺得他一點呼吸都沒有，一點都聽不見，大概有一分鐘，那個時候才是真睡著了，這就叫止息。人的腦筋真的寧靜到極點，往來的呼吸停止了，那叫止息，是出入息中間那個止息的階段。剛才引用曹仙姑的一句名言「命蒂從來在真息」，那個時候是生命的根本。

照科學的研究，一個人夜裡睡六到八個鐘頭，其實沒有真正在睡，是左右腦分區的在休息，裡頭還在思想，每個人可以說都有在做夢，可是醒後就忘掉了。研究唯識你就懂了，真正睡著了那一剎那，無夢無想，真正止息，那個睡眠不會超過一刻鐘的。所以打坐修定的人，做到身心寧靜，止息一刻鐘或半個鐘頭，你一天精神用不完了，那就是真正的充電了。平常睡眠幾個鐘頭有時候沒有用哦。

講到這裡又想起來要告訴你們，我們這一次是引用釋迦牟尼佛老師講的，剛才再引用道家祖師爺老子的話，兩位老師了。現在我們請出儒家老師孔子，有幾句話是與修行有關係的，是講飲食的。「食穀者愚」：吃麵吃飯和青菜吃多了的人，雖然我們的生命靠這個五穀一類，但沒有智慧。「食肉者鄙」：吃牛羊肉豬肉的人，比愚還差，是下等的人。所以我們寫信給長輩或有學問的人，自己自稱「鄙人」，就是這個鄙字，很下等。「食氣者壽」：修安那般那修成了，不需要吃飯吃肉及五穀雜糧了。道家要辟穀，避開了。所以辟穀是五穀的穀。「食氣者壽」，呼吸修到了止息，就會長命。「不食者神明而不死」，最後不吃五穀，不吃肉，也不靠氣，得定了。這是我們的大老師孔夫子告訴我們的。這不在《四書》《五經》，是在《孔子家語》，給自己子孫兒女講的話。譬如慧持法師在那個樹洞裡，入定七百年不吃不喝，也不拉，那是到了不死，到了神明的境界了。（現在版本《孔子家語》不同）

修成神仙最多的時代

這是講食氣者壽，道家非常注意這個，尤其佛所傳安那般那的《修行道地經》，是在西晉時翻譯過來的。道家講煉氣。在東西晉最流行，把佛家跟道家兩個方法融合起來，所以那二三百年之間，出的神仙特別多，因為他把這個方法綜合了。

所以好多年前，我在海外在台灣，看到大陸流行氣功，我又難過又好笑。我說中國文化怎麼變成這樣！氣功有什麼了不起啊，大家對「氣」是什麼東西也不懂。我說中國的文化如果講修煉，第一練武功，第二步是氣功，第三步是內功，比氣功要高一層了。第四步是道功，第五步是禪功。我說現在中國怎麼一齊搞氣功！氣是什麼東西啊？把一呼一吸當成氣了，一呼一吸這個氣屬於風大。天台宗教你數息觀，現在禪宗也學天台宗，只講數息，打起坐來就在那裡管出入息，計算個數字，學了一輩子就搞這個。所以我在《如何修證佛法》這本書上就講，你們修這個是學會計啊！呼吸往來一次，晝夜二十四個鐘頭呼吸了多少次，現在科學統計得很清楚啊！你去記這個數字幹嘛？呼吸進來、出去，能夠停留嗎？要像攢錢一樣留在那裡，你找死啊！呼吸進來留在那裡不出去，都是碳氣，會生病的，呼吸要流通才健康啊。

如果達到得定了，止息，粗呼吸靜止了，那個接近真息了。息有三種，佛說的，呼吸往來叫「長養息」，是保養用的，下午講過了。等到止息時，那個止息是止的長養息，於是「報身息」起來了，那是現有生命的根本。你把握住那個止息可以祛病延年，活久一點。不一定說不死，也許死，也許不死。至少我到現在還沒有死的經驗，等到我死了再來告訴你（眾笑）。投胎的時候，那一剎那的息是「種子息」，工夫證到了那個境界，你可以具足五通裡的神足通了。這個不是講神話，神足通在《莊子》及《列子》書裡都有，可以御風而行，可以在虛空中玩。學密宗最崇拜密勒日巴，密勒日巴成就時，自己身體跳到虛空中走路。全身及兩個腿氣脈都打通了，換句話說肉體可以飛騰。古代的道書叫「沖舉」，人可以沖上去，浮空而動，那是風心自在的關係。

六妙門的問題

晚上開始給你們講的重點，就是修出入息，我給古道他們少林寺的一些出家人也講過；尤其古道，年輕出來到處求師訪道，又剃光頭又吃素。古道原來修持不是沒有心得哦，他走天台宗的路線修禪定。天台宗那個路線是六妙門，你們都看過的，六種方法，小止觀六妙門。所以我給古道他們專門上課討論，因為他的確講究修持嘛。沒有經驗的不給他講。我說古道啊，你們這幾個注意啊，小止觀六妙門，是智者大師抽出來《修行道地經》及《達摩禪經》的一個修行的方法。天台宗創這一宗比禪宗晚一點點，差不多同一個時候，兩方面分開。他自己修持有成就，把這個方法寫了出來以後，小止觀天下流通了。到現在為止由小乘變成大乘，我一點都不客氣的批評，誤盡了人了。大家走六妙門小止觀的辦法，沒有一個走通的，也沒有一個修成就的。古道，我是不是這樣講的？（古道：是。）

我好大膽啊！這是我對玄奘法師翻譯的唯識，以及智者大師公然的批評。所以我說你看天台宗，兩三代之間只有二三個人成功。後來的永嘉大師是先修天台宗的，他開悟是走禪宗的路線，他悟道以後再請六祖印證。他寫的《永嘉禪宗集》，完全脫開了天台宗的辦法。所以禪宗真正了不起的弟子是永嘉大師，可以說是第一人。

我說這個六妙門的問題，智者大師有錯嗎？沒有錯。他是大慈悲，他整理出來修安那般那的方法，以此來做為修定入門，但又馬上轉到大乘去了。他怕一般光修安那般那出入息，修啊修啊有神通了，有了天眼通、天耳通、他心通、宿命通，乃至空中可以飛起來神足通，結果變成外道。因為五通一來，般若智慧受障礙了，不會大澈大悟了。因此他一轉就轉到大乘了，變成三止三觀。可是從他這個以後，後世修行的人成就少了，此其一。

第二，中國的禪宗從達摩祖師傳到六祖，一直到了唐朝末年，五宗宗派興盛了以後，中國的大乘禪宗也完了。「一花開五葉，結果自然成」，是不是這樣講啊？是啊。好不好啊？禪宗祖師的預言。我到現在才明白，這個話好白啊！「一花開五葉，結果自然落」。五葉開完了，沒有了。所以到現在禪宗在這個世界上是「不絕如縷」，已經斷絕得差不多了，只有一條絲一樣吊住，也許還有一兩個人還在吧！只剩這一條絲了，這是中國文化很嚴重的問題。我為什麼寫《靜坐修道與長生不老》？就是破那些執著六妙門的，破那些執著「因是子靜坐法」、「岡田靜坐法」的，因為都走錯路了，我是一番慈悲心寫那本書的。現在我講的更破六妙門；六妙門是對的，但用錯了。你把六妙門拿來對照看看。所以現在走遍天下禪宗，乃至打起坐來，問他們在幹什麼？在修止觀，修數息觀，就在那裡打坐。不止他們哦，古人很多落在這裡。像蘇東坡、陸放翁、白居易他們都是學禪學道的。陸放翁「一坐數千息」，打起坐來自己數這個一呼一吸，每次上座數幾千個息，等於唸咒子，唸了幾千萬遍。我看了就笑，陸放翁在學會計啊，有什麼用？現在告訴你們六妙門，慢慢來，到第三天了。

為什麼修禪定？就是《修行道地經》《達摩禪經》還有些禪經裡頭寫到的。但是你看禪經年代，有些都是東抄西抄的。再回過頭來看《大藏經》裡頭《大毘婆沙論》，目連尊者的《法蘊足論》，舍利弗的《舍利弗阿毗曇論》。這些你們研究佛學的都不看的，看也看不下去。這些著作裡都有提到過，尤其是《大毘婆沙論》，不論講唯識或講其他，這本論都很重要，是五百羅漢依照佛弟子的法統來的，出家學佛不能不研究。

為什麼用這六個方法呢？其實六妙門只有一個門。我告訴你們原則，只有一個方法，就是利用你的風大。我們生命都是氣嘛，這個氣詳細講很多，今天先講六妙門。你們打起坐來，思想到處飛，收不攏來。思想為什麼不能清淨呢？因為你自己那個電風扇的電源沒有關掉；也就是說呼吸在動；呼吸動思想就動，思想動呼吸就動；換句話「心」「息」兩個沒有合在一起。

我們中國人有句罵人的話，「沒有出息」。這是道家的話，說你呼吸不對，沒有出息，悶住在那裡變成笨笨的，所以要有出息才對。沒有出息是什麼人？這句話好毒啊，如果沒有出息就是死人，因為死人才沒有呼吸往來嘛！所以這個息有這樣重要。

現在告訴你，打起坐來思想為什麼不能寧靜，念頭不能清淨呢？因為呼吸往來，風動，行陰的關係。呼吸為什麼往來？因為你思想沒有寧靜。你說這兩個哪個為主，哪個為附帶的呢？都不對，兩個平等的，天秤一樣。你如果呼吸寧靜了，思想也寧靜了，這個天秤也就平穩了，不是心先動還是氣先動的問題。

因此道家懂了釋迦牟尼佛修出入息的法門，就有個比喻叫「降龍伏虎」，要把這個、那個思想拴住。思想就像飛鳥一樣，亂跑的，你自己作不了主。思想來不知所從來，去不知所從去。如果你把注意集中在呼吸上，思想給你拉回來了。

但是也不要故意去呼吸，我們這個鼻子的呼吸往來，你平時也沒有特別注意，現在坐起來什麼都不管，能夠聽得見呼吸更好，聽不見你也會感覺得到，感覺一進一出。你感覺第一下，感覺第二下，思想跑開了，你就曉得兩個分開了，趕快把它拉回來，所以道家又叫這個男女結合，陰陽雙修，等於女人跟男人配合連在一起。道家說陰陽配合中間有一個媒婆叫「黃婆」，就是「意」。你那個意識要把呼吸跟思想拉在一起。不要太注意哦，呼吸本來有來往嘛。一上座什麼都不管，意識只注意這個呼吸，思想就與它結合在一起，不亂跑了。方法很簡單的。

可是一般人做不到，佛就告訴你「數」。怎麼數呢？你知道呼吸出去，注意它出去又進來。一進一出叫一息，你數一。再來一進一出，數二。再來一進一出，數三。記這個數字。如果呼吸一進一出，一、二、三、四、五、六、七、八、九、十，數到十以後，還有個方法，不數下去了；再呼吸一進一出數九，再一進一出數八，倒回去數。

如果呼吸一進一出數到三，中間想別的了，不算數，重新來過。再數呼吸一進一出數一。如果數到六，又有別的思想岔過來，不算數，再來從一數起，這叫數息的法門。可是你想想看，我們的呼吸本來天性一進一出，本來有的，對不對？同時我們還有一個作用，感覺到自己有沒有注意呼吸。唉啊，不對了，它又亂想了。這一心就有三個作用。

所以我們普通罵人不要「三心二意」，三個心二個意，你看我們生命裡頭多麼鬧熱啊。三心二意合起來歸一心，你只要注意呼吸，不要太用心，自然放鬆，呼吸到哪裡你不要管，你會感覺到的。這個呼吸到胃了，到哪裡了，你跟著這個去也是妄想，因為心跟息沒有配合為一。

有些修禪定的書上告訴你「眼觀鼻，鼻觀心」。搞得有些人修行就眼睛盯在鼻尖上，低著頭，那要命了，那會神經病的，腦子氣也走不通。那是叫你眼睛不要觀外面，只要注意一下鼻孔呼吸而已。初步呼吸是鼻孔裡頭出入，跟心念配合在一起，這才叫作「眼觀鼻，鼻觀心」嘛！不是守這裡啊。呼吸要配合心念就寧靜了，這一寧靜你有感覺的，如果呼吸進來，好像下不去，只到肺部，或者哪裡難過，其中很多的問題，我們慢慢再討論，先了解這樣叫數息。一共六個要點：一數息，二隨息，第三步止息，第四步觀，沒有講觀息。止、觀、還、淨。其實應該說數息、隨息、止息、觀息、還息、淨息。可是把下面這幾個息字拿掉，反而解釋不清了

第五堂

清洗內外

關於數息，這裡有個祕密。真要修這個法門，連帶身體祛病延年，比較活得長一點，每天要清潔九竅；臉上七個洞，下面大小便兩個洞，都要清理的。譬如大家在都市，空氣污染，每天都要清洗鼻孔。學瑜珈不但洗鼻孔，同時還要洗腦。有些同學跟我做到了，有些同學不敢試。用完全乾淨的冷水，鼻子吸進來，嘴巴噗！噴出去。洗腦、洗鼻子，要很乾淨的水。開始一兩次你覺得腦很痛，實際上腦神經很多髒東西，三四次以後舒服得很。這就是洗鼻子、洗腦的方法。甚至後來練好以後成為硬工夫了，牛奶或者水喝下去，一股氣從鼻子裡衝出來。但是一般不用牛奶，用清水。

還有練瑜珈的要洗喉嚨、食道。我們覺得東西好吃，實際上知道東西好吃是舌頭，與喉嚨沒有關係，只要嚥到喉嚨以下，什麼味道都不知道了。所以好不好吃就是舌頭上那些味覺，嚥下去以後什麼都一樣。食道管是最髒的，所以修瑜珈修氣脈的人告訴你，食道管不清，腦子的思想不會清淨的。譬如我們拿玻璃杯裝牛奶，你喝完了，那個玻璃杯上留了一層白的痕跡，用過一百次不洗，那個玻璃都不透明了。所以我們吃下去的飲食，經過食道這裡是一個關節，修瑜珈的叫喉輪。

喉輪到心臟這一節不清淨，思想妄念很難停止；有時候脾氣壞，思想很複雜，心裡煩躁都是這個問題。所以食道管要清理。我當年也試過，我什麼都敢試，當作我修道的實驗，那個時候我就不要命了，萬一死掉就拉倒。我有一個觀念叫「以身殉道」，拿自身來試驗，看是騙人的還是真的。釋迦牟尼佛當年在求佛法的時候，為了半句偈子，兩句詩，因為不懂要人告訴他，為此他可以犧牲生命。

共產黨的一個老前輩，在福建被國民黨槍斃的瞿秋白，臨死前寫了這兩句詩，這不是他作的哦，是唐朝的：「月到上方諸品淨，心持半偈萬緣空。」這是用佛的觀念，佛求道為了兩句口訣，犧牲生命換一個知識，求學要有這個精神。現在你們是緣分好，福氣好，碰到我這個厚臉皮的老頭子，恨不得把收集來的東西，都吐出來給你們作營養。可是我搞了幾十年，沒有一個人真正接受去消化的，都沒有；都像某同學一樣，聽了以後牙齒白白的，像釋迦拈花迦葉微笑，以後什麼都沒有。

食道管怎麼洗呢？一塊白紗布，要很乾淨完全消毒，吞下去到胃裡把胃食道洗乾淨。那個布一拉出來聞到內部的味道，臭的，感覺這個生命太髒太臭了。這是上面，還有下面腸子都要洗。修安那般那想即身成就的，還有真正修密的，這些都要做哦！身體的內外要洗得乾乾淨淨。

那麼平常打坐你怎麼洗這個食道管呢？所以有許多人胸口悶，我告訴他很簡單，你站起來，把舌頭儘量向上面拉，抵那個小舌頭，像要嘔吐一樣，三次以後，那個食道管的東西就下去了。對自己可不要馬虎哦！不會拉死掉的，舌頭拉了以後，你食道這裡非常開。自己洗喉輪這一部分，當然還可以洗胃。學瑜珈的洗胃怎麼洗？自己坐在這裡，用意識把氣（不要吸一口氣哦）充實，在胃這裡轉動，另外還有各種方法。

人類為了修行，求證這個生命本體的作用，自己產生很多的方法。那麼現在我們講，譬如生瘤生癌，真正修安那般那，修氣的人，就可以下決心用工夫把它破掉，等於雷射一樣把它擊破了。這是可以做到的，就看人有沒有決心。道家有兩句話，「若要人不死，除非死個人」。你想求長生不死，除非下死的工夫，死就死嘛。這兩句話有它很深的意義，所以修行做工夫，是以這個決心來的。碰到一個境界就害怕了，趕快找醫生，就越看越厲害了。然後我常常說，我的朋友西醫中醫名醫都很多，只是偶然參考一下而已，我到現在還是相信自己耶！大丈夫自己生命自己作不了主，那就不要作人了，就那麼簡單。

數息的祕密

剛才零碎的報告了以後，我們不要離開本題數息，數息有個祕訣的，我把祕密也告訴你們了。我對你們都很慷慨的布施，法布施。學密宗不得了了，要你們磕多少頭，拿多少供養，還有多少條件，最後拖了一年半載才告訴你一句話。我不是這樣，我把所有的東西知識，完全拿來布施，我能夠知道的，也是天下人的。過去祖師們留下來的，不幸讓我知道了，我很不客氣的一定把它公開。我一輩子是這樣一個觀念，道是天下人的公道，我不喜歡祕密留一手不傳人，我認為不道德。哪一個人說留一手，就算有不死的法門我也不要，因為你這個道德有問題了嘛！要注意學這個精神，道是天下人的公道，應該公佈天下，使人人得好處，那才是修道的目的了。

佛有個祕密的吩咐，當你要數息的時候，譬如鼻子氣進來出去數一，在你們的觀念裡，在哪個時候計數呢？人的貪心、私心多半在呼吸進來的時候計「一」，那是做氣功，不是修道。佛告訴你真正修道是數出息，注意出息，這個祕密重點我告訴你了。

佛講的祕密，大家看經典不注意，我就看出來了，當時對佛磕頭，你總算吩咐後代的人了；可是後代的人自己不修，那就沒有辦法了。修涅槃注意出息，出息怎麼數？當你數出息的時候，你把所有的一切，連自己的生命，一切煩惱、病痛，跟著出息放出去。尤其是感冒生病，或者身體裡頭生瘤、生癌啊，讓它一齊跟出息出去，出去就空了。你如果這樣數息，身體馬上就輕鬆了，先試一分鐘再說。

這不是講理論，自己試試看，不一定盤腿，任何姿勢都可以。呼吸本來有的嘛。你注意出息，思想跟著呼吸自然走，一切煩惱痛苦，一切病痛、業障，呼出去就沒有了。呼出去再進來的那個是乾淨的，到你裡面又變髒了，氧氣進來變碳氣，接著碳氣就呼出去了，一切病痛也沒有了。注意數出息，不是注意數入息。一般練氣功修道的，準備練工夫時，先吸一口氣閉起來，那不是找死嗎！練武功的更有這個毛病，我看到練少林工夫的也有這個毛病，最後氣還是要出去嘛。最後「嘿！」一氣出去了才發生力量。那些人就不懂了，拚命吸一口氣閉住。真正「空」的力量比「有」的力量大，如果你氣進來保持住，那就不好了。數息這個初步懂了吧！

為什麼要數息

數息的目標再講一遍，你打起坐來數息一二三，為什麼用數呢？能數的是心念，不管你數不數呼吸，同呼吸沒有關係，不過借用呼吸把這個心念拉回來，跟呼吸配合。大家學佛學道，拚命在那裡數息，我說你們是學佛還是學會計啊！呼吸是生滅法耶，進來又出去，出去一定是空的嘛，你數那個空的東西幹嘛。可是佛為什麼叫你用數息呢？因為你心拉不回來，所以用呼吸往來做工具，把心拉回來，心回來你就不要數了嘛！不數幹什麼？隨。

第二步是隨息。呼吸出去知道出去，進來知道進來，旁邊那些思想妄念一概不要理。那等於昨天我講禪宗祖師的一句話「龍銜海珠，遊魚不顧」。聽懂了嗎？心念專一，旁邊的雜念思想，一概不理。「龍銜海珠，遊魚不顧」這句話，初步可以借用到這裡來。你專一了嘛！專一了就隨息，氣進來心念知道它進來，你管它到哪裡！但是你有感覺的。

這個氣進來，莊子說：「眾人之息以喉」，記住哦！普通人的呼吸只到胸部肺部，或者身體不好，只到喉部。「真人之息以踵」，得道的人，有工夫的人，氣一進來，一直灌到腳底心。我老實告訴你一個經驗，像我呼吸，沒有感覺到身體有呼吸，但四肢腳心腳趾頭氣都到了。你氣長命就長嘛，氣短命短了，這叫隨息。你看唱京戲、崑曲，那個小姐同那個書生，相隨來也。就是跟著來了，這叫隨息。你不要去用心的，有一些雜念妄想一概不理，你已經知道了嘛！還去管雜念妄想幹什麼？你知道雜念妄想，妄想就已經跑開了，所以你只管這個息。這樣聽懂了吧！六妙門第二個講了「隨」。

止息的狀態

怎麼是止息呢？剛才給你講睡覺，一上來粗心大意的時候，有呼也有吸。我們這個身體很奇妙耶，你兩腿一盤，什麼都不管，像魚在水裡頭呼吸，嘴巴吸進來，從兩邊鰓噴出去了，再進來又噴出去，都是空的。你看那個魚噴啊，噴啊，有時候它嘴巴不動，不噴水了。我們也一樣，鼻子呼吸一進一出，到了寧靜專一時，呼吸也不動了，好像沒有呼吸了，這就是止息。到了止息的時候，你心境也自然的特別寧靜了，這個時候你會感覺到。黃醫師前天跟我講：「我現在跟著氣走了，全身的氣充滿了。」你錯了，因為你在注意感覺了，你不要注意感覺，氣本來空的嘛！你覺得太充滿，或者用鼻子，或者用嘴巴，把它呼出去，一概把它放掉，空了，身體也不管了，氣充滿時念頭也止了。這樣身體內部變化很大哦！下一步慢慢再講，我會告訴你們。

止息以後觀，什麼叫觀呢？你知道自己呼吸寧靜了，雖然沒有完全定住，很久才呼吸一次，你也知道了，不管了，這個時候是觀。你那個知道已經是在觀察自己了，不要另外有個觀嘛！你知道自己這個樣子，不是在觀了嗎？然後你觀察到這個氣，到了胸口怎麼下不去呢？唉啊，背上這裡痛得難過啊！這個就是觀，你看到了。你看到自己背痛腰痠，好像肝這裡很難過，是不是生了什麼東西了？你的懷疑都來了。這個時候怎麼辦呢？不要理它，你這時候最好故意提起來，不是鼻子了，要點是在難過的地方，把它定住不動。這個你們要研究佛學了，講個道理給你們聽。

忍與智

四諦法門有八忍、八智十六心，注意這個忍字，是定力，所以日本人專門用這個字，俠客叫忍者。進入菩薩道要得無生法忍，這個忍字很厲害。中文這個忍字是上面一把刃，不是刀是刃，刀是一面開口的，刃是兩面都有口的。心裡頭一把刃切斷就是忍。當你靜下來呼吸，感覺到這裡不舒服，那裡不舒服，就曉得苦嘛。苦集滅道這個苦諦裡有兩個作用，第一個「苦法智忍」，你知道這裡痛苦，這個方法已經知道了，用「智忍」停在那裡，慢慢覺得很難過，覺得這裡好像要出來，就給它放出來了，呼吸也放了，有方法、智慧的忍。進一步，然後慢慢這個病痛變輕鬆了，忍字沒有了，叫「苦法智」，智慧打開了。

「集法智忍」也是同樣的道理，集就更厲害了，你身體、生命集中在那裡難過，經過「智忍」，慢慢集打通了以後就是「集法智」。工夫到了以後就是「滅法智忍」，再進一步，「滅法智」。工夫到了得道境界是「道法智忍」，最後到了叫「道法智」。

苦集滅道對我們欲界講的是四種忍、四種智。到天人的境界高出一層，到了色界、無色界的天人，另外星球的人，也有痛苦，比我們輕，那個叫「苦類智忍、苦類智，集類智忍、集類智，滅類智忍、滅類智，道類智忍、道類智」。同我們差不多，比我們輕，也要做這個工夫。

剛才講到你病痛到哪裡的時候，你只好把它忍住，把它呼出去，這些工夫不是講理論哦。理論懂了，不用實際身心去體會，我認為是空話。你修證不到有什麼用！世界上任何科學也好，宗教也好，哲學也好，對身心無益的，那個學問有什麼用！所有的知識學問都是要對人類身心有利的。所以學佛要實驗，是個科學的實驗。這個忍跟定有差別嗎？忍跟止跟定有差別的，邏輯上有差別，就是強度的差別。

六字訣

你呼吸出去了，所以修六妙門止觀告訴你六個口訣很重要，這六字訣：呵、噓、呼、吹、嘻、呬，究竟是從佛家來的，或者是道家來的，我到現在為止還沒有弄清楚。這是講學問知識。用處呢？非常有用。這六個字發音，當你們修安那般那呼吸法的時候，你感覺到自己身體內部，心臟這裡胸口難過，就用呵字。但喉嚨不出聲音，從心臟這裡呵……一口氣呵完了，嘴巴一閉，氣自然回轉來。你呵幾次，胸口、心臟這裡就打開了，病也出去了。

吹字是腎部，腰這裡難過，氣走不通，用吹字發音。不是唸出聲音來，這個嘴形如吹簫，吹笛子（師示範），一口氣把腰、腎臟所有毛病吹完。吹到最後，嘴巴一閉自然呼吸，一兩次以後這裡就鬆開了。

呼呢？脾胃有問題，或消化不良用呼字，嘴巴發呼音的形態。呬，你用廣東話或閩南話發音，西啊，斯啊，差不多，嘴巴拉開，是肺部的。嘻字是什麼發音啊？我們人高興怎麼笑，嘻嘻，嘻嘻，就是嘻這個發音，前面上中下三焦就都打開了。這六個字的發音非常重要，屬於般那出息的法門。

所以我說現在中國的大廟子，你們很少看到真正叢林。像寧波天童寺、阿育王寺，或者常州天寧寺，不知道現在還有沒有修行方法的建築。真正的叢林建築，就是表示修行的方法。你一進到山門裡頭，前面的殿供有哼哈二將，就是安那般那呼吸作用。那個「哼」是用鼻子呼氣，「哈」是嘴巴哈氣。所以修行先從安那般那，哼哈入手。

這個殿過了，是四大天王，兩個眼睛、耳朵，也可說眼睛、耳朵、鼻子、嘴巴。中間有一個大肚子的彌勒菩薩，哈哈大笑，也可嘻嘻大笑，人生難得是開口一笑，所有氣都通了，對不對？

過了彌勒菩薩後面才是韋馱護法菩薩，再進去大殿上是釋迦牟尼佛，法報化三身坐在那裡，眼睛看都不看你。再轉過大殿，背後是大慈大悲觀世音菩薩，得道以後入世，再來苦海裡頭救眾生。大殿釋迦牟尼佛邊上二排是十八羅漢，或者是四大菩薩，都是配套的。所以真正大叢林，實際上用形像來告訴你修行的方法，都很清楚。大家不懂，只當作偶像崇拜。

剛才我們已經講到數、隨、止，下一個再講到「觀」，你就要觀察清楚了。「還」是要按前面這個路修行，然後工夫到了，好像鼻子呼吸一切都停止了，身體內部都完全變化了，「還」到哪裡去啊？你看六妙門書上轉向大乘般若空觀啊，假觀啊，把大家帶向那一方面了。

明明六妙門是小乘的修法，是工夫耶！回到哪裡？回到不呼不吸，就是老子講的「如嬰兒乎」，回到在娘胎裡，或剛出娘胎時那個嬰兒的呼吸狀態，應該回還到這裡。然後「淨」，呼吸也清淨了，雜念也清淨了。雜念清淨了以後就沒有思想嗎？錯了，見聞覺知都在，能夠知道一切，也能夠明白一切。覺是感覺，知是知道。

所以真正到達這個工夫，得定的時候，你的靈感，你的智慧，你的頭腦，接觸外界的力量完全不同了。也許你坐在這裡，連上海的朋友講話的聲音你都能聽到；你家裡做什麼事你也知道了，見聞覺知都在。今天初步先給你們講六妙門，內容詳細講還多得很耶！

第四日

第一堂

日本為何推介禪宗

佛法講修行由有為法入手，這是講學理。什麼是有為法？由現世這個生命，由物理世界生理方面，開始著手修出入息就是有為法。從佛法傳到中國開始，流行了一千多年的六妙門，現在流行全世界，有多少人從這個法門修持有成就的？在我一生的經驗，非常感慨告訴大家，幾乎沒有看到過一個。尤其是日本的禪宗曹洞宗，也是一樣沒有見到有成就的。

日本從第二次世界大戰投降以後，有個祕密，一般搞歷史、政治的都不知道。日本有些小動作非常聰明，很有意義。我們中國人自己認為比人家聰明，可是粗心大意，這是中華民族一個大毛病。

日本人投降以後，送了很多的櫻花，種在美國的首都華盛頓；現在到了春天一看，那個櫻花盛開比日本的還漂亮。我說人家真聰明，因為這是非常小的動作，但意義很深。有很多人搞不清楚，說日本的櫻花是國花，完全錯了。櫻花不是日本的國花，日本的國花是菊花，秋天的黃菊。你們講學問，講歷史，搞政治，都要弄清楚啊！櫻花是代表武士的精神，雖然日本被美國的原子彈炸垮了，現在把美國首都變成櫻花的都市，這是日本心理上的安慰，精神上的滿足。

其次日本培養了兩個人，一個是和尚，如果還活著有一百多歲了。另一個是在家居士鈴木大拙，到美國去，討了一個美國小姐做太太，外文學好了，在那裡大弘其禪宗，可以說「聲望鵲起」。你以為鈴木大拙是去弘揚禪宗嗎？你要曉得，日本政府一年支持他五十萬美金。日本人認為，戰爭雖然失敗了，文化上侵略你。日本沒有什麼文化，只有禪宗的曹洞宗。這個時候我正在台灣，很倒楣的時候。楊麟的父親楊管北講：日本的政府會培養一個禪宗大師，出去侵略人家的文化，你在臺灣還過著苦日子，我們跟人家怎麼比？我說沒有事啦！他們不是替禪宗推廣了嗎！我說美國人也不是太笨，摸了一二十年，會摸回來的。

生命科學和認知科學

現在美國熱鬧的是什麼？不是禪了，是道家與密宗。因為這兩個東西影響了兩個新的科學，一個叫認知科學，是受唯識的影響，因為搞不懂精神生命，不知道生從何處來，死向何處去，以及宇宙怎麼發生的，所以科學家就在追。

另外一個是生命科學的研究。美國受西方文化的影響很深，基督教根本不相信有前生後世。可是現在電影、小說都出來了，相信有因果，有前生後世，所以就拚命在追尋，這叫生命科學。這當然是從物理作用來的。所以我說廟港粗粗完成，等於一百分的工程只完成二三分，真完成還早呢！現在沒有宿舍、研究室、辦公室，什麼都沒有，真正研究，還要買最新的腦部儀器等等，還要醫生配合科學的研究。不是在這裡天天打打坐，聽這些古老的東西，而是要將古老的舊文化，變成現代領導人類世界走進一個新的文化里程，這是我所理想的一條路。可是在這裡我們剛做了第一步，第二步怎麼踏出去還不知道。困難在哪裡？第一是人才，第二是錢財；做任何事業人才比錢財還難。

我開頭就講到六妙門，因為講到日本及全世界流行的禪宗，現在做工夫還在六妙門的數息上轉，工夫達到隨息的都很少。我也不敢說走遍了全世界，至少日本、美國去過，歐洲法國也去過。

有一個問題很嚴重，人類的文化，二十一世紀以後究竟向哪一條路上走？現在不是中國耶！整個的人類思想文化，精神生命都是空白的，我的憂患心情就在這方面。一個人要真正的發心，不是為個人，或為哪一點，以佛學來講是為救眾生。

神與光

我昨天把六妙門的要點告訴大家，要如何修持，你們儘管聽了，不容易瞭解的。我昨天批評了天台宗的祖師爺，對他很抱歉了，只好懺悔磕頭。那也不是他的錯，他提出來這個修法完全對，是後世搞錯了。所以永嘉大師也是先由天台六妙門，修止觀開始。數、隨是個修持入門的方法，全部的佛法重點在修止觀。止就是定，觀就是慧。永嘉大師由天台止觀入手轉到禪宗，結論三點：法身、般若、解脫。

成佛有三個身，一法身：是本體，不生不滅，不生不死，不空不有的，永恆的。明心見性以後，自己工夫證到了法身。二化身：十方一切諸佛及我們一切六道眾生，都是法身的化身。三報身：譬如釋迦牟尼佛這一生，這個肉體是報身，應報而來；應眾生的需要。所以佛以一大事因緣出世，是應化身，答應眾生來度化的。釋迦牟尼佛、阿彌陀佛這些都是化身，真正的報身是盧舍那佛，在色界天。色界天天人，他們把物質的身體轉化了，成永恆的光明。

注意哦，「光」是不生不滅的，你們一聽光都懂了，沒有一個人見過的。譬如我們坐在這裡，看到前面有亮光，這是色，不是光，那個光的能是無形無相的。嚴格來講，佛學認為光是「無相有對」，很難懂吧！沒有現象所以你看不見。光學在科學上測驗出來，像電視有奈米科技等等，手機上也可以看到對方講話。但這是色，不是光。光的體是什麼？你看不見，「無相有對」。沒有現象，科學儀器還在追尋，可是它有作用，有對待。中文過去用一個待字，待就是現在講相對的，這些你要懂古書了。我們物理世界的東西都是有相有對的，到了色界天的境界，就超過物理世界而是「無相有對」。

所以我常常告訴那些學生，像基督教的牧師，天主教的修女神父，我有好幾個這樣的學生。我告訴他們《聖經》〈新約全書〉裡講的都對，你們解釋錯了。我說你翻開約翰福音來看，神即是光，光就是神。我說這樣講就對了，被你們解釋錯了。這個上帝，就是這個神，就是這個光，這樣就對了。

所以《金剛經》說「一切賢聖皆以無為法而有差別」，以佛的觀點看世界上一切宗教，一切聖賢都對的，他們都得道了，只是所得圓滿不圓滿的差別。他們都見到了這個空，好比挖一個洞孔看到是空，打開天窗也是空，在喜馬拉雅山頂上看也是空，在太空看也是空，但境界不同。這就是佛的境界，多偉大！你不要看不起其他宗教的人，都要尊重啊，都對的。

唸佛與悟道

清朝雍正皇帝，學禪宗的，他真的悟了，不幸後來當權。在他沒有登位當皇帝以前，非常舒服耶，自稱是「富貴閒人」，又自稱圓明居士。他學禪悟了道，工夫還沒有徹底，還有懷疑，他與章嘉國師討論，章嘉國師在那一代也是大澈大悟的。國師說：你對，殿下！但是你是把牆挖一個洞，看到那個空了，沒有全面。雍正說還要用功。所以記錄上他在雍和宮自己一個人用功打七，晝夜六時，最後悟了，馬上跑去見章嘉國師。國師老遠看到他說，你對了！你對了！

我講這一段故事，是說明《金剛經》所說的「一切賢聖皆以無為法而有差別」。後來淨土宗的祖師，從東晉以後提倡唸一個佛號「南無阿彌陀佛」，我說你們不要輕視，我還是主張不管觀音也好，文殊也好，好好唸一句「南無阿彌陀佛」，徹底到家了。梵文「南無」兩個字，為什麼寫成南方的南，有無的無啊？有些道書上寫南方沒有佛，所以叫「南無佛」，真是可笑。你要曉得我們佛經翻譯在魏晉南北朝、唐朝，那個時候的客家話、廣東話、福建話是國語。那時的「無」就是讀「摩」，所以「南無」是翻音。密宗有一些經典就翻成「那摩」，意義是皈依，一切歸向佛。所以唸「南無」用廣東話、客家話最準。

阿彌陀佛，「阿」字開口音，是喉部、胸部的音。梵文翻過來是無量無邊，無大無小，無所不在，處處皆在，非常偉大的偉大，大而無外小而無內，簡單的講就是無量。

「彌」是光，無量的光，光充滿了這個法界宇宙之間，無所在無所不在。所以你看是科學吧！你們有沒有唸過《阿彌陀經》？佛在經上告訴你「青色青光，黃色黃光，赤色赤光，白色白光」，所看見的都是色，色的後面就是光，你沒有看到。白天黑夜你以為看到的是光嗎？那是色啊。光源、光能你沒有看見過。光源是「阿」，無所在無所不在，充滿一切，「彌」是光。「阿彌」是無量光。

「陀」是壽。永遠不生不死的壽命。「阿彌陀」現在外文翻音是Amita，佛就是Buddha，原來中文就翻譯成「菩陀」，每個時代翻譯不同。換句話說阿彌陀佛就是無量光、無量壽，永恆不生不滅生命的本源。

「南無阿彌陀佛」，不是「喔」彌陀佛，你們唸出來發音就知道了，體會自己的嘴巴，「阿」是張開口的，開放的，拈花微笑，花是開開的。「喔」這個嘴是縮攏來，下沉的聲音，墮落向下走的。現在很多人唸成「喔」彌陀佛，只好對他笑，也不好講，講了他不信，還說你錯了，我們師父就是那麼教的。

南無阿彌陀佛，無量光壽，所以中國的道家道教，見面問什麼話你知道嗎？唐朝以後道教變成國教，道士跟道士見面說「無量壽佛」，就是阿彌陀佛。換句話說，阿彌陀佛就是光壽無量無邊的。

六妙門與永嘉大師

剛才講六妙門，一下子說到這裡，好像扯得好遠，可是我沒有離開過主題哦，是中間給你們說明清楚，六妙門太深太深，不是那麼簡單。講到天台宗到了永嘉大師《禪宗集》就講，成佛有三句話，「法身不癡即般若」，你一念清淨，萬緣放下，證到法身，大澈大悟這是大般若。「般若無著即解脫」，什麼是智慧的解脫呢？一切不執著，佛不是告訴你「一切眾生皆具如來智慧德相，祇因妄想執著，不能證得」嗎？你不妄想當下即是。「解脫寂滅即法身」。永嘉大師這三句話，這個邏輯反反覆覆把佛法最高的，徹底的中心告訴你了。

這位永嘉大師老鄉真了不起啊！所以我當年開始學佛，很有機緣，拿到了他的全集。那時我還在軍校當教官，在辦公室把它全部讀完，還列一個表，非常佩服，真是天天頂禮膜拜他。「法身不癡即般若，般若無著即解脫，解脫寂滅即法身」，這三句可以說如珠走盤，沒有一個方向保留的。三句即一句，一句即三句，一念寂滅清淨當下成佛。而且他的全集雖然薄薄的一本書，卻相等於宗喀巴大師的《菩提道次第論》，你們可以去研究。宗喀巴大師比他晚一千多年，他當年寫《禪宗集》，叫人先學作人，怎麼樣修行，怎麼樣修小乘，怎麼樣修大乘，最後大徹大悟成佛。「法身不癡即般若，般若無著即解脫，解脫寂滅即法身」。你們可當咒子唸，能夠破一切魔法。

剛才講阿彌陀佛，講到永嘉大師法身、般若、解脫三位一體的觀點。現在回過來講六妙門，這是一個很好的入門方法，大家不容易懂，但不要輕視，你們儘管聽了。

你懂呼吸嗎

我不好意思每個人考問，你真懂了氣嗎？真懂了自己的呼吸嗎？不要說諸位，乃至很多出家人，用功一輩子，自己呼吸還認不得耶！翻開《達摩禪經》，上面祖師的註解「安般者二種：一見二觸，鈍根不見」。意思是說，有智慧的人當下就看清楚自己的呼吸；愚癡的人聽了白聽，一輩子也不曉得自己的呼吸，連影子都沒有。

愚癡是佛學名稱，就是笨蛋的笨蛋，我們一般人都是笨蛋的笨蛋，不容易懂的。再說我們這個生命地水火風，我也常常告訴大家，你看這個地球，百分之七十是海洋，同我們身體一樣百分之七十是水，身體等於都浸泡在水裡頭。所以天熱走在沙漠的時候，幾個鐘頭沒有喝一口水，人就受不了了。我們身體骨頭、肉，這屬於地大。

昨天看到你們下課圍著黃醫師問，他把胎兒入胎講得很清楚。那個受精卵在娘胎分化像花一樣的開，又像包餃子一樣包攏來，陰中有陽，陽中有陰。所以釋迦拈花，迦葉微笑，我們的身體是這樣的哦！現在有個生理解剖的影片，很清楚詳細，趕快買一部看。這個細胞這樣變化裡頭就有脈絡的路，這個叫氣脈。所以修氣、修脈、修拙火、修明點，是打通這個氣脈，把這個物理生命跟宇宙法界的光混合一體，就變成不生不死的光明，你也就成佛了。這不是有相的哦！有些著相的人修成精神病，說打坐看到光，看到佛啊，看到鬼啊、神啊，儘說那些神話，不知道那只是自己心理、物理的作用。

我現在濃縮跟你們講，《達摩禪經》首先講修行容易退轉，一般人開始很願意修行，慢慢都退了，有三四十種退，實際上還不止。譬如你們這幾天在這裡看起來很精進，只要上了車子回去，就已經退了。像我這樣努力勤勞的還沒有耶！一般人不會幹的。

根據《達摩禪經》安那入息，般那出息，簡稱安般法門，有兩種含義：一是見，看得見，不是眼睛看見，你心裡頭、心眼已經看到這個氣了。第二種是觸受、感觸、感受，感覺得到。他說鈍根不見，愚笨的人根本看不到。所以將來我給學科學的同學上課，就不是這樣講了。

你觀察這個物理世界，地水火風都在這個虛空裡頭，風跟空兩個很接近，是一組，水跟地兩個是一組，這是勉強來講。其實四大性離，你看水冰凍起來就結塊了，變成大地了；水消散就變成空氣；火是溫度，在中間，這個要懂《易經》了。所以你做工夫，如果懂《易經》，安那般那修好，身體就改變過來，病也沒有了。

一切病都是水過多來的，《易經》風水的卦名叫「渙」，散掉了，一切病痛都吹開了。風水是渙，反過來呢？水風卦是「井」，水在地底下，風在上層變成井，水出不來了，停留了。氣沒有修好，這個生命就掉到陷阱裡頭，永遠跳不出來。《易經》八個卦，要這樣理解就讀通了。所以道家《參同契》用卦理來講這個道理，那就說得很多了。

六妙門今天還沒有搞清楚，先要曉得自己身體四大之中，水大最容易出毛病，老化，有風濕、關節炎，乃至生瘤、生癌啊，都是氣沒有把握好，被水泡出來的。如果把握好氣，再懂得《易經》的八個卦，一配合起來，你就曉得內部觸受的變化。

第二堂

修色身轉化

繼續昨天講的六妙門，這是修色身轉化，對父母所生肉體的生命，是一個非常初步的轉化方法。但是我很感嘆，流傳到現在一二千年，真修實證做實驗成功的萬難取一，一萬個人裡頭沒有一個。學理好像都會，都是玩聽明。

修行為什麼先要改變自己的色身呢？佛在《楞嚴經》最後的吩咐要記住哦！「生因識有」，我們生命投胎來的時候，十二因緣，無明緣行，行緣識，心意識精神跟物質結合，跟地水火風空五大結合有了身體。第二句話「滅從色除」，色就是地水火風空，物理、物質。你要修行上路，把生命恢復到原有成佛的境界，就要從肉體的生理來修。記住「生因識有，滅從色除」。

下面「理則頓悟，乘悟併銷」，佛學的道理你們都學懂了，禪宗、密宗教理，這些道理要靠頓悟，一下明白。明白了以後，「乘悟併銷」。剛才一位同學講，阿彌陀佛空的嘛。他好像理都懂了，實際上一點用都沒有。下面兩句「事非頓除」，工夫是一步一步來的，事就是工夫，不是說你道理懂了，色身就可以空，你空得了嗎？不是一懂就達到的。「因次第盡」，是一步一步修下來的。佛在《楞嚴經》上很嚴重的告訴你，「生因識有，滅從色除」。換句話說，生出一個孩子，大家高興又來一個，又來一個。死去了呢？「滅從色除」。

「理則頓悟，乘悟併銷，事非頓除，因次第盡」。大小乘修行路線他都說了，他老人家都交代了，沒有對不起任何一個眾生，眾生有沒有對得起佛呢？

實際上六妙門這個方法，也是在一個知覺、一個感覺裡頭轉。你打起坐來，一定碰到感覺特別強烈，感覺叫作觸受，佛學裡觸就是瑜珈，瑜珈中文舊的翻譯是「相應」，要是我現在翻譯，要翻成「交感」。物理世界，生理跟心理的交感，物理跟精神的交感、反應，就是瑜珈。打坐修禪定就是修瑜珈。身瑜珈是面對交感觸受，簡單分類有八種：冷、煖、輕、重、柔、麤、澀、滑，分析起來內容多了。

「冷、煖」，打起坐來有時候發冷，你就曉得裡頭有毛病了。有時候一身流汗，火燒一樣發煖。「輕、重」，有時打坐坐久了，兩腿或身體痠痛脹麻，好像得病一樣，甚至有水腫，兩個腿都腫脹走不動了，以為有病了，趕快找醫生。一找醫生，就看出來很多毛病，其實都不是。有時候覺得唉唷！這一次坐下來真好啊，身體好輕靈啊，好舒服啊！自己以為工夫有進步了，這些不過是個變化。這是講現象哦！所以修行哪裡那麼容易啊！你要注意，發生任何的現象，同你的男女飲食，或者其他受風受寒等等，都有關係。

「滑、澀」，有時候身體很靈活，甚至打起坐來感覺皮膚都變細嫩潤滑了。有時候身體動不了，古人用這個澀，現在就是像塞車那個塞。有時候「柔」軟，柔是柔，軟是軟，柔是比較柔和，軟像嬰兒一樣。有時覺得

「麤」，粗糙硬化了，有時覺得身體有些地方變細了，有時覺得懶洋洋的。

你看我們那位同學一輩子緩慢，懶洋洋的，已經散了。他從小就是這樣，這是他的業報，自己不肯努力。緩就是像弓箭一樣不肯拉緊，永遠放在那裡。有些人看到他身體就可以看到他的個性。你看那兩個老闆，個子大大的，胖胖的，但是並不緩，辦起事來很快，這是個性問題。有時性急，你覺得神經都繃緊了。有時候力量強起來，雖然沒有練過武功，打坐下來，覺得威力無比；有時覺得實在沒力氣，變成很差，不行了。

我告訴大家，我在四十多歲的時候，發現自己忽然兩個指頭連一張紙都拿不住了，拿到筆不會寫字，我說完了。我忽然對自己哈哈一笑，我說我不上你的當。還有，快五十歲時，我上樓梯都走不上去了，我就站在樓梯的中間，就這樣定住，心想就這樣走了，還一定要躺下來死嗎？等一下氣脈走通了，一樣的走上去。所以要認識自己的生命，這些都告訴你。

有時唉啊！為什麼拚命要喝水呢？以為生病了，得糖尿病了。這只是生理工夫進步的變化。有時肚子發脹，什麼都不想吃。有時吃很多仍覺得餓；有時發悶；發癢，全身癢，連骨頭中心都癢起來。身上發黏，或者喜歡動，或者喜歡靜。加上老、病、疲勞、愛休息，這些生理現象的變化就有那麼多。

變相生滅的感受

假設現在講生命科學，一個一個的問題，可以做多少醫學的題目！這個學問有那麼大，都是從地水火風變出來的，變相生滅，從能觸的功能來的，所以發生了感覺。結果我們打起坐來做工夫，統統跟著剛才上面講的感受走，算一算一共三十幾個。這還是簡單的，佛經上面有，我再重新歸納過來。我們生命一天二十四個鐘頭，統統上當受騙，都在這個感受裡頭轉。

這一次聽過課以後，自己碰到那個現象不要忘了。那麼去看醫生可以嗎？可以，西醫也好，中醫也好，你去請教高明醫生。如果你說是打坐做工夫出來的，醫生不懂你這一套，他也不聽你的，他照現象來給你治病，反正醫生說什麼病，你作參考就行了。

一切的疾病都由四大變化來的，簡單講有三十幾種感受作用。一般佛學家，不大管這些東西的，只講空啊、有啊，唯識、般若啊、三止三觀啊，哲學思想搞了半天，不曉得幹什麼！所以要我來研究佛學，做一輩子哲學教授，我不幹！尤其辦學院的，這些根本也不教，每個佛學院培養出來的，也不懂真正的佛學，更不懂真正的佛法要點。

所以這三十幾種感受，好好去體會，每一個都是醫學上的大題目，是四大的變化，是生理物理的變化，隨時隨地每一分每一秒，我們身體都被它轉動。要想不聽它轉動，只有安那般那，把那中間的重點「氣」看住，不跟這些現象走才行。你說頭痛，痛得要死好不好！最後是死嘛，除死以外還有什麼大事啊？死的不過是這個肉體。而真正的生命，等於房子蓋起來，虛空還是存在，沒有減少；房子壞了拆掉了，那個虛空也沒有增加啊！這是講六妙門，先告訴你這個，後面還有高深的，一步一步，可是都要記得哦，不要白聽，聽過了就忘了，不要捧場一樣捧我的場，我才不要你們捧呢，我一個人多自在啊！

生命生理的變化

還有地水火風外面的變相呢？更多了，一般學佛學的是不管這些的。這個佛學名字叫「顯色」，是物理世界明顯擺在外面的現象。我們中國《易經》只講八個卦。怎麼叫卦？掛在物理世界天上、地球上讓你看得見，所以叫卦。等於一個相片掛在那裡給你看，佛學叫顯色。青、黃、赤、白是色不是光，色後面能源是光是看不見的，只有科學儀器可以分析，但還不是徹底的哦。

青色是風來的，所以我們的肝膽是青色的，旁邊是綠色的，所以學密宗的也懂了。黃色是地、土氣，是脾胃。你看雞的胃，裡面薄薄的一層叫雞內金，就是黃色的。心臟屬火、赤色。肺是白色，肺怎麼是白的呢？肺的外面那層薄膜是白的。為什麼呼吸不對，有痰咳嗽？因為那個薄膜給水凍住了，發炎了。所以有人打起坐來說，老師我非常進步，不敢跟人家講，一片黃光啊。我說好啊，好啊，恭喜啊，有進步，實際上是胃氣發動，自己內觀看到。你不要以為佛菩薩放黃光給你，這些現象都是科學的。

有時候雲、煙、塵、霧，物理世界有這四種現象。塵是塵，空氣污染裡頭是灰塵。宋老闆在沙漠治沙塵暴，那個是塵。像我們在這裡廟港，江南水鄉水氣大霧多。雲是雲，煙是煙，塵是塵。我在西康、西藏、四川，常碰到學密宗的朋友說：佛菩薩加持。問他怎麼樣？他說前面一片雲海啊，密宗上師就告訴你：恭喜啊，趕快懺悔啊！觀想、唸咒子，修供養請普茶，請吃齋啊。我聽了笑都不敢笑，那是修持裡頭的變化，感覺變了，這些現象會出現的。

所以有些人說，沒有修道以前見山是山，見水是水；做工夫以後見山不是山，見水不是水；最後悟了以後見山還是山，見水還是水。實際一點空也沒有悟到，這些我都看到過。我當年學這些，自己就有鬼聰明，這些都懂了，知道這是科學。同學說大師兄向你請教：我最近到了見山不是山，見水不是水的工夫。我說：好啊，你還沒有到見鬼不是鬼，你說的都是鬼話，沒有智慧。

有時候真的感覺自己走路就像在雲中一樣。我告訴你們一個經驗，我十幾歲開始學武功，我覺得腳踏下去沒有地了，都是軟的，就達到這種境界。你修道，工夫修到了像在雲、煙、塵、霧似的，那不過是生理物理的變化而已。

所以我們這一次，假定太湖大學堂開始講生命科學，就要有很多的儀器拿來測驗研究，然後可以保持你的生命健康。青、黃、赤、白，這還容易懂。雲、煙、塵、霧，都是境界，所以禪宗說放下。《金剛經》上說「凡所有相皆是虛妄」，一切境界，從般若來講，統統要破除。

下面光、影、明、暗更難辨。工夫到了某一步，眼睛閉著打坐，身體沒有感覺，但是什麼都看見了。假使你坐在這裡，上海、杭州的事知道了，台灣的事也像電影一樣出來了。光是光，影是影。有時候眼睛看不清看不見了，人好像老了，黑黑的你會嚇死的；有時候又非常亮。像最近幾個同學說，出毛病了，趕快去檢查眼睛。我也常常發生這種現象，或耳朵聽不見你們講話了，一般普通人都嚇死了，我知道是氣脈走到腦神經，某一條脈不能過關，氣在那裡盤旋走不通。所以先告訴你們，這些一時的現象都是科學性的。

極迴色：佛學裡講這個，是非常遠很難分析的，在物理上講叫極微。現在叫中子、原子、電子、夸克；過去沒有這些物理科學名稱。那麼佛學解釋這些夸克、中子、電子、粒子、量子是什麼呢？是空的；是地水火風空其中空的一部分所呈現的物理作用，叫空一分顯色。這一下你就懂佛學了。

《楞嚴經》叫極微、鄰虛，要記住哦。我今天傳給你了，免得你將來查。《楞伽經》中叫「求那」，等於現在的夸克，翻譯不出來了，只好照原文翻。像我今天很簡單的告訴你，可是我當年的痛苦，幾個月都弄不清楚。不是不懂哦，知道這個東西，只差叫什麼名稱，原來就叫「求那」。在小乘《俱舍論》及唯識學中，叫極迴色、極微色、鄰虛塵，是物理最後的東西。

今天開始兩堂課，好像專門給你們講這些空話、理論，其實非常重要。如果你們這些都能記得，用起功來，碰到這些境界就曉得了，一點都不稀奇。什麼魔啊、鬼啊、菩薩啊、佛啊，一切皆破，所以佛法是個大科學。

第三堂

修定時的跳動

（古道師打板通知上座）你們出家的同學們最好跟他練練，這個叫鐘板，老規矩。禪宗分五宗，這個鐘板的敲法、掛法，都有差別的。內行人一看，就知道這個廟子是曹洞宗，那個禪堂是臨濟宗，不過這都是形式。

剛才說到能觸、所觸，但自己並沒有感受的狀況。就像你們戴眼鏡戴習慣了，呼吸系統鼻子這裡，有兩個小的脈管被壓住了，旁邊兩鬢這裡也壓住。所以我十幾歲時有近視，我現在八九十歲了，反而看報紙不要眼鏡，一戴就難受，你們戴慣了不知道。

譬如我坐在這裡，我眼睛看前面這個方向，兩邊這樣大都看到了。你們戴眼鏡，只看這麼一點。所以要想恢復的話，自己打坐時要把眼鏡拿掉；

戴假牙的最好也拿掉，神經就不緊張了。神經的放鬆最後統統在腦，不在肢體。全身所有的反應，最後是腦的問題。你看那個病人最後上氧氣，就是這個氣的問題嘛！所以你平常把這個氣先調好。

剛才前面講的觸受，瘆、痛、脹、痲、癢等等，澀與滯同一個意義，就是塞住了。譬如黃醫師的背，是風大水大停留在那裡，如果人老了檢查這裡，關節疏鬆就來了。因為風大跟水大泡了這個地大，關節骨頭的功能被壓住了，工夫到了會打開的，打開的時候自然會跳動的。你們沒有看到過，這裡有幾個人，最容易跳是那個李同學。如果你在她邊上打坐，不了解，以為她發了神經。假如在禪堂裡，就可能被打香板了，那是打得很冤枉。這就是不懂，應該讓他跳吧，那是本身的功能發生氣脈振動。

譬如這一次也出這個事。我們一個年輕同學，參加寺廟的禪七，我們笑他「大吼禪堂」。他在禪堂，唉唷！大叫三聲，把全場的人震動了，就被趕出禪堂。理由呢？「寧動千江水，莫擾道人心」，妨礙別人用功了。你說這是妨礙大家用功，打他香板，不曉得是他妨礙人家，還是人家妨礙了他！他也不是有意，那個氣發動才會這樣。所以你真用功，在家裡你的太太孩子們不懂，會嚇死了，把你送到醫院去，以為神經病發了。至於吃飽、吃多了以後打嗝，內行的人一聽，知道這是胃的問題；有些是腎臟肝臟的問題，打嗝的聲音都不同，所以叫「明師難遇」。知道的師父就讓他去發洩，他的病氣就出來了。

所以修行需要同參道友，內行的師兄弟招呼，不然算不定你入了定，別人以為你死了，放張紙或什麼在鼻孔上，覺得一點呼吸都沒有，就抬出去燒了。所以修行要有環境，很難的。

剛才講的觸受，每一個都先吩咐你，你們在佛經上雖然看到，一眼就晃過去了，覺得很多餘，其實這個最重要。剛才我還問大家，昨天聽了以後，你自己覺得呼吸的氣明白了沒有？先認識自己的呼吸，心念跟它配合。六妙門大家都聽懂了嗎？聽懂了我就講下去了。剛才你們自己認為聽懂了，在我的觀念裡，也許一百個人中有一兩個聽懂，我就很高興了。要是全體懂，那真是滿堂中彩了。

走修行之路，要注意兩個重點的問題：飲食、男女。腸胃一定要清爽，男女性的關係，不能說叫你完全守戒，至少要做到清心寡欲，儘量減少，不然對於安那般那及你的身體會有影響。現在沒有辦法跟你講氣脈問題，六妙門等於只認識生命的氣，還沒有告訴你修氣的方法。修氣要懂十二經脈、奇經八脈，這同中國的醫學有密切的關連。而且要懂得印度，乃至於傳到西藏密宗的三脈七輪。這不是理論哦，這是生命科學，都要認清楚，才知道自己的生命。昨天告訴你兩個鼻子的呼吸感覺不同，我有經驗，大家有沒有，不知道。

呼吸聞時間的人

我年輕時在西康、雲南邊區，帶那些部隊就是土匪收編來的，叫作流氓部隊。抗戰時什麼都沒有，也沒有手錶，要跟士卒同甘苦啊，他們怎麼窮，我要跟他們一樣窮，他們吃什麼，我就吃什麼。我這個司令官有一個手錶，好珍貴啊，別人沒有，我心裡也難受，帶兵不能這樣，所以也不戴。

有一天，下午到一個山裡頭，那邊出門就是高山，看不到頂，想到古人兩句詩，「山從人面起，雲傍馬頭生」。你看文學多美啊！可是人在那個環境真痛苦，窮山惡水，到處都是山，一天到晚都是在雲霧中。下面的人看上面，說是白雲裡頭有神仙，可是我們在山頂上的是泡在濕氣裡，雲霧瀰漫，很難受啊！我講這次經驗給你們聽，大概是下午三四點鐘，我問什麼時間了？有個老兵，鄉下人，作土匪出來的，在我前面一站，他那個嘴巴歪一下，鼻子嗅一嗅說：司令官，三點半。我說你怎麼知道？我鼻子聞出來啊。我說你的鼻子會聞出時間？對啊！什麼人的鼻子都可以聞得出來啊。帶兵嘛講話不是那麼文雅，我說：他媽的，你真稀奇耶，你有這個本事啊？帶兵的時候，罵一句他媽的，他很高興，曉得這一句話是獎勵，不是罵人。我說你了不起，你告訴我怎麼聞的。他說司令官，那個貓的眼睛，到中午是一條線，慢慢變，時間也一樣變。我們人的鼻子也是一樣啊，這個時候我是右鼻這裡，嗯，知道下午三點半。這個厲害吧！後來我學了密宗，學了氣脈，我很想找這個老兵，找不到了。

所以不要認為鼻子的氣脈不重要，昨天告訴你早晨起來，雙鼻都通的人絕對健康，有一邊不通身體就有問題，對男女、飲食都要注意守戒了。尤其要學會單鼻呼吸，右鼻的呼吸進來，從右脈下去，管大便大腸的系統。左鼻的呼吸管荷爾蒙，或者男女精的系統。尤其是左邊，以中國來講，左邊是陽，右邊是陰。

還不止如此，你兩鼻氣脈通了以後，到一個環境，譬如要買房子，進去一聞，有怪味、怪氣，風水不好，有邪門的，這個房子不要。譬如我們現在這個禪堂你聞聞看，樣樣對的，是殊勝的道場哦！就有那麼神妙，你試試看。你們自己有鼻子嘛！我說你們要修道做工夫，為了生命，天下最便宜的生意你不做；自己媽媽生的鼻子，一毛錢不花，卻不肯去做工夫，真是天下的笨蛋！

這都是初步的初步，是有形的，要知道的。然後，如果你這個氣脈修通了，佛學叫「鼻觀」。《楞嚴經》上二十五位菩薩的報告，有修鼻觀這個法門成就的。觀，自己看見了，這就叫作修行做工夫。所以有沒有修行，有沒有工夫，你騙不住人的，也不要騙自己啊！

我再請問大家，前兩天下午，打開電燈上課，氣就不同，你的感受、觸受就不同吧！那麼這個呼吸安那般那的往來，現在你們要真的認得哦！現在只講氣哦，以四大來講是風大的修法。

羅漢們的呼吸法

昨天到今天提出的六妙門，釋迦牟尼佛他老人家，我們的老師父，他並沒有講。誰講的呢？是我們的大師兄們，五百羅漢從修持經驗提出來的方法，所以要非常尊重。我們研究發現，佛的確有講過，只不過不是講那麼多，當年時代不同嘛。我常常笑你們學佛很少人拜羅漢，羅漢很值得拜呢！羅漢就是三皈依的皈依僧，他們是出家有成就的羅漢聖僧。蘇東坡專拜羅漢，他很懂。

《達摩禪經》裡頭只提到一下六妙門，不是主要方法，沒有詳細分析。為什麼？這是問題了。現在找根源，佛在小乘經典裡，尤其是《阿含經》裡，曾提出安那般那法門。學佛依經為主哦，戒律部分是次要的；論的部分是後代的祖師們及阿羅漢們的經驗，更次要。

照佛的原話，佛在《阿含經》提到「息長知長，息短知短，息冷知冷，息暖知暖」。這是他老人家當時傳給弟子們的，不過講「長短冷暖」而已，當年這些大阿羅漢聖賢僧們，以及我們的祖師們，智慧高，一聽就懂了，不像我們這樣笨。譬如我們現在呼吸，夏天在禪堂，你感覺呼吸氣是暖的，但看不見。你到冬天看，尤其在西藏或西北地區，呼出來是白氣，看得見的，那是有形有相了。

《達摩禪經》你們去研究，來不及跟你們講，文字很難懂。尤其用魏晉時代的文學來寫，文化程度低一點就抓不出重點。這些大阿羅漢祖師們修行經驗流傳下來，中間有一段說，息有長中長、長中短，有短中短、短中長，把你頭都看昏了，這就是科學了。如果我們正式辦一個研究所，就會發現，不要說修行人，連普通人的確都有這個狀況。譬如你們病了感冒發高燒，那個呼吸非常粗，非常短。有細菌的叫感冒，中國醫學叫傷風。

傷風不一定是感冒，是氣候的影響，不一定有細菌的。但是傷風久了，去化驗可能就有細菌了。因為停留了一段時間，培養了細菌。醫學是這個道理，如果我到醫學院上課，會這樣給他們講清楚，不能說傷風就是感冒。不管中醫西醫都是一樣道理，不能把醫學弄得像有個界限。空氣裡頭本來有細菌，但是在我們健康時，鼻腔裡的鼻液會控制細菌。細菌的傳染經過呼吸到鼻腔裡，有時候停留一二個星期，如果內部健康的人沒有關係，如果一碰到腸胃不好，或者性行為出了問題，或者其他方面出問題，就可能發燒，成為併發症。

所以當你發燒的時候，呼吸非常急促，短中短。若是一個細心的中醫，「望聞問切」，「望」一眼就看到臉上氣色，是哪裡出毛病，是肝臟，是心臟，氣色都不同。「聞」，聽到呼吸很短促，已經知道問題在哪裡了。老了快死以前，呼吸是短中短，馬上要斷氣了。可是在短中短的時候，偶然聽到一個長的，還有救的希望，可以下藥來救。現在講粗的呼吸，你們用功，體驗自己內在的氣息，有長中之長、短中之短，有短中之長，長中之短，你說這是佛經還是科學？是生命科學吧！

第四堂

自力和他力

（大眾唱唸佛號）

這個念佛法門，就是修淨土的唸佛，出聲開口唸，是修持方法的一種。身體坐在這裡，嘴巴發聲唸南無阿彌陀佛，思想意念都專一在南……無……阿……彌……陀……佛……這六個字上面。下午已經解釋過名號的意義，這六個字，六個聲音，「南無」是皈依，阿彌陀佛是佛的名號，念佛的意義包含了佛與我自他不二。

世界上一切宗教，只有自力他力兩條路，自力是自己的力量；有自己就有我，有我就有他，所以有他力。世間法作人做事也一樣，靠自己努力的是自力，靠長官提拔朋友幫忙是他力。一切宗教的信仰所謂信，靠上帝啊，神啊，有個主宰，就是他力。所以密宗觀想佛、本尊、菩薩、唸咒子，都是靠他力保佑。但是，真正的佛法他力也就是自力，自力也就是他力，這就是自他不二的道理。

真正的佛法自他不二，心物一元，一體的，禪宗祖師有兩句話，包含宗教、科學、哲學都在內：「十世古今，始終不離於當念；無邊剎境，自他不隔於毫端」。「十世古今」講時間，究竟有沒有時間？沒有時間，沒有過去、現在、未來，永遠只有「一時」，這是大科學了。時間是人為的，相對的。

「無邊剎境」，宇宙是無量無邊，除了地球以外，還有月亮、太陽、火星、木星其它的星球。宇宙是無量無邊的星球，三千大千世界是無量無邊的宇宙。剎，代表實際的星球國土。「自他不隔於毫端」，無邊國土是一體的，就在前面。所以淨土宗跟禪宗最後變成合流了，既是自力又是他力。

當一個人煩惱妄想太多痛苦太大時，佛啊！求你老人家加持我吧！一聲佛號提起，身口意三業專一，一念無量的智慧，無量的光明，無量的力量，集中到這一點。這是個科學，像一個磁場一樣，那個大的磁電一下來，像地心引力一樣，所有東西都吸過來了。因此有環境因素，你在家裡也好，或在禪堂上座大聲唸佛，你就進入一片清淨光明的淨土。當你開口唸佛的時候，身口意合一，眼睛不看外面，回轉來意念觀自己內在。耳朵不聽外面的聲音，只聽自己唸佛的發音，每個字從內在發出來。鼻子安那般那不管了，唸佛就是一呼一吸，氣歸一了嘛。舌頭在彈動唸佛，身體端坐寂然不動，「八風吹不動，端坐紫金蓮」。

阿彌陀佛旁邊有觀世音菩薩、大勢至菩薩兩位大教授師。我剛才講的這個念佛方法，是大勢至菩薩教的「念佛圓通法門」，可以成佛，自他不二。大家聽清楚了吧。當唸佛時身口意三業合一，眼睛一閉，心念反觀內照，心光照耀，眼前只有一片光明，黑色就是黑光，白色就是白光，黃色黃光，青色青光，紅色紅光，光色一概不管。這樣唸佛下去，你自己會進入一片光明清淨中，有無比的感應。這是音聲瑜珈，配上身瑜珈，再配上意的瑜珈。

怎麼唸

（師領眾唸佛號）南無阿彌陀佛……剛才講過，你唸到一半沒有氣了，你就停一下，心裡還在繼續唸，一口氣一口氣的唸，南無阿彌陀佛……

（師煞板止靜）這一剎那你就進入淨土，唯心淨土，沒有動搖的，你身體搖動幹嘛？又管身體去了。所以知識分子學佛沒有用啊。張某某不要動了！不行，再來。開口唸，南無阿彌陀佛……整個的身心投進去。（師煞板止靜）萬緣放下，一念不生，當下即是淨土。

剛才我正好上來，聽到一位同學在講念佛法門，很高興。沙彌跟在我後面，我說不要出聲，我們悄悄的進去。這位感覺到我進來，起了分別心了，講一半就停了，這是不行的。所以禪宗告訴你，「諦觀法王法，法王法如是」，真講法的時候「臨機不讓師」。因此告訴大家念佛法門，唸時要整個身心投進去，所有的煩惱痛苦，所有的思想一概切斷，阿彌陀佛一路唸下去，自然會到達身心不動。如果家裡的環境不能出聲唸，怕妨礙家裡的人，那你自己默念。

默念怎麼念再告訴你們，一上座，一閉眼睛，內觀自己聲音，就是回轉來聽心裡自己念南無阿彌陀佛的聲音。鼻子當然不管呼吸了，舌頭也不動了，身體也不動，聽內在心聲發出的南無阿彌陀佛……每個字聽得清清楚楚，外面的人聽不到。念到最後佛號沒有了，萬緣放下，一念不生，一切煩惱痛苦沒有，感覺也沒有，一念清淨定下去，這就是念佛三昧，很快得定。

可是知識分子，或一般老油條學佛學的，知道而不肯做，把很重要又很簡單的方法輕視了。如果身體不好，事情不順利，心中有煩惱，你每天早晚兩堂念佛下去更好。如果出家有好的環境，可以配上引磬唸。讓幾位出家同學用引磬唸一下，聽一聽，這是靠他力來幫忙了。如果沒有這個他力外力呢？就靠自力來。學佛嘛！為什麼一定仗他力？（大眾如法唱誦）

（師煞板止靜）所以在中國的淨土宗，這樣的方法修持是唯心淨土，當下一念清淨，現成的，不花一毛錢就做到了。可是大家不肯放下，都太聰明，願意求人，不想求己。你看碰上這個機緣，偶然唸一下佛號，自己身心調整到專一，萬緣放下，一念不生，當下清淨了。你們有人進入這個念佛三昧的不要動，其他的人休息一下。

這幾天在這裡不要為我的關係而來，你也沒有欠我，我也沒有欠你，為了你自己來，真的試驗試驗自己學的東西。如果此心也不靜，趕快回去上海，回哪裡都可以；沒有車子，我馬上叫一部車子送你走，免得浪費時間。既然到這裡，每個人要為自己。這個禪堂，現在就是你的禪堂，只有現在，沒有過去，沒有未來，好好體會用功吧，不要在這裡聽空話，浪費時間。你們曉得我的個性，看到有些人我嘴裡不講，心裡煩，何必自欺欺人呢？對不住啊！所以你們既然都叫南老師嘛，這就是作師道的尊嚴，一概不留情。

我們要回過來講，這一次要交代你們真修實證的安那般那出入息、白骨觀，即身成就的方法。下午講到要想真修實證，有兩個要點，一個是飲食，一個是男女，很嚴重，還沒有詳細講。

第五堂

說風

釋迦牟尼佛教弟子們即身成就，證果位的修持方法，是先由修出入息入手。這一次我們給它下一個註解，先修有為法，是從現有的生命，生理，物理方面入手去修的，很現實的。現在的生命，就是鼻子到喉嚨這裡，三寸氣不在就是死亡，一口氣不來就是死亡，所以要從這裡開始修。在佛學物理方面講是修風大，就是宇宙的能量變成空氣。這個風是無形無相的，我們大家看到過風嗎？沒有。你說有啊，風吹到臉上有感覺，那是你臉的感覺耶！那個風的體是什麼樣子，你不知道。所以《莊子・齊物論》描寫宇宙天地的大氣，碰到小孔有小聲，大孔有大聲，他描寫得太鬧熱了。這個不是風的相貌，莊子沒有騙你，他講的就是這個氣。所以第一篇〈逍遙遊〉就是講氣化，宇宙物理的變化；〈齊物論〉也告訴你這個氣的重要，都是氣的變化。

風是無形無相，我們感覺看到風的動貌，那並不是風的本身，而是風的功能所發生的作用及現象，一般都錯認這是風。像我們現在坐在這裡有風嗎？沒有風。你感覺到沒有風嗎？你皮膚外面、臉上都感覺到有一股氣流在走，就是風啊！所以《楞嚴經》佛就說得非常徹底。「性風真空」，風的本體本性無形無相，沒有東西，而是能量，同電一樣；電也就是風的變化，本來空的。

「性空真風」，風因為空，發生作用千變萬化。尤其《莊子．齊物論》講那個風是「吹萬不同」，萬種風的現象，它在吹，顯出的現象有一萬種，千變萬化就是一個能量的關係，所以叫風。「性風真空，性空真風，清淨本然，周偏法界」，風的最後那個「能」在哪裡？在虛空嗎？在太空裡嗎？都沒有，它本來清淨的。本然是自然都存在，無所在無所不在。我們前面沒有風，你自己把手在前面搧兩下就有風了，它的本身清淨本然，周偏法界。法界不是宇宙哦，法界是佛學的名辭，包含整個宇宙，因為宇宙還是物理世界的觀念，法界超越了物理世界。

那麼我們怎麼覺得有風呢？「隨眾生心」，你心念跟它配合了，你自己的主觀意識起來「應所知量」，科學家研究能，研究電，到今天世界上科學的文明，精密的科技靠這個電能，電就是風「隨眾生心，應所知量」的量變。現在物理學講量子力學，今天科學家已經研究到本能的量變，相應你的所知量。「循業發現」，風無相無形，跟著人的思想觀念研究，講有電有能量有風，依循你的業力思想改變，產生了科學哲學。「寧有方所」，「寧」是哪裡；方是方位。哪裡有個固定空間呢！

《楞嚴經》講物理世界地水火風空，最後的結論，「隨眾生心，應所知量，循業發現，寧有方所」這幾句話最重要。換句話，地大、水大、火大也是同樣的道理。你把它配合科學，不管時間、空間，如果一定講有一個主體的東西，都是觀念的錯誤。你看釋迦牟尼佛把最高的科學，幾千年前都告訴你了。可是，我們有這樣寶貴文化，自己不曉得去發現，去挖掘。如根據佛經，這幾句話懂進去，再研究物理科學，不曉得你能發明多少偉大的東西！

為什麼發明東西呢？發明東西是什麼呢？就是佛經一句話「循業發現」。這個世界上有一個蘋果，蘋果熟了掉到地下，掉了幾千年也不知道，碰到一個姓牛的老兄牛頓，一下子發現了地心引力。地心的引力是從牛頓的「循業發現」來的，它本來存在的。「寧有方所」，它沒有固定的方位。所以我常說，你們不要搞錯，以為佛學迷信，它是個大科學耶！自己不懂又亂去批評才是迷信！你做工夫，道理不懂也是沒有用啊，也是迷信啊！所以佛法是個大科學。

穿過身心的一切

我們講修安那般那六妙門的方法。還是很粗淺的一步，佛學有一個名辭，必須要懂，這又是一個大科學來了。也許大家是清醒的，我是糊塗的，也許大家都糊塗，我是清醒的。佛經上告訴你有一個名稱，小乘說得更清楚，但是講理論的這些佛學家不注意的，叫「十一切入」。尤其你們講修行，修安那般那你更要清楚了。不要唸錯哦，念成十一、切入，那就不對了。十：有十種精神、物理的功能，心物一元的。一切入：任何地方，它都會透進去穿過來的，所以叫十一切入。是什麼東西呢？青黃赤白、地水火風空、識。

青、黃、赤、白是色相。現在天黑了，你走出去看看天空，我們普通講夜裡是黑的。你錯了，你沒有科學的眼睛，不懂光學。夜裡不是黑的啊！是青的，深青的。沒有一個真正的黑，就是太空裡的黑洞也是深青色。太空有沒有黑洞？我幾十年前講一定有，存在的。有些科學家不承認。我說我不是學科學的，我講有就沒有人聽，現在那個霍金一講有，大家就說有了。赤是紅色的。這個裡頭要研究色了，大家在中學裡讀過，顏色分紅、橙、黃、綠、藍、靛、紫。紫到最深就變成青黑了。你注意哦，沒有黑，沒有白，怪吧！把所有東西集中在一起就變黑了，變白了，黑白兩個是另外哦。紅色久了就變橙色，再變一變就變黃色，慢慢在變化，這是屬於化學了。

所以十一切入，青黃赤白四種色，怎麼變出來的？是地、水、火、風、空五種物理作用的變化。最後一個識，是心理，精神的，這個不屬於物理的，這樣懂了吧！我們這些同學有的也講哲學、佛學的，根本沒有好好研究，也沒有看經。普通上佛學院，老實講在學校裡混一混，概論也沒有讀完的，就算是什麼學者專家了。讀書要很仔細的才行。這十種東西，十分之一是唯心的，就是這個「識」是唯心的，青、黃、赤、白、地、水、火、風、空，都是唯物的。

注意！這十種是一切入，你在這裡打坐，你的身心內外，整個宇宙，一切都穿插進來了，都穿過你的身心，這叫十種一切入。乃至鋼板，乃至太空艙，什麼都擋不住的，一切處都透入。譬如我們現在這個建築有墻壁，你說有擋住嗎？沒有，地水火風空一樣透過來。所以我們身體為什麼衰老？是受物理的侵蝕變化，都透進來了。你在這裡打坐，做起工夫來有境界，是不是受這個物理的影響干擾呢？可惜這裡沒有真正研究佛學的人，有的話我就問他。

我們前天還講過十二因緣，我說你們注意哦，十二因緣還背得來吧？

我幫你們講，無明緣行，行緣識，識緣什麼？名色。神識入胎，和精蟲卵臟結合，那個叫名色。名是概念、理念、精神，色是精蟲跟卵臟配合一起的變化，所以叫作名色，不叫作胎兒。名色以後是六入。釋迦牟尼佛好奇怪啊，佛經上明明講六根對六塵，眼耳鼻舌身意是六個官能，色聲香味觸法六塵，為什麼十二因緣裡，偏偏不叫六塵叫六入呢？問題來了吧！這就是科學頭腦，研究學問的頭腦。為什麼講生命那個識緣名色，名色以後不叫六塵，叫六入呢？你看佛的科學多高。當胎兒三緣和合形成人的生命，它這種物理的功能，都透入進來了，所以叫六入，這一下懂了吧！厲害吧！不是我厲害，是佛的厲害。你聽了應該有個震撼的。

六入以後緣什麼呢？觸。觸緣什麼？受。觸受就是你的感覺就來了。所以感覺的狀態，所有身心的狀態，都是物理的作用，可是人被物理世界騙了。有了觸受以後緣什麼？就愛了，越愛越抓，愛名、愛東西、愛漂亮、愛兒女家庭。所以愛以後就緣取，拚命抓。取緣有，現實的世界就是有，活著叫作生命。生命最後呢？衰老。老了以後呢？死。死了以後無明再來，這樣懂了吧！你看我們本師，這位大老師的厲害，幾千年前他把科學的觀念告訴你。可是幾千年前沒有這個科學，大家不懂，所以他老人家想辦法讓後面的人懂。

把思想意識拉住

懂了十種一切入，你修行打坐，為什麼還管你的氣呢？叫你先認識自己出入息，一進一出，你把心跟呼吸配合。思想跟呼吸，這是兩樣東西哦！從生命投胎以來就分開。你看這個生命活到五十幾，雖然老了，但永遠很規律的呼吸。可是很多人活了幾十歲，根本不曉得呼吸是什麼！你沒有管耶，你只是那個第六意識思想在亂想亂跑，是不是這樣？佛學有一句話，就是把向外馳求，像野馬一樣亂跑的心，用一條繩子，用自己生命這個氣（風大），把它拉回來配合到一起。

怎麼拉呢？你不知道拉，他告訴你先要「數」；氣一進一出數一、數二。其實這個時候有三個心在用，你知道「數」是心的投影，那個心跟氣配合為一，一個心在用嘛。旁邊還有一個影子在看自己數對了沒有，兩個影子在旁邊看住了，都是自己變的。後面，還有個監察的作用在，哦！這一下我沒有亂想，完全數對了；你看這個心的厲害。所以廟子上塑的菩薩四個面孔。四面自己都看到了，佛像就代表你的心，我們心的功能同時四面看見。所以那個沙彌十幾歲跟在我旁邊，放學回來問我，太老師啊，那個心有幾個啊？我說很多耶。她說是啊！真的啊！我一邊作功課，一邊想那個電影。我說對了，豈止是兩個在想，你七八個都同時在想。她說：對哦！

這個心在同一個時候是多用的，你要拴攏來歸一，歸到呼吸上來，只有一個東西是不動的，拿現實的生命講是「知性」。我現在在講話，你們大家在聽話，是不是有一個知道我在講話、你在聽話的？這個是「知性」，是不動的，它都在。譬如我們在發脾氣，罵這個混蛋。你一邊在罵人的時候，有沒有一個知道我在罵人發脾氣的？有沒有？有啊！這個「知性」沒有動過，它沒有發脾氣耶，可是你知道在發脾氣耶！

知性在哪裡

有人自殺吃安眠藥上吊的時候，你說那個「知性」知道自己現在在幹什麼嗎？當然知道。你要死的時候知道不知道自己要死了呢？也知道。唉啊！我好痛啊。人家問：你講話啊，我講不出來，要死了。他那個「知性」沒有動哦。

這個知性在哪裡啊？現在科學說在腦，是嗎？有案例證明不在腦。我們這裡就有兩個，某人跟人家打架，釘子打到腦裡這個頭骨切開過。還有一個女士，打開腦子，有一個瘤拿掉了。這還是好的，還有人把腦切掉一邊，他同樣有知性！那個腦已經一部分拿掉了，怎麼還有知性呢？現在醫學試驗，單獨抽出來一個細胞，可以變成人。請問這個細胞有沒有知性？這都是佛學耶！科學耶！唯識耶！我們一根頭髮，一個指甲在身上，你指甲長了，碰到一個東西，指甲這裡痛不痛啊？痛。你把它剪了，丟在地下，石頭砸它痛不痛啊？你說那個剛剪下的指甲不痛嗎？你怎麼曉得它不痛？可是連在你這裡你馬上知道痛。這就是學佛，這就是做工夫的問題。

所以我當年研究唯識，有一個教授，他說老兄我問你：蚯蚓或者一條蛇，你用快刀把牠砍成三段，這三段都在滾動，哪一段裡頭有心性？當時我只有二十幾歲，我說三段都有。他說：你老兄怪了。我說有啊，三段滾動的時候有。他說：那你說明心見性那個性是分段落的嗎？我說沒有分段落，周偏圓滿，無所不在。那個蚯蚓蛇被砍成三截，三截都在滾動，那不是性耶，那是能量發動的那個功能，這個叫業力，叫「餘力未盡」。當時我年輕氣盛，他說：嗯！老兄，佩服了。我說我也不懂，不過我們年輕人會想而已嘛！

譬如人要死的時候，把眼睛、肝臟捐給人家，一口氣還沒有完全斷，趕快把器官切下來，冷凍送出去那邊接上，那是第八阿賴耶識餘命的功能未斷。你說我們把自己身上快刀切一塊肉丟在那裡，那個肉在盤子裡還在抖動，可是我們腦子裡感覺到自己痛，沒有感覺割下來那塊肉痛啊。這是問題，你以為研究佛學用功那麼簡單啊！所以叫你們念佛，有人說迷信。你才迷信呢！什麼都不懂，什麼也不知道。所以今天晚上叫你先懂十一切入，慢慢使你們知道有一個「知性」，它永遠不動在那裡。

我要請問了，當我夜裡睡著了，無知了，對不對？那時知性在哪裡？在啊。你夜裡睡著了，你睡得打呼，我在樓上叫某某起來，我到你那裡很遠耶！你會自然知道，哦！你叫我啊！所以我就笑他們，一般學唯識、學密宗的講第六意識在腦裡頭，第七識、第八識在督脈，在背脊骨神經裡頭。我說你們搞什麼佛學啊！你看玄奘法師的《成唯識論》，還有彌勒菩薩的《瑜伽師地論》，明明告訴你第六意識不在身體，腦的感覺屬於前五識的身識。換句話，我們普通人站起來，兩手打開，這樣一圈，第六意識這裡都有啊。所以你坐在這裡，有人走過來，你也有感覺了。第六意識不在身上，可是它一切入，透入你身上，也透過你腦裡頭。

今天晚上告訴你們一切入，告訴你們好好念佛。所以我告訴出家同學，廟子裡不一定講準提法，好好提倡禪淨雙修，一邊參禪打坐，一邊好好念佛，那就會很快成就。剛才晚上一堂念佛，你看多好啊。

第六堂

出家僧眾　居士菩薩

現在說一個祕密，關於佛說的修行法門安那般那，我下午提出來，你們讀書不多，研究佛學也沒有真正信佛。信佛不是迷信，出家人早晚課都唸三皈依，皈依法，要深入經藏，智慧如海。佛在世的時候，《金剛經》上說有「千二百五十人俱」，這是佛弟子的常隨眾，永遠跟在他身邊。他也夠煩的，大家也沒有仔細去分析研究。這一千多人，有許多年齡比他大，我們講句笑話，對他老人家不恭敬，都是「兼併」來的。他悟道以後，三十一歲就出來說法，有那麼多人跟著他。舍利子比佛年齡大，他跟著佛之後，他的學生一百人都跟過來了。目連尊者也有一百個跟他的學生，還有三迦葉兄弟，不是禪宗祖師迦葉尊者，他們年齡都比佛大，也都是印度當時的大師，共一千個弟子一起都過來了。還有耶舍長者子五十個學生，也都是師父帶過來皈依的。可以說他一千二百五十個出家比丘，常隨眾，都是帶藝投師的，都是學外道，學神通，大學問，有工夫的。有些有神通，在虛空中走過來走過去的。

這是講出家眾。在家呢？菩薩大都是在家的。所以有些出家人反對居士，我說你搞清楚，四大菩薩及一切大菩薩多數是居士耶！你們拜菩薩為什麼不拜居士啊！算不定我這個居士也是個菩薩！可是你要拜我，我還不高興呢！我還不是菩薩，不想讓你拜，你一拜，我就趕快拜你。因為你還沒有資格拜我，我肯接受你這一拜，很不容易哦！這是講笑話。

祕密中的祕密

我們回過來研究，為什麼當年跟著佛的人，當下證果得道，證阿羅漢的很多，他教的是什麼東西？除了智慧上悟道以外，這個工夫一下就到達，是什麼原因？我研究過，講了半天離不開禪定，禪定的方法總有個入門的。除非智慧很高的，像中國禪宗的六祖一樣，叫作上上智，頭等頭等人，世界上有幾個頭等啊？何況頭等中的頭等，那找不出來的。他們當年都是上上智。現在人學佛學了三輩子，還沒有影子。所以我告訴你，我遍學了一切外道，遍學了一切道家、密宗，一切方法等等，發現都有問題。

究竟快捷的路是哪一條？只好回過頭來再找佛經，看來看去還是安那般那，白骨觀。奇怪，為什麼安那般那，白骨觀那麼簡單？原來它祕密裡頭有祕密。我當年為這個，有時候搞不清楚，就哭啊流淚。我的命怎麼那麼不好？沒有碰到佛在世，向誰去問呢？學道的人太多了，每當聽人說他那個師父有神通，活了幾百歲，我聽都不要聽，都是鬼話，若跟他去，會上很多當。「哇！我那個表哥的師父，兩百五十歲了，真得道了。」「好，去，去。」去了以後找到表哥，「唉啊，你聽我表弟亂講，我沒有見過，是我舅舅見過的。」好，一起去找你舅舅。東找西找最後沒有影子的。上這一種當，我上得多了，可是本身不經歷過，你不知道啊！

這本《達摩禪經》，這個達摩不是那個禪宗達摩祖師。達摩兩個字是總稱、總論，等於寫博士論文，綜合一切祖師們修持的經驗學問。可是佛陀跋陀羅在中國譯出《達摩禪經》，也成功了，他的徒弟慧持法師，我給你們介紹過的，在樹洞裡坐了七百年的那位。他同佛陀跋陀羅，和達摩祖師，都是同門的。

這本書你不讀百遍千遍，看不出來。我每次讀這種書，有時當小說一樣，雖然形式很隨便，內心是無比的恭敬在求，你總要告訴我一個消息吧！後來看出來了，《達摩禪經》有消息，祕密都留在裡頭。

真正的修持——十六特勝

六妙門，是個初步的入門。真正修持在佛學的名稱叫「十六特勝」。記住哦！有十六條原則，是特別特別的方法，祕密中祕密的方法，好得沒有再好的方法，佛學用一個名稱叫「特勝」。拿現在名辭來講，戰略上特別容易勝利的，大統戰，最高的統戰，都把它綜合了。千萬記住，這個裡頭東西多了，除了這個入門方法，數息、隨息、止息、觀、還、淨，大概講了以外，不要被《小止觀》這些書把你瞞住了。祖師們沒有騙你，很慈悲的告訴你，但是後面真實的部分，也許怕一些眾生福報智慧不夠，所以沒有講明白。六妙門是最基本的，你要先懂十種一切入，再懂十六特勝，記住！

一、「知息入」，二、「知息出」，進來知道，出去知道。所以修安那般那，我昨天講了，問你們夜裡體會沒有，沒有一個人答覆我的。你呼吸進來出去，完全搞清楚沒有？這很嚴重的，你不要當成開玩笑，把這七天在這裡當作好玩，你辜負了自己，也辜負了我。

三、「知息長短」：隨時隨地自己呼吸一進一出，曉得長短。這一句話就是問題了，什麼叫呼吸長，什麼叫呼吸短呢？你說吳某那麼高，我那麼矮，那麼吳某的呼吸進來特別長嗎？我的呼吸會短一點嗎？怎麼叫知息長、知息短呢？所以要觀察你自己。有時候身體不好，呼吸進來出去，你覺得只到喉部、胸部這裡，腸胃都達不到。像那個女孩子，打坐時呼吸會達到丹田、小肚子，甚至這裡有一兩個同學，可以達到腳底心。呼吸的感覺，知息長短，對風寒燥熱的感受，你靜下來當場測驗，已經知道自己健康不健康，有沒有問題。知息長短，你要搞清楚主體在這一個「知性」上，不在息上面。這個知性剛才已經講過了，身體每一個細胞，內外都普遍的，不一定在腦子裡，而是無所不在的。

如果知道息的長短，你可以測驗身體了，先講到這裡，你們大家自己去體會。不要故意的哦，不要故意去練習呼吸。佛經告訴你，知息入、知息出、知息長短，這裡把那些佛經歸納，知息長短，配合上你的修持了。對於飲食男女，要嚴持戒律搞清楚。

第四「知息偏身」，密宗的三脈七輪，中國醫學十二經脈，是直接從身體的內部感覺知道。偏身，就是每個細胞，到哪裡都很清楚。這個時候不要給一般的佛學騙了。唉啊！這個「知道」是妄想嘛！要四大皆空嘛！那你就完了。換句話說，你這個時候是「明知」，不是「故犯」，隨時要明白知道，你們這樣修持下去，只要第一步、第二步，第三步做到，你們身體精神永遠保持健康長壽，頭腦是清楚的，事業就順利了。

知息入、知息出、知息長短，你把這三個先測驗好，如果達到第四步知息徧身，你的知性是沒有妄想哦，若有妄想，用六祖的師兄神秀的偈子：「身是菩提樹，心如明鏡台，時時勤拂拭，莫使惹塵埃」。任何妄想起來，不要妨礙知性，都把它丟開了，知性則存在。你一邊做工夫，注意呼吸，一邊也知道自己妄想來嘛，你不要管那個妄想，只管這個息。

工夫做到知息徧身這一步，你的變化，用道家講的四個字「祛病延年」，一切病都好了，包括癌症在內，包括死亡在內。你要知息徧身，曉得息到達每一個細胞，就比較可以長壽，慢一點衰老。至少我現在在桌子上也打坐給你們看，我還可以動作很快做給你們看。為什麼我這個年齡還這麼輕便呢？知息徧身。

進入初禪

到了第五步「除諸身行」，不得了了，你已經把身體的障礙完全打通了，沒有身體的感覺，身體跟虛空合一了，這是真實的工夫哦。你看這四個字，除諸身行，滅除身上一切的障礙，都打通了。

到了除諸身行以後，才進入禪定的初禪受喜、受樂。初禪是離生喜樂，如果身體都沒有調整好，你說四大皆空，你怎麼去空啊？你到了除諸身行的時候，可以吹牛，有一點像四大皆空了，才達到初禪的受喜受樂。你們這些喜歡玩聰明的，不要玩聰明了，工夫不是你吹牛吹得出來的。

這一次明白告訴你們，把祕密都揭穿了。初禪是心一境性，離生喜樂，這個定境界來了叫作禪定。這個離是什麼？身跟心兩個分離開了。這個時候的樂感不是男女做愛那一種快感了，而是全身細胞都是樂感，發樂了，大樂在腦哦！平時頭部會昏昏的，這時整個的腦得大樂了。我們普通的樂，欲界的樂都是男女生殖系統的樂，到初禪是腦子的樂。

今天先講了這一部分，晚上大家好好把十六特勝背來，先去體會，知息入、知息出、知息長短，心拴不回來的用六妙門。現在全世界講修禪、打坐、做工夫統統在六妙門的數息裡頭轉，你說這個差得多遠啊！下面越來越嚴重了，慢慢講。現在你們本子都記了，你在腦子裡也要記住，然後你一生的修持不用問人了。這十六特勝並不是一步一步上來，是穿插的，明天再講了。

第五日

第一堂

修念佛法門的方法，很粗淺的說就是唸阿彌陀佛的名號。唸完了這一聲阿彌陀佛，身心一概放下沉下去，沉到虛空，這是修淨土念佛三昧的方法，非常之好，而且是禪淨同修之路。在我們來講，這也是中國儒家文化。

儒家修行之路

曾子著的《大學》講，上至皇帝，下至普通任何一個人，都必須自修內養之道。「大學之道，在明明德，在親民，在止於至善。知止而后有定，定而后能靜，靜而后能安，安而后能慮，慮而后能得」。這是幾千年的文化傳統，我們十一二歲都背來了，是儒家正統的修行之路，在佛法沒有來之前就有了。所以當佛法傳過來，翻譯禪定這個「定」，是採用《大學》裡的，是中國傳統的文化。現在我們中國人的教育，自己把它丟掉了，不止斷層，是連根挖掉了；不過沒有挖完，還有我這個老兵在。

這幾步是修行的工夫，「知止而后有定，定而后能靜」，止做到了，這是定，包括我們這幾天講的修持。定而後才真正進到靜，靜的境界工夫做到了才是安。所以大家坐在這裡搞了四五天已經了不起了，我都佩服你們。在我的想像中，右排這幾個當代年輕的大英雄們，我講大英雄是給他們戴高帽子；原以為他們坐不住，是玩玩的，兩三天就會跑了，結果竟然安定下來，很不容易啊！可是他們這四五天也很勉強，心沒有真正的安。「靜而后能安」，一步一步工夫，不是讀了就知道的，有些人玩聰明，認為讀了就辦到了。

你注意「而后」兩個字，是指一步一步工夫做到。「安而后能慮」：認為慮好像是思想、思慮，那就錯了。慮就是佛學講智慧般若，能慮就是能夠生起智慧來，由定生慧。慮而後呢？工夫做到了，則「能得」，得個什麼？是倒過來，大學之道在明明德，得到明德了。「物有本末」，任何東西都有根，有頂尖；本是根，末就是頂尖。這是中國文化傳統，從皇帝起到每一個老百姓的基本教育修養。「事有終始」，你要做內聖外王之學，內是聖人的修養，外用可以治國家天下，都要先從這裡學起。

「知所先后，則近道矣」，人生自己的修養也好，全體人民人類的教育也好，其根本就在知止。知止很難，是止在一點上。我剛才上來，聽到諸位在唸佛號，共修跟單獨自己修力量不同，共修有互相的感應，有共鳴的作用，互相影響。所以在外面聽到無比的莊嚴清淨！左右都唸，自己也不好意思，只好跟著修行，心不靜也冒充靜了嘛！這是共修的好處，但是要有共修的環境。

所以我感嘆，政府花了那麼多錢辦小學中學，孩子一進學校就要住校集體生活，需要明師的帶領，共同的影響。進學校先養成到社會怎麼作人，怎麼生活。像我們七天在這裡，這裡也是一個社會，三個人以上在一起就變成一個社會了。社會主義嘛，共同的利益，共同的目標，共同的生活；真正民主的重點，必須是共同的需要，共同的修養。那麼我們剛才的方法呢？是講共修唸佛，走修證之路，唸阿彌陀佛的名號，也靠阿彌陀佛的力量加持我們，西方人叫作「祈禱」。我們不是用自心去祈禱，是心跟佛合一，唸佛的名號，心就寧靜下來，這就是定，就是止。

佛號與咒語

所以淨土法門唸一聲佛號，叫作「三根普被」，這句話是最大的教義，也是佛教最重要的，大家卻很輕視。哪三個根呢？第一等聰明的人是上根，就是昨天我引用孔子講的「生而知之」的人。第二等「學而知之」的是中等人。下根是最笨的人。上中下三等，三根普被。不管你高智慧或最笨的人，唸一聲佛號，心一靜，什麼魔啊鬼啊，當下都寧靜了。不然你們可以去做個試驗，養一隻貓，或一條狗；這些動物在動得很凶猛的時候，你靜靜站在前面，看著牠的眼神，你的心進入牠的心裡頭，念南無阿彌陀佛，牠就安靜下來了。

我以前的一個老學生，就是朱文光博士，這裡老一輩子的都叫他師兄，他是台灣人，他跟我最早，死得也最早，學農化的，美國留學，既學佛又學道。我吹牛給你們聽，他真是大科學家，雖然學農化，什麼都懂。他有科學問題解答不了的就跟我來討論，開始做試驗，講了很多東西。有一個階段，他測驗唸佛、唸準提咒的功效，把稻子、花木種兩排，用唸過咒子、唸過佛的水澆一排，用普通的水澆另外一排。二三個月比下來，發現用唸佛唸咒子的水澆的稻子、花木，長得非常好，比一般好了兩三倍。他說開口對著那個水唸大悲咒，或準提咒，或唸心經，或者唸阿彌陀佛，效果都不一樣，水的分子跟著變化。開口唸和用意識默念，又是兩樣效果。他做的種種試驗，當然科學上可以解釋。

尤其你們沒有經驗，大概古道有點經驗吧。像我當年在峨嵋山上閉關，山上三年把人世間一輩子的清福已經享完了。所以我說我這一輩子的福氣從此沒有了。你們以為作官發財的有福氣，在我看來沒有福氣，真的福氣是清福。在那個峨嵋山頂，到了秋天九月十月之間，已經大雪封山了，上山是不可能的，沒有人可以走路上來的。要從山頂下來除非是滑冰下來。也有些和尚師兄弟們，屁股上包個大草蓆，拿兩個手棍，從山頂上嘩！一路滑下來，那真是萬山冰雪。

我那時享盡清福，每夜的月亮都看得到，不管彎彎的眉毛月，半圓的月，圓滿的月。看到上空都是藍天，加上萬山冰雪，四周上下整個是水晶琉璃世界。尤其夜靜更深，不要說人看不到一個，鬼也看不到半個啊。那是冷得很哦，冷到已經不知道自己冷不冷了。就在那個時候朗誦一聲詩句，或者一聲南無阿彌陀佛，整個大地好像都在震動。現在我們大家在座的都住在城市中，紅塵滾滾多少煩惱。但是，自己回到小房間，乃至有一個小地方坐下來，眼睛一閉，算是自己死掉了吧！什麼都不管，心中南無阿彌陀佛一念，同山頂的境界是一樣的清淨。

禪淨雙修

南無阿彌陀佛六個字，實際上「南無」是皈依，阿彌陀佛是佛的名號，意思是無量光、無量壽。它是真正的大密宗，也是真正的禪宗。宋朝禪宗大師永明壽禪師，浙江餘杭人，是一個將軍出家的，學佛有成就，學問又好。有一部中國最偉大的佛學著作《宗鏡錄》是他帶領的，影響中國文化千多年。所以有人說，學佛沒有一部基本概論的書時，我說你先去讀《宗鏡錄》，它就是個佛學概論。永明壽禪師悟道以後專門提倡念佛；他的道德行為影響了宋元明清一直到現代。他有四個偈子非常好，你們出家的同學應該都記得，「有禪無淨土，十人九蹉路」：你們打坐修行學禪，不曉得連帶修念佛法門，修啊修啊，修錯了，因為自己智慧不夠。第二個偈子「有禪有淨土，猶如戴角虎」，一邊打坐修行，一邊念念佛，好像很厲害的老虎又生了兩個角。「現世為人師，來生作佛祖」，他一生提倡禪淨雙修，我只抽他幾句偈子講。你們出家同學應該背來。而且我還常勸你們出家同學，除了修準提法以外，好好提倡禪淨雙修，可是沒有一個人聽話的。像那個法師，我傳了個準提法，他就拚命教人修準提法。所以你們都叫我老師，我只好笑。

你們這些人在散亂中搞慣了，還能堅持五天下來，是多大的犧牲啊！我很佩服。因為我知道你們，這是多麼難能可貴，所以值得讚歎。但是這一次六七天的經驗，不要回去受到環境影響就變了，那就不行了。有些同學跟我在這個環境也好多次了，要是都像在禪堂一樣一貫下去，三年五年七年沒有不成就的。可是做不到，離開禪堂回去就不是這樣，受環境影響動搖了。然後說老師啊！真沒有辦法，外面的事情忙。我說對啊對啊！實際上我嘴裡跟你講對，心裡在罵你，沒有本事，修行一換環境就變了，那怎麼叫修行！

尤其年輕的同學，從大學開始起搞這個到現在，一輩子沒有成就。不但是自己內養沒有成就，學問也沒有成就，事業也沒有成就，吹牛也沒有成就。有啊，有個人在外面說是我的傳人，到處騙人吹牛，騙人成就沒有？也沒有成就。所以吃飯時，當眾罵他靠佛吃飯騙人。他一邊流著鼻涕眼淚，是！是！一邊看著前面的菜，問是牛肉還是豬肉啊！我寫信罵他，他把我的信裱起來，掛在前面：你看，老師在罵我，他沒有寫信罵別人吧！可見我是他的大弟子。你說有什麼辦法？真可惜啊！幾十年我說半個人都沒有，不要說整個。

這個時代

其實這一堂課是感慨，感慨什麼呢？我講件小事，也是大事。我笑沙彌，我說：這個地方，開始不是謝老總來墾泥巴不行，墾下來妳蓋房子，現在來試用一下，樣樣覺得都還好。當然妳也不懂，硬叫你來幹這個。雖然吃了那麼多的苦，受了那麼多的氣，一兩年當中有這麼一個地方，妳還是了不起。我還問，大家在這裡住，每一個房間，用的東西對不對，趕快集中意見，下一次再建的話，可以改善。

先跟你們閒談一下再講正題。我們這裡有一位朋友何先生，他對於國家民族文化教育熱忱得很，我說將來中國前途，他們年輕後代是有希望的，但是要靠自己，不是靠教育了，現在這個教育大有問題。我就想起古人兩首詩，我經常引用的，也是我的一輩子的寫照。

雨後山中蔓草榮　沿溪漫谷可憐生
尋常豈藉栽培力　自得天機自長成

「雨後山中蔓草榮」，他說山裡頭，等於我們廟港這個地，原來是荒郊，謝老總來開始開墾。他說大雨以後荒山裡頭那個草，得了天上的雨，自己生出來了。「沿溪漫谷可憐生」，這些草沒有人培養，這些樹木是自己成長的。「尋常豈藉栽培力」，尋常就是平常，藉就是依靠，沒有靠哪一個提拔，沒有靠哪一個幫忙。「自得天機自長成」，我從年輕到現在，常常感嘆自己的一生也是這樣。比如這三位老闆，以及做生意的許多人，或者做事業的等等，都有這個感慨。

我回到大陸以後，看到這一代，二三十歲，三四十歲的青年，包括你們四五十歲的幾個，都是自己成長出來的啊！都是一樣的可憐，「沿溪漫谷可憐生」。三反五反以後，一毛錢沒有，自己怎麼幹上來的？「尋常豈藉栽培力，自得天機自長成」。好可憐啊！所以像有人說要叫誰來幫忙我啊，都不要，我們都「自得天機自長成」啊！要是人家不要我們長成就算了，做枯草爛草算了嘛，這是菩薩發心。第二首：

自少齊埋於小草　而今漸卻出蓬蒿
時人不識淩雲幹　直待淩雲始道高

這兩句詩對於現代的社會、文化、教育、人生，可以說是很悲觀的。人貴自立，要很努力自己站起來。「自少齊埋於小草」，他說一棵大樹根苗，跟小草一齊生長。「而今漸卻出蓬蒿」，從小看不出來，現在慢慢長大了。「時人不識淩雲幹」，「時人」，當時的人，看它是個小草嘛，理都不理。「直待淩雲始道高」，一直等到這棵樹長得衝上雲霄了，大家就說好偉大的樹啊！所以任何偉大都是從平凡中來的。

現在我不是講哪一個人，我來禪堂以前還在跟沙彌研究建築。這裡建築還沒有完成，是剛開始的初步；還有很多要做的，真做一個大學堂，科學、哲學研究室，宿舍，什麼都還不夠。她說怎麼辦？我也不知道怎麼辦。我們兩個一老一少在講，走一步算一步吧！「時人不識凌雲幹」，世界上的人看現成的，不看你前面怎麼努力。修行也是一樣，出世法，入世法，作人做事都是一樣。

所以這兩首詩我們從小背來，我一輩子都當作自己的鞭策，做事情不求人知，只問自己該做不該做。所以儒家的道理就是「理所當為」，應該做的就做了，不管一切。也就是昨天引用禪宗祖師講的「龍銜海珠，遊魚不顧」。這些是是非非，同那些障礙聽都不聽，那是空話，沒有用的，做出來才是真的。所以是剛才聽到唸佛一路的感想。你看人的思想那麼轉，轉了一大圈又轉回來。

這兩首詩也是偈子，你們每個人可以拿來安慰自己，勉勵自己。譬如講廟港這塊土地，我平常講，我平生最後悔的是廟港的事，不應該動念頭建這個地方，動了以後，自己搞得很痛苦，我最對不起的就是這一件事。中間大家這樣那樣，我一聽都是笑話空話，不理。

這地方如果等到完全弄好，還要等一兩年以後。這一次突然一念，翻開日曆一看，今年又去了半年了，陰曆六月初六，陽曆七月一日，會計年度剛開始，所以幾天以前告訴他們發出通知。就硬來測驗一下，不硬上就上不了。但是這裡什麼管理都沒有，後來忽然想到有一位女士，打個電話她就趕來了，一切就這樣匆匆逼出來的。當中宋君還找來管理的人幫忙，這都是講世法的事。大家五六天下來一看還可以，初步的試驗不錯，真要達到教育的目的，對社會做貢獻，還遠呢！前途萬里才剛剛踏出第一腳。

第二堂

繼續昨天講安那般那的修法，用這個方法修禪定，即身成就可以證果。其實講實話，我還真怕講了白講。但是另一個觀念，還不一定給你們講，還有很多眾生在聽，很多比你們高明的需要聽。關於「十六特勝」，現在先說這個佛學的名稱，是釋迦牟尼佛以後這些大弟子，大阿羅漢們，綜合修持的經驗，是很重要的法門。修氣、修脈、修安那般那，是由風大入手修，先了色身的四大，然後再證入到阿羅漢的果位。這是即身成佛的路，很深。

知是什麼

首先昨天講到五個重點，知息入、知息出、知息長短、知息偏身、除諸身行。這包括了大小乘佛法，修四禪八定，也包括了現在修密宗的紅教、花教、白教、黃教。我是照次序來講，這是整個修氣脈，即身成就的方法。因為內容太多了，先了解知息入這個「知性」。

這一次我告訴大家的題目，你們還記得嗎？這次的題目「禪與生命科學的認知」，很嚴重哦。我也笑自己這個牛吹大了，這不只是一個題目，是多少個題目綜合在一起的！認知是認知科學，生命科學是生命科學，禪是禪，禪又包括了禪定與禪宗，見地與工夫，這裡頭內容太多了。給你們諸位這些老油條講，所謂老油條，就是老參菩薩，永遠在那裡參。叢林下那些老修行，當有人說你這個老參菩薩，聽起來恭維得很，其實就是老油條的意思，參也參不通的。

佛學上說，不要起分別心啊！普通說學佛不要打妄想啊！一般學佛的人，都認為得定好像是坐在那裡，一萬年都不動才算了不起似的。我說我前面這一條石頭牛，不是坐了多少年都不動嗎？牠還是牛啊！當年我學佛時，大家都叫我大師兄，他們問問題時，袁先生就笑，叫他們問我。他們問怎麼叫作無妄想？怎麼叫作不起分別心？這是大問題。我說不起妄想，不起分別，請問成佛了以後，佛有沒有起妄想？起不起分別？當然起！他開口一說法，都是分別。

知性這一知，並非最後的究竟哦！見聞覺知有四個作用；「見」，不是用眼睛哦，要搞清楚。我們閉著眼睛有沒有看？也在看。看到什麼？看到一個什麼都看不見；但是你還是在看，這也是看哦。「聞」，就是聽，你聽到完全沒有聲音的時候，乃至睡著了，什麼都沒有聽，實際還在聽，聽那個沒有聲音，聽不見的聲音。「覺」，感覺，你睡著了有沒有感覺呢？有啊！你醒來才知道剛才睡得好舒服啊！事後方知和當時有些差別而已。「知」，知道的知，有一個知道不知道的知，知不知是知之至也，到了極點。知道那個不知之地，跟你們講，那是屬於般若，太高了。

再提醒你們學佛的，這個「知性」不是第六意識的分別作用。「知」沒有分別哦，因知而起了許多的分別，這是個大科學，大哲學，大邏輯。所以這一知比什麼都厲害，到般若境界，直到無知之地。所以鳩摩羅什法師的弟子僧肇，寫了《肇論》，影響了幾千年，有一篇叫〈般若無知論〉，知不知是謂知也。佛說過，孔子、老子也說過，都從「一知」的知性入手。

現在大家當場要體會，譬如我講話你們聽話，誰在聽啊？知性在聽。先不講科學，先不講腦的反應，就講普通的吧！你一邊聽我講話，一邊還在思想，第六意識還在裡頭分別；老師講這一句什麼意思，那句什麼意思，也會記錄，這是第六意識的分別心啊！不是你那個知性。但是「知」道你自己坐在這裡，也知道氣候舒服不舒服，身體流不流汗，同時也知道自己在分別，這一知包括很多了，這是唯識所講的五徧行。

五偏行：作意、觸、受、想、思，這五個作用無所不在，跟知性也有關。換句話說，作意也是知，知也有作意在內。這叫五徧行，隨時都在，過去現在未來，甚至你死後都在，做夢也在，變成靈魂也在。怎麼了這個五徧行？就是怎麼轉過來這個知。換句話說，知是什麼呢？知是意，意識思想。現在才跟你們漏一點點認知科學，那都在佛學裡。平常也跟你們提過，有些同學聽我講萬遍了，耳朵都生繭了，懶得聽了。可是自己沒有體驗。

佛告訴我們，這麼一彈指有六十個剎那。我們一呼一吸一剎那之間意識有多少轉呢？九百六十個轉動。一晝夜之間我們的思想轉了十三億轉，就是中國十三億的人口那麼多。這個是行陰。譬如現在我講話你聽話，你還在做筆記，你同時還知道外面的事，作用那麼多，就因為你這個意在轉動。這個作用的功能就有那麼厲害。

不要聽了這個到外面吹牛，說自己懂得很多，你自己真懂進去再說。這一知有這樣厲害。當你呼吸也好，或做任何事，你那個知，就在那個事上面；可是同時也在這個事上面的，像火花一樣放開的，還有很多很多。譬如我們拿一枝蠟燭來點，你這個蠟燭點了，就只看到一點亮，這一點亮在轉，旁邊所有東西你都看到了，這是科學。它的光是輻射放射的。現在講量子力學，是波粒在轉動，這個波粒的轉動快得不得了。

修行叫你先了解這個知。知息入，你以為只有知道這個息入嗎？你這裡知息入，那裡同時還知別的呢！你們要弄清楚，這個頭腦很厲害，佛告訴你先利用這個鼻子呼吸入手，知息入，知息出。風與息還有這個氣是大科學，跟宇宙相連的哦。我們呼吸一進一出，有個什麼東西在進出呢？沒有啊，它是空的啊，它不過是個生滅法，來往、往來。像你這個拳頭揮動來往，有個拳頭往來嗎？沒有啊！中間沒有個拳頭啊，只是一個空的形相。你說沒有嗎？它有啊！所以很難懂得。

學佛是個大科學，大邏輯，大智慧。所以叫你用鼻子修安那般那，入氣，出氣。我不是把剛生下來的嬰兒比喻嗎？嘴開口「啊」，他不是有意叫的，因為十個月在裡面悶住，沒有呼吸。那麼有氣沒有？有氣啊，是悶住的，氣在裡頭一樣在變化，一出娘胎接觸外面，就是觸受了。所以嬰兒生下來就膨脹開來，生下來那麼小，一下就長大不少；佛說那個一出娘胎的感受，就等於十萬根針插進全身毛孔裡頭那樣，難受極了。

吐故納新

所以這個「阿」是自然的發音，是開口音，然後鼻子氣進去。道家有句話形容得很好，「吐故納新」；碳氣呼出去是吐故；氧氣吸進來是納新。

所以我昨天為什麼跟你們講哼哈二將，就是因為鼻子「哼」氣，嘴巴「哈」氣。戴老闆在日本買來了兩個哼哈二將的頭，塑得很好。譬如我們難過時，就嘆口氣「唉」！嘴裡是出氣，這是阿部的音，嘆出了心肝脾肺腎五臟六腑的氣。心肝脾肺腎本身在呼吸，每個細胞也在呼吸。至於呼吸來往的氣，是通督脈、任脈等等的。黃醫師講胚胎細胞的變化，像開花一樣，生命是行陰來的，「行」是動。所以開口以後氣進來了，開始後天的呼吸。

但是我們呼吸完全靠鼻子行嗎？不行的哦！有時候我們難過時，「唉唷，我的媽啊！」這個氣鬱在裡頭，那時鼻子的氣不能表達了。所以韓愈也說：「窮極則呼天，痛極則呼父母」。這是我們小時候背的古文。一個人倒楣到極點，環境困難到極點的時候喊什麼？「我的天啊！」外國人講上帝啊！怎麼辦啊！我們痛苦時，身體難過極了，喊一聲「我的媽啊」是自然的。

呼天也好，呼父母也好，都是呼吸喊叫，這個喊是吐氣哦！吐故；吐五臟六腑的氣。我們喜怒哀樂的時候，是出氣的，嘻嘻，嘻嘻。吐故就納新。

所以昨天告訴你六個字，可以治病的。那個嘻字是什麼啊，還記得吧！嘻就是嘻嘻，高興時嘻嘻，五臟六腑的氣出來了。所以身體不好，那麼一站，哈……一聲，所有的病都把它哈出去了。廟子上塑的哼哈二將，不是迷信，它是表示一個方法給你看，只是你看不懂罷了。

五行氣

知息入知息出，你以為只在鼻子那裡看呼吸進出嗎？那是最初步耶。所以叫你眼觀鼻，鼻觀心，就是先了解氣。我們整個身體有五行氣，下行氣是下行，放屁屙尿都是下行氣，你不要把下行氣提到上面來，提上來那就糟了。中行氣在胃腰部這圈橫的，道家和中國的醫書叫帶脈，是橫的一圈這樣轉的。上行氣是上走的，心臟以上一直到腦。還有左行氣，右行氣，共五個。學瑜珈，學密宗都要知道。然後五行氣配合三脈七輪，這些學理講起來那麼鬧熱，你真做工夫的話，一旦定了下來，就會認得知息入，知息出，知息長短，統統都知道了。

如果你初步到達知道五行氣，你身體自己自然會改進。這個不是吹牛的哦！我在五六十歲的時候，背也有一點彎起來，我發現了，心想開玩笑，我不是白搞了嗎！我就把它轉變了，我也沒有找人按摩。佛生下來一手指天，一手指地告訴你「天上天下，唯我獨尊」嘛！那就是靠自力，不靠他力。

所以當你初步真的做到安那般那，身體五行氣你都知道了，這是有為的哦！再提醒你注意的是有關有為法，「生因識有，滅從色除」，先把四大調整過來，你們現在做事業，一邊想學佛修行，一邊用功又用不上。老師啊！等我把這個事情忙過了，我要好好修行。我說：對，對，你了不起。我的意思是你起不了，了不起是給你面子，平常又不講佛法，我罵你幹嘛呢！

所以知息入知息出，你那個一知裡頭意念是兩件事哦。氣息一進一出，吐故納新，所以有時候是嘴巴吸氣。工夫到了的時候，譬如說打坐坐好了，打嗝，呃……你不要驚訝，那是氣動了。但是聽那個聲音，外行不懂，內行知道這是胃氣！呃……是腎氣來的，兩個腰這裡氣發動的；有時候肝膽來的氣，發出聲的；有些氣是工夫到的。像我們站在池子邊上，撿一塊石頭丟到池子裡去，石頭沉到底會冒水泡上來，因為外氣進來，裡頭的濁氣就壓上來。你們打坐能夠發動這個嗎？真修行的話，這個一定有，這不是普通的打嗝了。你聽了以後去修行，不要故意一天到晚等這個，或者自己想辦法呃……所以西藏密宗，看見住茅蓬住洞的人在那裡呃，就趕快給他掛上哈達，頂禮膜拜。唉啊！這個師父有工夫了。在中國漢地一般不懂，所以說打坐修行還要個環境才好，否則你在家裡打起坐來，如果有了反應，家裡人嚇死了，到醫院去吧！有問題了。那你怎麼辦呢？

有些時候打嗝，你曉得五行氣都在動了，腸胃完全要空才好。這個時候豈止一天吃一餐，一天吃三次五次六次，連平常修行也是少吃多餐，每次吃一點點，吃多了妨礙氣脈。像我早上起來一碗豆漿蛋，喝了來給你們講話。中午他們說要我吃一點東西，我就不能吃，吃了我就講不出來了，越不吃我罵你們越痛快，有氣力罵嘛！吃了以後把那個氣堵塞了，要是管自己的話，只好打坐去了。打坐幹什麼？幫助它消化，那是浪費的打坐，只能罵自己討厭，貪嘴。你們多半都是吃得一飽二脹三貪嘴，然後進禪堂。

我常常講，廟子上禪堂每次打七除了三餐以外，還有兩次點心。因為吃素，大家拚命吃，吃到肚子脹，上面呃……下面噗，禪堂又陰暗空氣又悶，真是五味俱全。所以他們要蓋禪堂，先要等我蓋好了來參觀，看如何讓空氣流通，把髒氣抽出去，光線調整好。我們這個禪堂是初步試驗，還要更完整才是共修清淨道場。

工夫做到「精滿不思淫，氣滿不思食，神滿不思睡」，不需要男女之事，不需要吃飯、睡覺了，都是真的。所以真修到安那般那，也自然到達了知息入，知息出，知息長短。講到知息長短，等於我們剛才講的，站在水池邊丟一塊石頭下去，沉到底時水泡冒起來，這個息是長還是短呢？或是更深長？莊子說：「真人之息以踵」，一直到腳底心。如果沒有動，就不冒水泡了。最後你坐在這裡，這個身體如莊子的話「與天地精神相往來」，也是孟子的話「我養吾浩然之氣……則塞於天地之間」，跟天地虛空合一了。那才到了知息出入，知息長短的階段。

第三堂

瑜珈體功　易筋經　洗髓經

希望大家這一次聽了要好好去實修，時間來不及了，再過一陣子也許我死了，你們沒有人問了。剛才下課的時候，有年輕同學來跟我講，希望了解一下修密宗同瑜珈的配合。密宗修三脈七輪，有修氣，修脈、修明點、修拙火；修安那般那的方法叫修氣。修密宗必須要練習「體功」，這是我們漢文翻譯。修練身體的工夫有三十六種密宗的拳法，就是瑜珈變出來的。何碧媚因為明天有事要先離開，所以同學要求她把幾年所學的體功示範給大家，她現在就來做這個瑜珈體功。這是現代印度瑜珈另外一派，印度也有很多派別的。（何碧媚示範）

中國禪宗講達摩祖師到少林寺，傳下來的有兩個頂尖的功夫，不是打拳，是練體功，一個是《易筋經》，一個是《洗髓經》。少林寺已經幾次被毀，民國初年（一九二八年）被馮玉祥部隊中的一個石友三統統燒掉了。現在少林寺舊的練武場裡頭，還有少數的圖案。世界上《易筋經》有好幾種不同版本，我在峨嵋山廟子裡發現了一個古本的《易筋經》，完全跟一般的兩樣。我沒有時間把它繪下來，但要點記住了，那是靠一個年輕童子幫忙練習的。

實際上達摩傳了武功沒有？沒有。他當時來看一般的中國修行人，光想修行打坐，身體沒有搞好，不能得定，所以就傳了瑜珈。開始瑜珈的圖，就是《易筋經》的基本。有人說《洗髓經》沒有了，那是把骨髓都換了的功法。後來據我的研究，所謂《洗髓經》就是不淨觀與白骨觀配上安那般那，把整個的生命，父母所生的身體轉換了。專練要十三年到十五年，整個身體變了。對不對留給大家做參考。

像剛才何碧媚所示範的瑜珈，她學了四五年的工夫，沒有放棄。她這些動作配合修安那般那最好，所以密宗叫作體功，是密宗三十六種的拳法之一。大家到西藏學密宗，一般人只想修行成佛，修些觀想啦、灌頂啦、唸唸咒子，都是很基礎的。但是灌頂、唸咒子、觀想，這個叫加行，是修持的一個加工的方法，並非最高，但體能修煉很重要。

加行法的瑜珈

如果到西藏南部，有兩個廟子名子我記不得，一個是尼姑廟。西藏的尼姑沒有比丘尼戒律，她們出家自己規定，清心守戒。有一個廟子的比丘尼統統都懂印度古代天文學，不是女喇嘛。另外有一個女喇嘛的廟子專練瑜珈，據說在喜馬拉雅山的東北部，靠拉薩的南面，很冷。可是那些女喇嘛並不怕冷，她們早晨做功課，四五點起來，揹一個練瑜珈的袋子，就上雪山頂上練瑜珈。一天兩三次，專門做瑜珈的修行，最後進入瑜珈的禪定。一般所講的去西藏學密宗，就是拜那些大廟子，圍著喇嘛轉一圈，什麼都不知道。我就是笑你們也沒有真看過，這些比丘尼年輕出家，一輩子真練真修行。你想一個人年輕出家，每天都在練習這個，搞了幾十年，一定有他可觀之處的，這是身體的瑜珈。

瑜珈的練習對身心的健康自有一套作用的，如果配上呼吸，最後證到禪定境界，這個是瑜珈加行法，非常的重要。修小乘的佛法，包括念佛、念身、念呼吸等，修四禪八定。大乘是菩薩分十地，實際上大乘分五十個步驟，每一個步驟都有加行法，所謂四加行，煖、頂、忍、世第一法。

煖，譬如你們初步學打坐，像那位胖胖的老闆，一坐起來全身流汗。流汗是煖的初步，因為生命本來有拙火，要發動未發動時，先把水分排掉。身體同地球一樣百分之七十都是水，火力不夠，被水泡著老化了。肚子大都是水分，都要把它排掉。打坐有時候發冷，也是水大的關係。所以一定要得煖，每一步工夫裡都有四加行。

頂法，氣衝上頂，應該頭頂是發悶的，脹的。修氣到頂再進步以後，這個氣跟宇宙，跟自然界的風大，跟天地虛空交通了。

忍法，是定住了，切斷，有隔離的意思，隔開了人世間。

由煖、頂、忍，雜念妄想清淨了，到達世第一法。修到這一步，在這個世間已經達到頂尖了，轉到大阿羅漢境界，然後再轉到菩薩境界。所以練習身瑜珈，一定會流汗，一定會快一點得煖。像瑜珈的這些動作，很容易得煖，使氣脈貫通上下。

中國的佛經翻譯那麼多，但是彌勒菩薩論著中的《現觀莊嚴論》沒有直接翻，但藏文裡頭有。民國初年太虛法師的弟子法尊法師，在西藏根據藏文翻成了中文。我看過了，他學玄奘法師的文章，文字翻得很好，像唯識學《成唯識論》的文字，很了不起，但是他本身修證方面功力比較差一點。《現觀莊嚴論》內容完備，四加行就是現觀，意思是很現實的，一做工夫就出現，這就是現觀嘛，現量境界，這是非常莊嚴的四加行。

第四堂

用功修持

有人提出來，聽了幾天課想要分組討論了。參學的工夫不曉得做了多少，要討論搞思想了，變成了分別知見，好不好呢？好。肯討論已經不錯了。但是在禪宗叢林底下，用功參禪是沒有討論的；悶葫蘆一樣悶在裡頭，自己去參究找答案。古代的禪堂，講討論是吃香板的，挨打的，要講討論那就不要到禪堂來，到法堂去吧，到佛學院研究讀書去吧。

參禪用功是求證之路，到那個境界的時候，真的善知識會看得出來，你不找他，他還來找你呢。有一點意見覺得很高明想發表的，早就吃香板一百板了，已經不是了。分組討論等於現代社會一樣，找些知識相等的，偶然有一個嘴巴頭腦四肢聰明的，做個組長，永遠論不出來什麼東西的。你說找跟自己差不多的討論，既然差不多還有什麼討論的！這都是胡扯。告訴你，你把妄想先打死了再來。要討論，有人啊！我說找某人去討論，你服他嗎？你們這一班同學誰也不服誰，一個比一個高。

這個時代，這個社會，平常都討論太多，你一輩子討論了多少次啊！什麼都在討論。討了半天，論也論不上！趕快死下心來，「打得念頭死，方得法身生」。今天到明天就各奔東西了，珍惜這三十個鐘頭好好去用功吧。

怎麼樣把妄念打死？剛才講了六妙門，十六特勝。知息入、知息出，知氣歸一，做到這一步沒有？這個沒有討論的，我都在講，講得很清楚啊，你們自己哪一點做到了？這有什麼討論的！我所講的，是用我自己辛苦用功經驗來的本事告訴你，是這樣走的路，你做到沒有？再要討論跟我來討論。有少數人做到深一點的，但是也沒哪個真能達到一個境界的，所以沒得討論。現在的教育，尤其是現在的社會，有開會討論的習慣，會也多，討論小組也多，浪費一生。你要找人討論自己找一個修行有經驗的，或者比你經驗老到一點的去問問，不是討論，是「請教」。

這兩天重點講到如何修證。到了今天下午有點散漫了，岔進來別的東西。念佛法門，念到萬緣放下，一心不亂，做到了嗎？六妙門數息，數到一心不亂，念念清楚。數息、隨息、止息，做到了嗎？後面三個不說，做到了再「請教」我對不對。如果自己沒有疑問，曉得到了某一步，再求下一步。有問題再請教，不是討論。究竟什麼是六妙門還不知道，那你白聽了。六妙門不算，進一步講十六特勝，知息入、知息出、知息長短，這不是討論的哦！要你自己心跟氣兩個討論，看做到哪一步。這個還沒有做到，有什麼可討論的？也沒有好討教的。

其實也不必有那麼多話，我也是廢話連篇。因為告訴大家如何修到數息、隨息到止、到觀。「還」跟「淨」比較高深了，然後轉過來。那個是入門的方法，叫大家把握這幾天每一分秒的時間，自己練習、修習，不是搞學問，是要求證這個工夫，如何知息入，如何知息出。

與虛空合一了嗎

紀女士：請問老師，我們在練習知出入息的時候，在打坐的當中，如果發現自己變成好像跟虛空合一，應該維持那個狀況，還是回去保持注意，回到有一個對象的打坐狀態，才能夠進步？

南師：你剛才問，我給你重覆再講一遍，大家聽到，佛法是公開的，沒有祕密，不是一個人的。你問我，你說修行知道自己呼吸，知息入，知息出對不對？然後到達虛空狀態對不對？然後應該住在虛空狀態還是知息入，知息出對不對？是不是這個問法？

紀女士：是。

南師：你做到了知息入，知息出，呼吸止了嗎？不呼不吸了嗎？

紀女士：呼吸很微弱，幾乎沒有。

南師：呼吸很微弱還是有呼吸，沒有到止息。然後你的思想就不管呼吸，有一個境界，感覺到自己跟虛空合一了。

紀女士：是。

南師：不好好用功，不老實！你素來是玩聰明的，玩了幾十年對不對？

紀女士：是。

南師：我講的沒有錯吧！你既然知道知息入、知息出，微細的呼吸還在往來，還在出入息境界裡頭對不對？還沒有到止息。這個時候你心境已經散亂了，離開本位，岔開了，覺得已經跟虛空合一了，那不是散亂嗎？沒有做到知息入、知息出，還沒有做到止息境界，空話！修行不老實！

這是禪宗的教育，「寧可將身下地獄，不把佛法作人情」，非常嚴格的，一步一步的工夫、求證。根據她所講的，她是很聰明的，學法律，從美國來到東方，年輕學佛，來見我時她是穿喇嘛裝。到現在那麼多年，沒有好好修行。但是她也了不起啊，我的《金剛經說什麼》那本書，她翻成英文，現在外面還在流行。但是不因為她有這麼一點成績，就對佛法可以將就，不行的，我還是講她。我說你啊一生聰明是聰明，修持沒有到。彭先生還買了很多本她翻譯的《金剛經說什麼》到處送人，在美國也很流行。可是我剛才喝斥她，以禪宗來講叫「喝斥」，責備她，不能將就的，決不因為她有一件事情做對了就將就，那會影響她的修行成就。如果我將就一點是我的罪過，是害了她。禪宗的教育非常嚴的。

你們沒有見過真正的禪宗，宋老闆有心發願把五個禪宗祖庭恢復，保存禪宗文化。我是非常贊成，但也感覺非常可笑。什麼叫禪宗啊？你現在勉勉強強的看到禪宗一個影子。真講禪宗的教育法就是這樣，從前有禪師說，如果真提倡禪宗的正印，「門前草深三尺」。什麼意思啊？就是說鬼都不上門了，一個一個都罵跑了。所以我平常對你們非常客氣，你來了吃飯，說笑話，發表你的高論也好，那是世俗普通的朋友。你叫我老師，我也嗯嗯嗯，我不承認自己是老師，也不承認你是學生，是朋友而已。朋友的話，合則留不合則去，尤其我們之間的交情，是道義之交，沒有利害關係。

但是，如果真講佛法是非常嚴格的，真講教育的話，儒家也非常嚴格。現在的教育沒有師道了，有師道的尊嚴才能造就一個人。中國文化你們沒有看到，當年每個人家的中堂，祖宗牌位中間供了幾個字：天地君親師，那是師道的尊嚴，現在沒有了。我現在露一點給你聽聽。譬如這位美國紀同學，晃蕩晃蕩，東方西方奔來奔去，印度、密宗都學過。為什麼現在對她這樣嚴格，毫不留情？因為不要害她了，她搞得都不對。

修禪定

現在開始講這一次發出去的題目：禪與生命科學的認知。就是怎麼樣修這個禪定，至於對生命科學的認識呢？都還沒有開始談，初步才提到十六特勝，一步一步工夫。所謂工夫是實際的，自己本身的經驗，你要去實驗。下午也講到知息入、知息出，提出來本身生命有五行氣，上行氣、下行氣、中行氣、左行氣、右行氣，都要體會到。你整個身體內部會起變化的，五臟六腑都會起變化，不是說你有一點點偶然的感受，好像跟虛空合一了，那又走了偏路了。所以你要討論，就要在這個地方討論。一個師兄如果有比較高明的見解，會說：師弟啊！趕快把那個虛空合一的境界放下，回轉本位吧，你還沒有得止息，沒有到達不呼不吸的程度呢！有一點微細的往來已經不是了。到了止息的時候，思想念頭沒有了，一念清淨，止住了。所以我下午有句很沉重的話，我說我不是跟你們在座這一班人講，是另外一班人在聽耶！這個話你們聽不懂而已。

到達念也止了，息也止了，還有沒有呼吸呢？有。進一步知息長短。很長一段時間才感覺到自己還有一下呼吸往來，或者是出息，或者是入息，進來止在那裡很久，偶然重新來一下。昨天也講過，來一下是什麼？長中短、短中長。有時候感覺到出息很長出去了，止息，回來的時候很短促，已經滿了。有時候感覺到短中長，出息很短，或者入息特別深沉，一身氣都充滿了，沒有餓的感覺了。

如果東討論西討論，討論的結果會變成那一位，認為自己都懂了，變成大師把聽來的到外面去吹了。那就很危險，誤人子弟，造業無邊。所以我只是在理上給你們解說，知息出入，知息長短。本來下午還接下去講的，後來聽到你們唸佛唸得好，把你們帶到念佛三昧去了，那一下清淨下來，也同修止息到達的程度一樣，那就對了。

知息長短　知息徧身

知息長短以後，身心轉變了，這個工夫很深了，已經了不起了。我也提出來，以人世間世俗觀念，道書上講袪病延年，什麼生瘤啊，生癌啊，各種病痛不需要醫藥，自己把它轉化了。那就是下午講的五行氣都知道了，那個時候人是非常寧定的。

再進一步呢？到知息徧身時，整個身心氣脈都變了。密宗同印度瑜珈講的三脈都在變化，每個細胞呼吸都在變化。就算你老化了，又有病，這時病也好了，那個老化的細胞又活了起來。換句話說，你全身十萬八千個毛孔自然都在呼吸往來，但卻沒有呼吸的現象。這不是剛才紀女士講的什麼跟虛空合一，而是莊子說的：「與天地精神相往來」；也就是孟子說的：「我養吾浩然之氣……則塞於天地之間」。我只講原則哦！對別的朋友們一起講清楚，不過他們提問題，你們也聽不見。我知道他們提問題了，所以答覆他們。

到達這個程度，知息偏身了。你要曉得印度的醫學，現在傳來是西藏的醫學，不像我們中國醫學說的十二經脈，而是講三脈七輪。人家一樣的治病哦，印度人一樣的活了幾千年，人口眾多，這就是科學了，不是空洞的理論。所以知息偏身，是到達這個程度。這兩天有道家修道的人，很想跟我見面，不過這是另外一個題目了。道家神仙境界修到什麼呢？「三花聚頂，五氣朝元」。道家達到這個境界，就是知息偏身。三花聚頂就是腦部的脈打通，精氣神與天地相通了。

五氣朝元，在中國講金木水火土五氣。金就是肺，木就是肝膽，水就是腎，火就是心臟，土就是脾胃。在密宗和印度就是上行氣、下行氣、中行氣、左行氣、右行氣。五氣朝元，朝哪裡？朝那個寂然不動。都清楚了，舒服了，一切病都沒有了。你看我們黃醫師，今天下午就有進步，他也沒有吃藥，懂了，慢慢轉變就不同了。他是學科學的西醫師，他不盲目的。

這個十六特勝只講知息徧身，這一句話你翻遍了藏經以及所有道家的書，你也找不出來。我告訴你那麼清楚明白，你以為得來容易，還要討論，你討論個什麼！如果你也是十二歲出去，學到九十歲，像我一樣用心求學，拿命拚了才會知道！找誰去討論啊？要做工夫才行，自己不做工夫，身體都已經衰老了，自己還不知道。

所以這一次發的通知有「傳習」二字，你們也看不懂。傳你們祕法，叫你們去修習去，對不對？發的通知有沒有「傳習」二字？都沒有留意，你讀什麼書啊！你以為普通的文字啊！所以我笑你們寫的那些契約公文，都是現代的，都靠不住，一字都不留意。等於我在信上說：不要帶新人，你們也沒有留意。不帶新人，可見舊人老一輩都可以，是新的不要參加。新的帶來什麼都不懂，以前沒有經過這個教育的新人，沒有修證過懂個什麼？那一封信都不留意看文字，還說跟老師學，所以我只好寫白話了，寫一點古文你更看不懂了。

除諸身行

再進一步，第五個是什麼？「除諸身行」。身上氣充滿，那些都變化了，化空靈了，整個身體柔軟，內部統統變了。五臟六腑，拿現在西醫講的話，中樞神經的系統變了，連帶前面道家叫任脈的自律神經系統的臟腑都變了。比如自己曉得肝不好的，胃不好的，那個時候都好了；或者女性乳房像有乳瘤一樣，慢慢自己曉得化了。乃至說五六十歲的女人，更年期過了，忽然胸部又膨脹了，同少女一樣充滿起來。我們座中有人到了這境界，每個細胞都轉變，各人自己知道。

「除諸身行」，這時密宗講的三脈七輪的氣脈打通了，生活習慣已經變了，就是三句話，你們聽慣了的，「精滿不思淫」，淫欲觀念沒有了，沒有壓力了，覺得粗淺不喜歡了。當然勉強可以，等於《楞嚴經》上講的「於橫陳時，味同嚼蠟」。佛把做愛非常文學的形容「橫陳」，就是等於兩個人運動做瑜珈，沒有性慾的觀念。「味同嚼蠟」，沒有說愛啊，舒服啊這一套，等於吃白蠟一樣，什麼味道都沒有，可是也可以應付。你看佛經翻譯得多好，形容得多好。

所以到「除諸身行」，整個物理法則的動力還在轉哦，這要懂唯識，什麼叫身行？就是行陰沒有斷，身上的氣還沒有完全靜止，脈還沒有完全停掉。不過你到達這裡，用心電圖來測心臟，跳得非常緩慢，輕輕跳一下、跳一下。拿現在來講，西醫會告訴你心臟有問題，可能哪裡血管阻塞了。如果中醫按你的心脈，細細的，很慢跳一下，唉啊，你這個心臟有問題了。

像我自己碰到那個境界，「唉唷，這兩天靠不住了，走就走吧，充其量心臟停了嘛。」我就是比你們狂，狂到生死我都不在乎了，要走早走嘛，走了再來嘛。再來何必到這個世界來啊！充其量是「空向人間走一回」，也沒有什麼了不起。再來再修過嘛！如果這個時候找醫生就不得了了。既然死都不怕，還怕什麼？懶殘禪師的詩「生死無慮，更復何憂」。除諸身行，大概的講，也不是對你們諸位講，是對其他來找我的朋友講哦，都講清楚了。這還沒有到初禪耶，不過生理變了。

初禪的受喜受樂

再進一步到受喜、受樂，你的感受方面不同了，心裡無比的歡喜。那不是普通的高興，知道自己這一生修行總算對了，有點影子了，很高興。等於黃醫師一樣，以前不相信「氣」，後來他自己在家裡修，總算有點影子了，有時候也蠻高興，摸到了，這是受喜，可是還沒有受樂。樂從腦起，每個細胞舒服極了，閩南話「爽快」。為什麼不是喜受，樂受呢？受：受陰，特別著重於感覺，觸受。得喜、得樂，你普通打坐偶然有一下，不要把普通打坐的喜樂，觸受，當成那個境界，那還遠呢！程度差別太大了。進入初禪，就受喜受樂。

初禪是什麼呢？正式的禪定來了，昨天講過，心一境性，離生喜樂。這個時候你雜念清淨了。「離」這個字有二重意義，第一才曉得知性跟感受是分開的，氣息四大可以分開。第二個意義，曉得如果我這一口氣不來死掉了，馬上可以跳到另外一個生命境界。所以佛經形容這個生命，靈魂離開身體「如鳥之出籠」，像關在籠子的鳥被放出來一樣，超越了肉體、物質的障礙，舒服得很。

所以初禪離生喜樂，喜是心理的，樂是四大變化。如果你修到初禪，配合心理上脾氣、個性，毛病都改變了，就是現在走了，會生色界初禪天，那不是其他宗教講天堂的天，比那個高多了。初禪天是色界天，已經跳出了欲界。欲界都有性慾的關係；色界沒有欲了，一切的欲望都清淨了。

你們要討論，這裡就有一個問題，可以提出來問我啊，不曉得提！也不懂，所以說沒有資格討論。你說到了得定進入初禪，還是第一步哦，那前面的工夫都不是禪定嗎？前面也是得定。叫什麼定？有三四個名稱，我們普通的打坐得定是「欲界定」，欲界的眾生都可以做到的，偶然靜一下很舒服。上面還有「未到定」，還達不到定的一種境界。有些是「中間定」，好像不動，好像動，中間的。還有「近似定」，接近、相似了，所以你們打坐修行也在修定，沒有錯。真到了除諸身行，受喜、受樂時才進入初禪離生喜樂。再配合《俱舍論》心理思想行為轉變，智慧都要打開了，也許這一生就可以證到羅漢果了，是也許哦！

受諸心行　心作喜　心作攝

第八個是「受諸心行」。有沒有問題啊？上面除諸身行，這裡轉了，受諸心行，轉到心的境界，跟身體四大地水火風關係變了，感受不同了。由離生喜樂初禪，到第二禪「定生喜樂」，受諸心行來了，這個是心念境界。剛才紀女士講的她感覺跟虛空合一，這個時候可以談了。她覺得跟虛空合一的那個感覺，其實完全是妄想、幻想，叫作獨影意識的境界，也屬於非量，是不對的。當你到達受諸心行時，就不同了，感受到二禪定生喜樂。

受諸心行以後是「心作喜」。上面不是受喜、受樂嗎？這個喜同那個喜不同嗎？不同。上面那個受喜受樂，還帶有物質的、感覺的狀態；這個是心境狀態，境界完全不同了。為什麼叫心作喜呢？「作」，唯識學叫作意，心意識在作意，就是定生喜樂了，所以心作喜。

心作喜還容易懂，「心作攝」就難懂了，盡虛空大地歸之於一。《楞嚴經》上講一毛端可以容納大海，心細如髮，一念萬年，萬年一念，都是心的境界。經典上也講「放之則彌六合，卷之則退藏於密」，看不見的。也就是芥子納須彌，須彌納芥子。心作攝，定生喜樂，進入二禪。

後面呢？「心作解脫」，這個時候就真的解脫，一切煩惱根根清淨了，二禪進到三禪境界。

第五堂

講到心作喜、心作攝，心作解脫，十六特勝過了一半了，這初禪、二禪、三禪，快到四禪捨念清淨了。修行五個程序：戒、定、慧、解脫、解脫知見。由修戒作人開始，修定，修慧，得解脫，解脫了欲界的束縛，解脫了三界的束縛了。共產黨把解脫改一改叫「解放」。修行得到真解脫，真解放了，也真見到自性，得到大自由、大自在了。解脫以後再解脫知見。

觀無常　觀出散

你們注意，知息入、知息出、知息長短、知息偏身四個，然後就不管知不知了。「知」當然仍在那裡！沒有動過啊。除諸身行了，然後受喜、受樂、受諸心行，沒有知不知了。再進一層心作喜，完全在心了，不管身了；

再心作攝，心作解脫，清清楚楚都告訴你了。這是簡單的講，詳細深入很多啦。接下來是什麼？觀無常。也不是知，也不是心，也不是身，都不是。觀無常，觀一切無常，完全是觀慧，智慧的境界。

晚上到現在半天，那一位挨了我一頓罵，管他真的假的，還坐得好好的，你說是他划得來，還是我划得來？這些現象境界還有沒有？都過了，一切皆無常，過去了，諸法無常，不永恆，都在變化，現在就在變化。大家由嬰兒出生到現在都幾十歲了，有些作婆婆媽媽，作奶奶作公公，每個都無常，都過了。世間一切無常，修行打坐也無常，剛才坐得好好的都沒有了。如夢如幻，過去了，所以說「觀無常」。

修行的方法不過是一個拐杖，不要給拐杖困住了，坐輪椅不要給輪椅困住了，諸法無常，觀無常。所以從安那般那開始，出入息一進一出也是無常嘛！佛告訴你這個世界一切皆無常，一切皆苦，一切是空的，一切是無我的。無常、空、無我是三法印，學佛的基本。你用一個方法修行，但不要被方法困住了。否則就是把無常當成有常，那就錯了。觀無常，不是到這一步才開始觀，其實你一開始入手就在觀無常了。慧跟定配合來修，要有這個智慧再來談學佛，再來談討論。他挨了冤枉罵，正好當時我沒有人可以罵，這叫作槍打出頭鳥，就挨了一槍。他挨了罵有好處沒有？你問他，觀無常。

觀出散：黃醫師注意，被氣困住了，就觀出散，把平常的一切不適丟開了，放之於虛空。管它氣到哪裡了，你有個氣，就被困住了，沒有觀無常，沒有智慧去破它，沒有觀出散。人身體有病，乃至衰老要死，用觀出散都把它散出來，丟開了，一切皆空，死也空嘛，老也空，病也是空，出散。所以佛有一個偈子，吩咐你「諸行無常」，一切作為行為，不是永恆的，都是無常。「是生滅法」，一來一往，呼吸一樣，一進一出都是生滅法。「生滅滅已」，不呼不吸，絕對的清淨，呼吸也靜止了，不生不滅，「寂滅為樂」。有智慧的人一看這個偈子，理也到了，工夫也到了，還討論個什麼啊！還有討論已經在生滅中了。所以叫你觀無常，觀出散，這是慧觀，不是眼睛去看，是智慧解脫。

觀離欲　觀滅盡　觀棄捨

再進一步觀什麼？「觀離欲」。跳出欲界，這個世界都是自己的貪瞋癡欲望，一切解脫了，什麼都沒有，觀無常，觀出散，觀離欲。其實你們作官做生意也是這個道理，應該賺的賺，賺來是屬於你的，不應該賺的，賺了一千億，幾萬億又怎麼樣？最後還是別人的。所以我說廟港這個禪堂將來誰用？有緣的去用，誰知道！「諸行無常，是生滅法，生滅滅已，寂滅為樂」，你應該做的做了，觀無常，觀出散，觀離欲。

然後觀什麼？「觀滅盡」。什麼是滅盡啊？注意哦！什麼都沒有，滅哪兩樣呢？滅受（感覺），滅想。受想兩個滅掉了，思想清淨了，沒有雜念妄想，沒有什麼討論，沒有分別了，也沒有感覺了，知覺也空了，寂滅清淨。大阿羅漢進入滅盡定，九次第定中最後的一定，絕對清淨涅槃。不管密宗、禪宗，什麼宗也好，到這裡證得滅盡定，得阿羅漢果位。萬法一切皆是空的，都沒有用。滅盡，拿什麼滅呢？由你知性開始到智慧成就，滅了一切妄想，滅了一切知覺、感覺，一切都空了。觀滅盡，得滅盡定。大阿羅漢得滅盡定，究竟了沒有？沒有。

最後一個是「觀棄捨」，還要丟掉。得道，得什麼道？沒有道，連道也丟掉。成佛了，誰成佛了？沒有人成佛。自己認為有道、有學問、有成就，已經不是了。最後觀棄捨，一切放下。黃醫師注意！觀出散，氣一切放之於空，現在不修氣，修空了。一切放空，連背彎起來也空了。這個修行法門，靠慧觀了。

由安那般那知息入起十六條，一條一條告訴你特勝法門，只有這一條最好的路，什麼禪啊，密啊，統統推翻了，就是這一條路，是佛講的一路成就的法門。所以《達摩禪經》非常辛苦的告訴你這一條路。然後更要注意，他講這個法門以前，先講到修行人最容易退，天天講發心修行，天天退步，走一步退三步。就算不退也會滅，就是慢一點退。或者是住，就是停留在那裡，沒有進步。《達摩禪經》粗略的講四十幾個退，仔細分析的話，不止這些退。所以你覺得自己在修行用功，其實你天天在退步；不退步當然就是進步。所以《達摩禪經》很難搞懂，這就是大祕密的法門，要升進，不要停留了，要向前進。退滅、住、升進，進到最後滅盡定還要棄捨，才證到一切皆空，真達到空的境界，才是見空性。

今天先要把六妙門到十六特勝的修法，仔細的記住，要自己一步一步去實驗，去推進，這是非常重要的。這不是討論問題。記住「諸行無常，是生滅法，生滅滅已，寂滅為樂」。諸位參加這一次講課的人，我碰到就會問你十六特勝是什麼？六妙門工夫怎麼做？叫你們背給我聽。如果怕答覆我，不要見面，背會了再來。佛法不是講空話的，一般學佛的人都是講空話。

第六日

第一堂

這次的題目，是禪與生命科學的認知，禪定是內聖外王之學，是最初步的內聖修養。因此反復從諸位打坐姿勢，七支坐法講起，講到六妙門入門的方法，修禪定對身心生命的關連；然後指出了佛說的祕密，包括了禪宗、密宗，一切宗派最基本的修法十六特勝。這幾天當中很辛苦的較為周詳的是講這個，讓大家不要忘記了基本；不然光在這裡聽熱鬧，頭腦都沒有用，邏輯都不懂。

學佛先學因明，佛學的因明就是邏輯。菩薩要學五明，一是因明，就是邏輯，頭腦思想，意識思惟先搞清楚。二是聲明，就是言語文字。三是醫方明，學醫學。四是工巧明，學科學技術。五是內明，才是明心見性成佛之路。這五種東西包含世界上的學問。我們第一要學邏輯的因明，就是剛才我講的這一次的主題，所以大家不要搞錯了。我們中國人現在拚命講科學，真正的邏輯不懂，只講黑格爾的三段論證，正、反、合，這是最粗淺的邏輯，真正思惟的邏輯自己要搞清楚。

再說禪淨雙修

因此告訴大家念佛法門，禪淨雙修非常重要，念佛法門也只略講了一點點。念南無阿彌陀佛往生極樂世界有兩個道理，一個是世界上十方三世，真有阿彌陀佛嗎？有。關於這方面，你們先要了解佛學的宇宙觀，佛告訴你三千大千世界，大家應該都知道，本來不必再說的，為了有些新參，只好重覆說。佛說我們這個太陽系，帶領了地球、月亮、金星、木星、火星、土星、海王星、冥王星等等，普通叫七個星球或九個星球。這個太陽的系統是一個物質的世界，而我們是這個太陽系統中一個星球裡的眾生之一。眾生是很多的生命，不要以為人了不起，人不過是這個地球上眾生的人類。人有人這一類，豬有豬一類，狗有狗一類，馬有馬一類，青蛙有青蛙一類，都是眾生，都同在這一個世界。

佛說像這個法界，這個虛空裡，姑且以太陽做標準。以前中學的課本把太陽叫作恆星，現在科學家推翻了這個理論，認為太陽不一定是恆星。這個沒有關係，科學的研究隨時可以下另外一個定義。這個太陽系統，在這個世界裡頭面積最小，壽命也最短。佛說像這樣一個太陽系統，帶領地球等九個星球，在太空中有多少呢？無量，無邊，無數，數不清，不可知，不可量，不可數。一千個這樣的太陽系統，叫作一個小千世界。每一個星球的壽命、時間都不同。

現在科學探險到了月亮，已經證明佛說的正確，月亮裡一天一夜就是我們地球上一個月，它的白天是我們上半月，黑夜是下半月。佛說太陽裡頭的一晝夜就是我們地球的一年。這個時間的對比，他幾千年前分得很清楚。當然現在科學追尋認為還不夠精密，慢慢等科學家去發現吧。集合一千個小千世界叫作一個中千世界；一千個中千世界叫作一個大千世界，你看佛學這個世界觀多大！而三千大千世界叫作一佛國土，其中有一個佛。我們這個世界叫作娑婆世界，是釋迦牟尼佛所教化的，這次是他來成佛。

所以這個宇宙是無窮大，無比大，無量無邊，不可數，所謂方位則是人為的假定。以佛學來講，我們這個世界分成三界，欲界、色界、無色界。釋迦牟尼佛是一個導師，所以稱為天人師。不只是人中之師，也包括天人在內。如果拿這個有形的狀況來講，其它的宗教，如天主啊，天神啊，玉皇大帝啊，都變成佛的弟子了，都是護法神。佛承認有天主，欲界有欲界天的天主，色界有色界天的天主，有護法神，有四大天王，有鬼也有神，一切皆有，那是佛的外衛。等於一個廟子裡，大和尚旁邊有大居士們。

我們怎麼知道有個阿彌陀佛？是誰介紹出來的呢？所以我常常笑念佛的人，你們光念阿彌陀佛，為什麼介紹人都不念啊？是釋迦牟尼佛給你介紹出來的啊！他介紹的佛土多了，假定以我們地球做中心向東方走，無量無邊的世界，有阿閦佛、藥師佛。藥師佛的世界無比的莊嚴，無比的清淨；南方寶生佛，非常光明照耀；西方阿彌陀佛；北方不空佛，不空哦，沒有空；中央是毗盧遮那佛，是總體的佛，這叫五方佛。和尚做法事頭上戴的帽子，就畫有這五方佛。

佛為什麼介紹出來西方極樂世界阿彌陀佛呢？你注意，所有一切的佛菩薩，願力最大的是阿彌陀佛。阿彌陀佛本身是從普通人修行起，發四十八個大願；藥師如來十二個大願。所以十方三世諸佛平等平等，不像其他的宗教只有一個主宰。我們悟道了也可成佛，也可以成立一個世界，度一切眾生。等於一個發財的人，做一個好的工業商業，可以養幾千幾萬人。至少一個大老闆可以用一二萬個員工，也像是一個小世界，可以幫忙人。西方阿彌陀佛是無量壽光，他的壽命有多長呢？佛也介紹過。你詳細研究佛的世界觀，配合現在科學，那非常有趣，非常幻想，也非常科學。可是你們研究佛學的人，雖然學問好，沒有一個人好好寫出一本書介紹給人。

你們叫我老師，我總是希望同學們要有成就。你們大學畢業，拿到博士，一無成就，半篇文章都寫不出來，一本書也沒有，這個現成的資料都不會寫，光叫老師老師，有什麼用啊！老師還亂七八糟出了那麼多本書耶。你們呢？不要在那裡自欺了。這些都是現成的資料，你花一兩年寫出來，告訴科學家，告訴世界上的人，對與不對你們去求證。這裡頭很多科學大道理在內，講宇宙觀、世界觀，有哪一個肯發心？有啊，像你們這幾位大老闆，都說「是啊，是啊，你們做，我出錢。」你那個錢算什麼？真的學問是錢買得到的嗎？智慧知識不是錢買的啊！你們自己沒智慧，白讀書了。所以你們在我前面講錢，就把這個事情推開了。

極樂的淨土

佛介紹的阿彌陀佛西方極樂世界，沒有煩惱、病痛，沒有男女問題。假定我們這裡真正念佛念好，發願往生到那裡，一死就到那裡開始另外一個生命，都是菩薩，無男女相，沒有性慾的要求了，也不需要飲食了，偶然有一點飲食的習氣，是「思衣得衣，思食得食」。比方想喝點什麼，念一動前面就來了，喝完了連杯子都不要收，沒有了，所以叫極樂世界，就是純樂無苦。這個世界是七寶莊嚴的世界，沒有山，沒有海，平整的。為什麼極樂世界的地是平的呢？因為都是菩薩，這個心裡頭是平的。我們這個世界為什麼有高山，有海洋，因為人心都不平，所以世界也不平。那裡阿彌陀佛有多少壽命呢？無量壽。但是也會生死，阿彌陀佛涅槃了，旁邊有兩個副校長，第一個接位的是觀世音菩薩，第二個接位的是大勢至菩薩，所以叫西方三聖。

我怎麼又岔開了？跟大家講起淨土來了，大概看你們這一堂唸佛唸得好，給你們介紹一下。佛在世的時候有個國王（頻婆娑羅王）、皇后（韋提希），都是修行學佛的，生了一個兒子非常壞，就是阿闍世王，是印度一個名王。阿闍世王受佛的那個壞兄弟提婆達多挑撥，希望父親早一點死，自己作皇帝。於是叛變，把爸爸關在牢裡頭。他的媽媽很痛苦，心想我們兩個人都修行，怎麼有這樣一個兒子！她偷偷的去看丈夫，曉得丈夫要死了，就跪下來禱告，釋迦牟尼佛啊！你知不知道我的兒子這個樣子！你老人家一點都不關心啊！我們現在怎麼辦啊？佛那時正在打坐，忽然皇后眼睛一亮，看到佛的一道光到牢裡頭來，說是你們的業報，該還的帳就還，你現在要求解脫，唯一的方法是好好念阿彌陀佛，阿彌陀佛跟你有緣，會救你。她就誠心合掌，念南無阿彌陀佛，後來把兒子也感化了，因緣是這樣的。

佛說十惡業太嚴重，大家不如念南無阿彌陀佛，而且虛空中所有的世界都有缺陷，都不圓滿，你們要嘛往生東方藥師佛那裡去，要嘛到西方阿彌陀佛那裡去，佛沒有介紹自己。你看釋迦牟尼佛多偉大，是最好的經紀人，他沒有給自己拉生意。我常常對基督教的牧師、天主教的神父、回教的阿訇說笑話，也是真話，我說你們每一家都開了一個天堂，有很好的飲食招待，我說你們的生意做不過佛的啦！佛的天堂有他的佛土，你要向西方走有阿彌陀佛，向東方走有藥師如來，南方走有寶生如來，北方走有不空如來，上方有金粟如來；萬一下了地獄，沒有關係，地藏王菩薩在那裡等著。萬一都去不了，茫茫苦海，觀世音菩薩在那裡救你。我說佛的分號太多了，四方八面都有佛，把你們的生意都佔了，你們的天堂只是個小生意。

你看佛的宇宙觀，阿彌陀佛是往生法，真實的。那極樂世界究竟和我們的世界距離多遠呢？剛才說三千大千世界，以我們地球為中心向西方走，我們講十萬八千里太少了，是無量數的途程，太遠了。那樣遠的途程我們可以往生嗎？佛說你心力強，臨死的時候心不散亂，這個時候放棄身體，就算你是大壞蛋、大惡人，罪業深重，只要提起一念南無阿彌陀佛，不是嘴裡唸哦，心裡念，就帶業往生到西方了。到那裡以後，都無煩惱，一天到晚修行想成佛。等於我們天天坐在禪堂裡，不愁吃，不愁穿。你在西方極樂世界成佛了，再回到各種世界，回到地球度眾生。眾生個個本是佛，所以念阿彌陀佛是發願往生佛的國土，每個佛都有國土。像我們現在建了一個廟港的場地，我們這個算什麼！每個佛土都比我們這個千萬倍的莊嚴清淨。

如何唸佛

往生法，密宗叫頗瓦法。修頗瓦法要開頂，打起坐來唸咒子，唸到頭頂打開了。這個氣從這裡一直到西方，叫頗瓦法，也就是往生法。但是法門很多哦！我假使七天專門給你講這個，又是另外一套了，現在簡單給你們介紹。可是西藏密宗修往生法的人，如果修成功了，頭頂上自己就有消息，知道要走的時候一定會到那裡。這時馬上要修長壽法，不然你現在就走了。所以阿彌陀佛西方極樂世界的修法，同東方延壽藥師佛是連在一起的，因為宇宙是個圓圈，所以一定要修藥師佛法。有二位走另一個路線，不修往生法，他們學藥師佛十二大願，救一切世界眾生脫離貧窮、痛苦、疾病。

有人說，「老師啊，我在西藏學密宗」，好像很了不起。我就笑，我看你們這些懂個什麼啊，還來跟我談密宗！我什麼都摸完了。所以念佛法門，是「三根普被」，很了不起。我中午進來又聽到唸佛，很高興。慢慢唸得有了心得，很多的唸法，也可以配合上我們這幾天講的修安那般那的唸法，你一個人在家也可以修的。如果唸阿彌陀佛，配合安那般那這個修法，得阿彌陀佛的加持，你身體可以祛病延年，也可以健康長壽，也可以修成就的。

唸法有好幾種，剛才的唸法是一般的，心心專一，就像前天我跟你們講過的，眼睛耳朵都回轉來向內，聽自己唸佛。如果單獨在家裡也不敲引磬，一口氣一口氣唸，把這一口氣唸完為止。假設唸到南無兩個字氣沒有了，嘴巴就不出聲停下來，鼻子自然呼吸進來。道家修神仙長壽的方法，那叫作

「服氣」。注意哦，我們中國人講：你這個傢伙服氣不服氣？這個服是衣服的服，就是吃氣。其實你只要好好唸佛，道家的「服氣」也有了，這個十六特勝修氣脈也有了，輕輕一口氣一口氣唸。我現在大概唸一下給你們聽。我給你們講話犧牲太大了，像某人的爸爸講的「叫老師不要拚命啊」！我是拚命給你們講。以道家的人來講，「開口神氣散」，壽命減少了。我們佛家的觀念又不同了，我連生命都布施出來給你們了。其實兩個是一個道理。那麼我現在大概給你講一下，就是這樣唸。

（師示範唸南無阿彌陀佛佛號）

你們光聽沒有用心吧！你怎麼沒有注意老師這一口氣唸多少聲啊？你看我開始唸三聲，氣就接不上了，唸到後面，一口氣越來越長，唸得也越多。最後鼻子自然呼吸沒有停哦，心念沒有散哦，只有一句佛號。可是你們光聽，所以今天中午我跟永會師講，我說這些同學們，腦神經都缺好幾條，有什麼好講呢！

（師再示範唸南無阿彌陀佛）

而且你一邊唸，一邊可以調整氣。譬如我今天胸悶、頭痛，你唸南無阿彌陀佛……把這裡病氣散出去了。或者胃不舒服，用中氣唸南無阿彌陀佛……或者腰這裡不舒服，用丹田氣唸南無阿彌陀佛，沉下來唸。你把眼鏡拿掉，眼睛微微張開，不看外面，耳朵回轉來一心不亂，只聽自己聲音。唸到後來，你整個的房間，四面一片光明。

你們可以試驗啊！也可以跟著學啊！不是叫老師嗎？學嘛！我說我唸給你聽，你就聽，你可以輕輕的學啊，這就叫善於學習啊。譬如你這樣唸，一口氣一口氣唸，就不講敲引磬，不照規律了；個人自我作主，自我一個天地了。

（大眾跟著老師唸南無阿彌陀佛）

氣不夠的時候嘴巴一閉，鼻子吸氣。有時候唸順了，嘴巴不閉，鼻子還可以吸氣。所以嘴巴是嘴巴的氣，鼻子是鼻子的氣，兩個路線的。

這樣唸身體都會健康，你們可以試試看，自己一口氣唸，可以不要管別人，隔壁的人也不管。自己只聽這個聲音，你身體馬上改變了。（同學依法

唸佛號）

有病或身體不好的人趕快多唸，使你健康長壽，唸阿彌陀佛帶著藥師佛的法門。如果你眼睛微微張開，心境不動唸下去，等一下你左右前後一片光明包圍了。所以學佛法八萬四千方便法門，這是一個法門，你自己唸一下可以體會。一口氣一口氣，配合安那般那唸，身體精神就變了。這叫作「和尚不吃葷，心裡有素（數）」，自己知道。好好努力去用功，一切罪業，一切煩惱、痛苦的事，一聲佛號專心修下去。乃至個人在家裡七天一個週期閉關，單獨的決心唸下去，一切會改變。也不一定七天哦，如果能心境專一，七個鐘頭都可以轉變身心，不要被生老病死困住了，要自己跳出來。剛才聽到你們唸佛，引起我跟你們講這些法門，各種各樣的修法很多，但是原則上是一條路。

第二堂

為了念佛法門用去了兩堂，現在我們恢復本題十六特勝，先要知息入，你們這幾天聽課以後，有沒有在這裡面體會安那般那的工夫，我不知道。我的教育方法，你們每天要寫報告給我，我每天都在批人家的報告，哪怕你寫得狗屁不通，我也看，看了還要批。不能寫理論空話，要講實際修行的，今天怎麼樣的情況，修持的心得，心情變化。有幾篇講空話講理論的，我懶得看了，就丟到一邊去了，它已經離開本題了嘛。

所以聽課以後要實踐，這就是科學了；理論配合實踐的經驗，寫出來的東西，簡單明瞭的。甚至說我今天白過一天，什麼都上不了路，這個是真實的報告。那我要找你談話了，什麼道理呢？生病啦，還是心裡有煩惱？還是有什麼別的啦？

我也有寫報告的經驗，我在峨嵋山閉關三年，開始我每天寫日記，最後天天看佛經也沒有其它的妄想。結果我翻開一看，大概有幾十頁「又空過一天」。第二天再翻，「又空過一天」。就不寫了。但是我那個空過一天，並沒有空過，是我對自己要求非常嚴格。其實我空過一天是晝夜坐在那裡，想把一萬多卷的《大藏經》，三年之中看完。每天晝夜要看二十五本到三十多本，我真的沒有空過一天，還做記錄。但是我覺得那不過是求佛法的知見而已，對我身心用功，我認為是空過一天。如果講普通人做學問，我並沒有空過哦，一分一秒我都沒有鬆懈。所以講寫日記、寫報告是這樣。

息與觀相關的修持

現在我們回到本題。十六特勝由知息入，知息出，剛才講到這裡，問你們有沒有真正的體會。到了知息徧身，徧滿全身，呼吸都知道，這是科學哦。注意黃醫師跟你講的，受精卵在母胎，細胞分裂像蓮花一瓣一瓣的在開哦，是這樣的變化，氣也在這樣的變哦。知息徧滿全身，也很清楚了，但是你們很難體會啊。實際上五臟六腑都不乾淨，尤其是腸胃不清，產生障礙。所以我到現在常常告訴人，飲食的障礙比男女的障礙還要嚴重。飲食不是吃哦，你喝一點水，喝一點營養都是問題。

徧滿全身以後，「知」不談了，除諸身行，當然有知性存在，可是知性的作用不起了。也不是不起作用，是自然普遍存在了。然後到了受喜、受樂，進到初禪。然後到了受諸心行。前面是除諸身行，注意哦，到了這一步是受諸心行了，走到心行路線去了，對不對？然後心作喜，心作攝，心作解脫，到禪定境界，就是心了，到了心就是第七識了。佛法不是分心意識三層嗎？前面屬於意，第六意識是關係最嚴重的。第六意識分別思想的根根在第七識。

到心作解脫以後，十六特勝去了一大半了。然後用觀察了，觀是慧，講到了唯心方面。尤其你們這個讀書的，學科學的更要注意了。我在前面曾講過，後面這幾個觀無常、觀出散、觀離欲、觀滅盡、觀棄捨，並不是到後面觀哦！有智慧的人，一開始知息入知息出，已經觀無常、觀出散了。尤其黃醫師更要注意，知道息出入，息不要抓回來，安那般那一進一出是生滅法，我們的心念也不要抓回來。一切眾生入胎以後，自己把自己的身體看得很緊，都要抓回來到身體內部。本來是一塊鐵，充了電變磁場了，把一切吸進來，所以禪宗叫你放下。

出散很重要，要與虛空合一。觀無常：本來無常。觀出散：不要抓回來，所以工夫不上路，都因為你抓回來。我們這個生命由入胎以後到出生，一切都是吸進來的，抓回來的。尤其心理上更是抓，要錢、要人、要命、要生意、要官、要權力、要欲望，沒有放下。所以修行要觀出散。後面這幾個，在第一個開始已經用了，不要分開。

十六特勝有十六步的工夫，一步一步來。如果你平常問我是不是這樣，是啊，是啊，你很用功，了不起，好啊！我那個「好」是罵人耶！很多人說老師你講「好」，我說你懂不懂我的「好」啊？因為我沒有辦法罵你，也沒有辦法打你，你是個人嘛，給你面子。這個「好」字，以禪宗臨濟祖師的話

「一喝不作一喝用」，一句話不作一句話。哪裡好？沒有辦法答覆你，就隨便你吧！要這樣仔細去參。

王陽明的知

給你們提到「知」，我們現在的認知、知道、思想，被現在科學認為是腦的關係，是腦電波，腦的反應。如果拿佛學來說，絕對不是腦電波的問題。你看我們一念之中轉得多快，昨天晚上說一念之間，後來有人還來問我，老師，佛經說一彈指之間有六十剎那，也有說一彈指有九十剎那，你說電腦一彈指之間有多少振動？電腦顯現的振動，就代表思想的轉動嗎？不一定哦。不能說科學家電腦的測驗就準，我才不相信呢！那個分秒有數字可以計算的，我們思想的快速比那個快多了。比方你在寫一封信的時候，或者看稿子的時候，你一邊在看，一邊感覺到身體，一邊想到別的事，乃至想到中國、美國、法國、日本、轉了一圈了，還不到剎那之間，還在那裡看稿子呢！你看多快啊！所以寫文章，或用電腦，都來不及寫出自己出來的思想。

腦是身識的一部分，這個你要懂八識了。最重要的五徧行，就是普徧存在於第六識、第七識、第八識，以及前面五個識裡頭。你的意識思想裡頭同時具備這五個功能，是粗的，都存在，哪五個呢？作意：有意識思想，會思惟，會思想，但是這個思想中間具備有「觸」、「受」。有感覺、知覺在內，都是一念，有「想」與「思」，快速得不得了。

有關這個知性，儒家王陽明的哲學講「知行合一」，當年蔣介石先生，幾十年前黃埔同學都受他的教育影響，都在研究王陽明的「知行合一」。日本人也在研究。明朝的王陽明由禪宗跳出來創立宗派，他是浙江人，影響東方文化思想幾近五六百年，日本明治維新也受他的影響。蔣老頭子當年的威風同毛澤東一樣，他是校長耶，那個威權多大啊！但是，我在軍校講課時，拚命批評王陽明，一概不管。王陽明學過禪宗，也學過道，他也真悟了一些的！我說他只見到第六識，沒有見到第七識。他的四句偈很有名：

無善無惡性之體　有善有惡意之動
知善知惡是良知　為善去惡是格物

大學之道，「物格而后知至，知至而后意誠」。他用《大學》的「知」講本體論，及思惟意識起的作用。誰敢批評王學啊！誰敢反對蔣校長，蔣委員長啊！我也沒有反對啊，講學問嘛，上課就直講。那個時候我才二十幾歲哦。我說王陽明也沒有見道，只見了一點影子。認識了第六識，不懂第七識，第八識更不知道。我說第一句話是偷《六祖壇經》的「本來無一物，何處惹塵埃」，心性本體是無善無惡的，善惡是第六意識分別，是人為出來的，此其一。第二句是引用六祖在大庾嶺接引惠明法師說的：「不思善，不思惡，正與麼時那個是明上座本來面目？」

這個還不說，我先問它的根源。你們的學識文化，大概還不知道，我說請問「無善無惡性之體」，我們人性本來無善無惡。無善無惡是本來都沒有嘛，對不對？一切都沒有了嘛，為什麼說是「有善有惡意之動」？請問這一動的意是不是體上來的，有體才有用嘛；意動如果是由體上來的，意動就有善惡，可見體的本身有善惡啊。這以邏輯來講四個字「自語相違」。自己的語言，講出來的自相矛盾了，違背了。等於說「不好不壞」。不好就是壞嘛，不壞就是好嘛，這等於沒有講嘛。所以怎麼可以講不好不壞呢？在邏輯來講，這一句話不合理的，不合邏輯的。我常常罵同學們有時講話不合邏輯，我問你這兩天好不好？老師啊，這裡氣候……我說你先答覆我，我問你這兩天好不好，你說好不好就是了，囉嗦什麼！

「無善無惡性之體，有善有惡意之動」，這一動是體來起用嘛。可見他是「自語相違」了。體上是無善無惡的，意動了就有善惡，那個意是不是體起用呢？等於海上波浪就是水，水一動就起波浪了，波浪是水變的嘛！就是這個道理。

第三句「知善知惡是良知」。這個是知性了。請問這一「知」是不是體上的用？體上起用，體既然知道有善惡，可見體是有善有惡了，有這個功能了。不然的話在哲學上就犯了三元論了，有一個本體是無善無惡的，有一個意是本體動出來的，有一個知在知道上，不是三個了嗎？在哲學上犯了三元論的錯誤了。第四句話我不批評，那是行為哲學，一切宗教，一切教育，都是為善去惡，這句話沒有問題。前面三句話講本體論都是問題，所以千萬不要搞錯了。他是講作人做事，道德行為都好；嚴格來說在哲學上講是錯誤的，因為本體認不清楚。

知從哪裡來

我們這個思惟知性你說有善有惡嗎？沒有善惡你怎麼會知道這個東西我要，那個我不要？這件事情我該做，那件事情我不該做。你說「我不要」，因為你知性對自己說我不要了。「我要」是你的知性要了。這一知是什麼來的？那你非懂唯識不可了。這是第六意識在知，第六意識的知哪裡來？它後面還有個老闆啊。第六意識的作用偏重於分別，思想，善惡、清楚、是非，明暗、喜歡不喜歡，都是第六意識在動。

但它後面還有個老闆，這個老闆天生的有個「我」，就是第七識，梵文翻音叫末那。末那的含義是「根本我執」。當一個胎兒由入胎變成人的時候，沒有思想，沒有感覺，沒有作用，入胎的時候只有一個「我」的作用存在。每個人都有一個個體的我，這個就是意的根根，這個根是不起分別的。所以胎兒在娘胎裡頭，第八阿賴耶識來了，第七末那識來了，但是第六意識尚不起分別作用。慢慢成長到三四個月以後才有感覺，第六意識慢慢的一點一點形成，是污染上去的。這個很深啦，將來專講的時候再講。

那麼這個「我」的意識哪裡來呢？不是這一生來的，不是父親的精蟲跟母親的卵變出來的。母親的卵變的是細胞啊，血液啊，肌肉啊。父親那個精蟲慢慢分化，這是說還沒有完全嚴格的測驗，究竟變骨骼啦，或變成別的什麼啦。那麼這個人的個性思想習慣呢？不是父母的遺傳，遺傳只是四緣裡的一部分作用。我們的個性思想是前生的，多生累世的習慣種子帶來的，叫第八阿賴耶識，所以叫種子識。以唯識講這個生命「種子生現行」，每一個人的種子，種子識，形成了現在的自己。其實種子兩個字，也被人世間的物理世界向佛學借用了的；像稻子有稻子的種子，麥子有麥子的種子，香蕉有香蕉的種子。這個種子，那個種子，各自有種子帶來。

再研究種子，我們岔過來，世界上的每個植物，一株花，一個芝麻，你把它的種子解剖來看，都是由兩個半個合攏來，中間是空心的。世界上沒有一個種子中間不是空的！連物理世界的中心，中間也還是空的。當然現在科學還沒有仔細分析到再解剖細胞基因，還要等待，最後還是空的。「種子生現行」，所以一對父母生的三個八個十個兒子，個性統統不同，習慣絕對不一樣。雙胞胎有時候相像，還是不一樣，為什麼呢？這是前生不同的種子帶來的。「種子生現行」就是現在的感覺知覺，以及思想的行為所表達出來的。而我們現在這一生所經歷的一切一切，所謂這個現行已經有了污染，又變成來生的種子了。

修行是改變什麼

所以修行要從種子這裡入手，修行就要改變心行，要從心行去轉變。所以「轉識」是如何修行把它轉過來，修行就是把這個業識轉了。有許多同學，很多朋友，男女老幼，你們大家都是我的朋友，你看每人個性不同，有時候我勸你們的話，也改變不了你，我也只好笑一笑，也不會生氣；心裡感嘆，你的習氣多生累劫帶來，今天你叫我南老師，我一句話能把你改變得了，那就奇怪了，那是很難改變的。要修行的話，如果你不認識自己，自己不去改，佛也把你改變不了。

「種子生現行，現行熏種子」，這個種子是怎麼來的呢？這個種子就是十二因緣。講小乘的時候，佛沒有清楚的說這個種子是什麼；拿現在話來講叫它一塌糊塗，就是佛說的無明。莫名其妙的，永遠搞不清楚的，所以叫無明。永遠是暗的，懵懂的。這一念無明來的就是種子，種子生出來現行。我們這一輩子為什麼多病，為什麼他沒有病？為什麼你那麼發財？為什麼我那麼窮？為什麼你那麼胖，我那麼瘦？這就是種子生現行，現行又熏種子。

因緣的條件

那麼這個中間起的作用呢？剛才講到王陽明，他太籠統了，沒有講清楚。所起的作用，由前五識到第六識，到第七識、第八識，都是因緣所生。因緣有條件，所以叫你們讀玄奘法師的文章，我對他有點不恭敬，說他文學不夠好，所以唯識給他翻譯得越加難讀。但是他又真是了不起的偉大，把〈八識規矩頌〉用中國文學作出來，真了不起。

譬如說眼睛看東西九個緣，你們都記得嗎？九個條件眼睛才能看東西。眼睛有眼珠子、眼白、眼神經，這個不拿科學分析，如果以科學來分析就有一二十個緣了。粗淺來講，我們的眼睛、眼珠子就叫眼根。我不過用我的知識範圍先告訴你，我們眼珠子每人看的東西不同哦。現在我這裡有一包菸，這個盒子大家看到紅的，眼睛對於顏色的分辨，拿科學儀器來分析，每人看到的紅不同；你看到深一點，他看到淺一點。因為每一個人眼球的組織，神經，色素分別不同，不一樣。大體上我們叫紅，這個是現在科學。

我們不講現在的科學，眼珠子叫眼根，這是個機器。眼珠子看前面的東西像照相機一樣，它只會照，照下來的是什麼東西呢？照相機不知道，是靠照相機後面那個人「卡嚓」一下，才知道這是貓，這個是人。如果研究現在的科學，眼珠子完全是個照相機，後面視覺神經才是能看見的。所以你近視了，是你視覺神經不健康了，影響到視覺。

回過來，眼根，眼珠子是一個因緣了，但是眼珠子前面沒有空間，沒有距離是看不見的。眼睛如果用手一矇，就看不見前面東西了；所以眼珠子看東西，必須前面有空間。有距離就能看見嗎？不行，還要光線的，黑暗中看不見東西，只看到黑暗。所以眼根、光、空間、距離、現象（境）。我前面擺一包香菸，有空間，有光線，我眼睛看到香菸了，四個條件了。

可是知道這個是什麼菸，不是眼睛知道的，而是第六意識、腦的關係了。第六意識不在腦裡頭哦，透過腦的視覺神經，第六意識分析了這是一包菸，什麼菸啊？「中華」。這是第六意識有一個「作意」，就是有個意識在分別了，作意的分別就曉得這是「中華」菸。再看這個「中華」有兩三年沒有打開，發霉了，這都是意識分別，同眼睛沒有關係。這個意識的分別帶有善惡作用，有染污的；這個我不喜歡，你換一個牌子給我。分別以後有污染，佛學原來叫染污，我們現在習慣叫污染，像是國民黨叫紅的，共產黨一定叫白的，國民黨如果叫政法，共產黨可能會叫法政，其實是同一個東西。所以分別有染污的功能。

眼睛看東西的作用怎麼來呢？氣的關係。根本依是氣，第八個條件就是根本依。一般講唯識只講根本依是習氣，因為他沒有經過修持，所以不知道根本依是安那般那這個氣的關係。如果沒有這個功能，你前面幾個因素俱備也沒有用。但是有根本依有氣就有用嗎？也不對，後面還有一個根源，就是第八阿賴耶識的種子功能發出來的作用。種子是前生，以及很多的前生累積帶過來的。

種子發生現在的功能叫作「種子生現行」，現在的行為就是功能現行。

我們成了人以後，這一生的經驗累積起來又變成因果，他生來世變成自己的個性。身心的作用就是「現行熏種子」，互相為因果。互相為因果就是因中有果，果中有因，因果同時。不能說因在前面，果在後面，有時候因變成果，果變成因。這個是很細密的一個科學。眼睛看東西九個緣搞清楚了沒有？九個緣，空、明、根、境、作意、分別依、染淨依、根本依、種子。

那麼耳朵聽聲音呢？八個條件，耳朵聽聲音不需要光明，所以去掉一個。但是耳朵聽聲音也要空間，也要距離，沒有距離把耳朵矇住，就聽不見了。鼻子聞東西，香的臭的，同舌頭吃東西，好吃不好吃，酸甜苦辣，是七個條件，不需要空間。鼻子聞氣味，舌頭嘗東西中間不能有距離的，這個是觸跟受。接觸才有感受，空明都不需要了。身體的感覺也只有七個條件。可是第六意識的思想在哪裡呢？不在腦。腦是身識，識在七個條件下起作用。

第六意識身心內外都存在，不過它透過身體，透過腦在起作用，起思想。第六意識有五個緣（作意、境、染淨依、根本依、種子），空、明、根不需要了。腦是前五識的身根。佛學在戒律上講，男女生殖器官叫身根；但是正式講生命的身根是腦。第六意識沒有根，有境，有作意。由於第六意識有境，就有染污，因為它本身是分別的，有染污的；有根本依這個氣，習氣，有種子。所以能夠思惟、思想，能夠有分別一切的作用。第六意識在身心內外普遍存在，在我們生命上起分別思想作用，你能夠讀書，能夠研究科學，能夠作人，都是這個作用，也是靠習氣而來的。

習氣與個性

為什麼佛學講習氣？那是過去多生的習慣個性這個氣，呈現出個人的特質。所以儒家講，這個人氣質不同；氣變成質，變成細胞，個體的不同，個性就不同；所以「一娘生九子，九子各不同」，都是種子生現行，現行熏種子來的。

可是第六意識後面還有根根沒有？有，後面有個老闆，有個「我」。譬如兩個人住在同一個房間，但是兩個人思想絕對不一樣，個性不一樣，習慣不一樣。各有各的想法，對不對？每個人都如此啊。所以人與人的意識思想也絕對不一樣。

第七識就是我執。每個人有個「我」，這是意根。這個「我」透過第六意識思想才表達出來的。所以我們的言語是思想的作用，思想的表現，透過嘴巴、喉嚨、聲帶叫作言語。在話沒有講出來以前，在裡頭是思想。所以佛也告訴我們，世界上一切文字言語都是靠不住的，並不能表達自己真正的心意。我也常常說，如果文字語言可以表達人心意的話，那麼人跟人之間就沒有誤會了。實際上人與人隨時有誤會。我講的話你懂了嗎？大家說，老師講得好啊，我聽懂了。其實你一句話都沒有懂！都是誤會的。你說懂了，不過是把我那個話誤會了。真懂的話，那是智慧，是般若，大澈大悟了。

我執後面那個根根是種子來的，種子生現行，這很難分別的，所以修行必須先轉種子。現在佛告訴我們方法，先用安那般那把習氣轉化，再來改變種子，就是這麼一個科學。這個生命多難啊，所以玄奘法師把九緣，八個識分析了，不是分析，是把佛講的話綜合起來，給我們一個方便。八識九緣，他寫了四句話；我說他文學不好，但邏輯真好，頂禮膜拜，真的恭敬他老人家。

他說：「九緣八七好相鄰」：前五識，眼睛九個緣，耳朵八個緣，鼻、舌、身七個緣。後面一路接下來，「合三離二觀塵世」，怎麼叫合三呢？鼻子聞氣息，中間不能有距離，是直接的觸受。舌頭感覺到味道，也是直接的觸受，不能有距離的。身體感覺到冷暖，舒服不舒服也沒有距離。這三樣識是合攏來的。離二：眼睛看東西，耳朵聽聲音都是有空間有距離的。所以叫合三離二。觀塵世，這個文字好難啊。「愚者難分識與根」，世界上一般人很粗心的，搞不懂。識就是精神、心的狀態，根是生理的反應功能。一般笨人呢！沒有經過科學分析，永遠分不開什麼是意識，什麼是生理五官的作用。

夢境與獨影境

這個第六意識很妙的，譬如我們睡著了第六意識不起現行，不像白天那麼清楚。但是我們會做夢，拿現在科學研究，夢是因為你腦子沒有全部休息，只是部分交換的休息。我們的腦子分好幾個區，這個區睡眠休息了，那個區還在活動，現在科學講這就變成夢境。科學講的是一部分道理，不完全，比起佛學唯識所講的還很淺。打起坐來你覺得很清淨，知道這個境界很好，也因為腦子沒有全部安靜，只是有一部分安靜。也就是腦子某區神經安靜了，或者另一個區的細胞比較寧靜了，而你那個智慧神經區另外發起作用來了。

等我們太湖大學堂建好了，有了腦科的設備儀器，我的希望都俱備時，再給你們講詳細些。不曉得我的希望夢想能不能完成，不管了。當腦子寧靜了，或者睡眠時，你第六意識中白天的影像，像看了電視、電影，一切其它事情，或者這個人對我不起，你老公罵過你愛過你，那個影像就在第六意識夢境中出現了。呈現出來的是跳躍不定的，夢境就像某同學跳的流行舞，亂來的，這個叫獨影意識。夢境是過去、現在、未來一切經驗的組合，而那個影像的組合，又是不規則的組合，這就變成夢境了，佛學叫作獨影境。所以精神病人所看到的東西也屬於獨影意識境界，那個明瞭清楚的功能暫時停止了，出現的是獨影境。

我到台大精神病院看過，那個地方那麼大，好幾百個精神病患在裡頭，還有些兩手給銬住。看到我們都嘻嘻笑！我跟精神科的主治醫師站了半個鐘頭。我說這個時候不曉得是他們有病，還是我們的精神有病，他說：對啊。我說你醫治這種病，不到三年你也會進來了。那個醫生後來還真進了精神病院。跟這個精神病的人搞久了，會覺得他比我們清醒，我們反而不正常了，這是個比方。所以那個獨影境界，在精神病出現，在夢境出現，也會在白天出現。譬如我們有時候看書，忽然一個影子想到了什麼，已經是獨影境界了。所以修行人自己要很清楚。以此看歷史，那些大英雄或偉大的領導人，最後走入獨影意識，把國家社會領導錯誤了，實在可悲，全體老百姓跟著他受罪了。

獨影意識在打坐入定的時候也會呈現。所以有時打坐入定，唉啊，我看到鬼了，看到菩薩了，看到什麼了，都是獨影意識呈現。獨影意識的呈現，在第六意識分為兩種，一種是帶質的，一種是非帶質的，非量的。譬如有人睡覺的時候，聽敲這個引磬，他在夢中聽的不是引磬，以為有人打電話給他，夢中就講電話了。他在夢中第六意識不清明，獨影意識起了作用，把白天習慣的聲音帶到夢中。講了半天還關了手機，都沒有事，這是假的獨影意識，是帶質境。

又譬如夜裡走路，我們看到那個影子，唉啊，那裡有個鬼！所以我常常說，當我明白佛法以後，我從來沒有怕過什麼，夜裡看到有個影子，我一定眼睛不眨衝過去，一看是手棍，或者一塊破布掛在那裡，哪裡有東西啊！這是獨影境的假帶質境，再加上意識的害怕、恐懼、分別，就認為是鬼。事實上沒有東西，這是科學的，就是第六意識的獨影境。

昨天有同學問我關於知性，在夢境中那個知性是全知嗎？是全部的功能嗎？不是的，它只是一部分。所以今天帶領你們，大概再講一次唯識。

第三堂

生命靠自己控制

我們下午講到這個「知」，說明生命這個作用「知性」。所以你看《楞嚴經》，是從見聞覺知這個方面入手，去了解心性本體的作用。而《楞伽經》則直接從種性，阿賴耶識入手，講到種性的問題。佛說人性的分類，像出家修道的人，有些始終是小乘聲聞、緣覺種性，不是大乘菩薩種性，很難變動。所以人性的轉變，就靠自己修行才能夠完全轉變。《楞伽經》裡有一個名稱叫「自覺聖智」，除非大澈大悟轉變了，才可能修行而成佛。重點是種性形成個人的習氣、個性、思想，它的作用完全不同。所以修行是改變自己，真改變了自己就是大英雄，成佛了。生命是靠自己控制，也就是「自覺聖智」。你看我們誰也改變不了誰，那是要自我覺悟的，有漸修頓悟的不同。《楞嚴經》最後有偉大的說明，不但心性本體不生不滅，如來自性，物質的本體，物理的本能也是不生不滅。我們只能大概介紹一下知性。

那麼這個知性在生命裡頭，究竟是個唯物還是唯心的作用？我大概給大家介紹了一下，又反覆再說八個識的作用，大家好像也知道這些名相，只記了名辭，沒有去用功研究。我認為你們研究的話，要把玄奘法師的〈八識規矩頌〉搞清楚，再把《百法明門論》搞清楚，這是完全要從學理，從科學方面入手，是倒過來研究的。

譬如說心性起作用「緣生性空」，緣生是講物理、物質世界，人世間的作用，不是單方面的變化，是心物一元互相變化。本體是真空，所以要先從第八阿賴耶識開始研究。譬如講到第八阿賴耶識，玄奘法師歸納得非常好，心性本體第八阿賴耶識看不見，摸不着。在一般經典裡經常提到，「心不見心，識不見識」哦！你說我心在哪裡？你自己能夠見到自己的心嗎？心不見心，識不見識。中國禪宗祖師們非常有意思，這些都不談，就是要你見本來面目，世界上哪一個人見過自己面孔長什麼樣子？我們大家一定說都見過的，鏡子看得明白。鏡子裡頭看的不是你哦！看得也並不明白。天下沒有一個鏡子絕對準確的，而且以光學來講，鏡子的像跟我們左右相反的，膚色不同，所以鏡子的影子也不是你。禪宗祖師叫你參一個話頭「如何是你本來的娘生面」，你媽媽所生的你是什麼樣子？你去找，找不出來自己面孔是怎麼樣的！所以心不見心，識不見識。

要明心見性是幹什麼？能夠見到本來面目。相對的反射你見到了，因為你見到鏡子中的自己。譬如前天講到洞山祖師，他過河的時候見到自己水裡頭的影子，他悟道了。影子不是我，我也不是影子。以洞山祖師見道的因緣來講，我們在這個世界上，走路、講話、做事一輩子，都是我們的影子在做。譬如我們大家從台灣、香港、上海到這裡來，都是影子在做；你究竟在上海，還是在台灣，還是在香港呢？

切忌從他覓　迢迢與我疏
我今獨自往　處處得逢渠

渠今正是我　我今不是渠
應須恁麼會　方得契如如

這是洞山祖師悟道的偈子，前天你們寫過應該背來。「切忌從他覓，迢迢與我疏」都是影子，都不是我。「我今獨自往，處處得逢渠，渠今正是我，我今不是渠。應須恁麼會」，他說你應該這樣去修行，「方得契如如」才達到佛的境界。

「切忌從他覓，迢迢與我疏」，這是講「知性」這個問題。但是我們講了半天不是在說道理，而是要大家真的認識修行要從安那般那，修呼吸入手，才可以很快即生證果的道理；這個重點你要認識清楚。所以先從知息入，知息出開始。

現在用很短的時間，先聽一下大家這兩天修行有沒有什麼問題，鼻子塞了啊，心痛啦還是什麼？這兩天聽過以後，自己修持的經驗，覺得什麼是最需要問的問題。現在我問你們，你們一定想不出來，等一下過了以後，一定是很多問題要討論的，這是習性。譬如我們很多人怕冷、怕熱、怕風，那是體能的問題，需要自己醫藥保養跟調整。還有非常重要的是要自己研究，用安那般那體會自己的身體、習性。第八個緣叫作什麼依啊？根本依，是氣的問題。所謂氣就是根本依加一個習慣，是心理的；至於怎麼去轉變它，與醫學的道理很密切了。如果懂了以後，中西醫配合起來，用方法可以治療，也有方法可以改變自己。所以我說本師釋迦牟尼佛留下來給我們的，是真修行的經驗，也就是這兩個重要的法門，一個是修安那般那出入息，另一個是修白骨觀。

先修的十步

佛在《增一阿含經》裡頭歸納起來，教我們修行的方法，共歸類十種，就是十念。每一個方法裡又分化出很多修持方法。第一念佛，第二念法，念法就是把佛說的一切經典的道理參透後產生的方法。第三念僧，念大阿羅漢僧，聖賢僧。譬如我們修安那般那的方法，先照祖師們的經驗都是念僧。四念戒，戒律的戒，不是一般所講的比丘戒、比丘尼戒；是起心動念都是為善去惡。每一念之間有八萬四千煩惱，就有八萬四千條戒，念念回轉，念念持戒。五念施，布施，把一切放出去丟掉，「念出散」也就是念布施。六念天，就是念三界天人。

為什麼我們會變成人，生在這個世界上？欲界裡頭天人的身體不是我們這樣，所以研究天人，佛所講的很奇妙，不知道等多少年以後科學才會知道。欲界的人，在這個世界上是靠媽媽生的，從下面出來的。上界的天人是男人生的，在男人的頭頂上，肩膀上就出來了，一出生就等於我們人世間六七歲那麼大。講出來都很奇怪，很神妙。所以這六個方法，屬於宗教性的多。

下面是科學性的。第七念安那般那，念呼吸法。第八念休息，放下，一切都要放，大休息。祖師們常常都叫大家放下，誰能真放下大休息？《楞嚴經》上佛說兩句話「狂心自歇，歇即菩提」。我們把一切妄想煩惱善惡是非統統放掉的時候，你就證到了。這八個字中文的翻譯很高明「狂心自歇」，一下都放下，「歇即菩提」就到家了，就明白了。可是我們做不到，所以密宗裡紅教有個「禪定休息法」，等於禪宗一句話「放下」。

第九念身，其實我們大家都愛自己，念身體，此身本來不淨。所以佛教的基礎四念處，念身不淨就是修白骨觀、不淨觀。念身不淨，包括安那般那的認識氣與脈，都與念身有關。

第十是念死。死了以後這個父母所生身體的四大怎麼分化，根據佛在《增一阿含經》的記錄，都綜合起來。其實我們一上座，兩腿一盤，眼睛一閉，假定當下即死，死了就是死了，死了以後不管天下怎麼變，你放心，太陽照樣出來，社會永遠在運轉，與你一點都沒有關係。你走了或不走，對人生，對社會，對父母家庭孩子，也沒有什麼好，也沒有什麼不好。一上座就死了，就放下，念休息。

然後上座修白骨觀，最好一上座就假定自己已死，這個全身肌肉、內臟，一切都布施給餓鬼所有眾生吃了，連白骨都化成灰塵、虛空了，很簡單。白骨觀的第一觀，人本來有這樣一天，不過觀現在就是。這裡有個白骨架子擺在這裡，白骨是地大，上面繞了很多電線一樣的經絡，生了很多的肉，就變成漂不漂亮這麼一回事。這是白骨觀，然後觀這個白骨還要化掉，最後我們斷氣死了，火大沒有了，爛了，臭了是水大變化。水大乾了以後一切都沒了，最後骨頭風化掉，空了，連這個架子都沒有了，這是修白骨觀。

念死與白骨觀

假使你上座就念死，修白骨觀，就是這個骷髏架子，裡頭有氣往來，有生命的活動，這就是我們的本相。這個骨架子等於我們蓋房子一樣，泥巴貼起來，外面包一張皮，就變成一個人，就是這麼一回事。所以先念死，念白骨，你很容易輕鬆。安那般那呼吸，氣就在這個裡頭走，最後化光、化空。所以我說宋徽宗那兩句詩很好「生死徒勞木做皮」。為了這個骨肉，還動用幾塊木板釘攏來，把他包著埋下去，這是人類玩的事。所以世界上像西藏人的天葬，給鳥吃了；還有丟在水裡頭的水葬；如果一把火燒了，火葬，是印度傳過來的，現在習慣了，是最好的方法。所以佛教的名言「一火能燒三世業」，過去、現在、未來一把火都清淨了，火化以後變成灰。

在十念法裡頭，剛才講一上座就念死，如果工夫到了，你看很多的祖師，修到了最後，預知時至，知道時間到了，兩腿一盤，給大家講聲再見就走了。

講到念死修法，念安那般那配合白骨觀，會很快上路的。不過話是那麼講，諸位能不能真做到呢？就靠自己了。我們講過很多次，以我的經驗，修法就是那麼簡單。老實講，當你身體難過病痛的時候，就直接修白骨觀。譬如感到胸口悶，你就觀想這個白骨，把身體一切布施眾生，假想自己吃了其他很多生命了，該還帳，該吃回的都拿去吧！你一觀白骨的時候，身心很容易輕鬆了。真觀想成功，並沒有怎麼用力啊。最後連骨頭也拿去啃掉，那也還得很痛快。

修白骨觀配合安那般那這兩個修法，在《達摩禪經》叫「二甘露門」，最寶貴的。我們今天把安那般那、不淨觀先告一個段落，等一下我們再轉入知性與心性的關係，實際上是連貫的，稍稍變一個說法罷了。

現在你們休息的時候，可以討論了。重點是討論這幾天講的，討論要抓重點問題，現在有疑問的提出來。

第四堂

普茶的禮儀

叢林下面請普茶，是普遍請大家喝一杯茶。你們沒有看過日本的禪堂，普茶規矩很嚴，大家都坐在位置上，每個和尚端好自己的碗，有人倒茶連送點心。喝完了茶自己擦乾淨放起來，吃飯還是那個碗，都在本位上。剛才大家忘記了我講的，在上座的時候請普茶，免得散開了。結果他們很客氣，每個人前面到處跑，都送到了。茶倒不要緊，辛苦比茶還嚴重。這是講普茶，「請」是客氣話，請用茶吧。有個電視可以看到日本曹洞宗有些禪堂是這樣。我們這裡一切是自由的，不過也要知道這個傳統，不然你講普茶，有個日本和尚坐在這裡，聽到要笑我們了，中國自己反而沒有規矩。

出家人出門帶一個碗，印度話叫鉢盂，就是飯碗。印度人吃飯用手抓，不過後來到中國來改用湯匙。一瓶一缽，瓶是裝淨水的，出家人永遠帶著這個，吃飯也是這個，喝茶也是這個。吃喝完了自己收拾乾淨帶走，沒有我們這樣麻煩。所以唐末貫休禪師在杭州，跟越王錢鏐有意見，就離開到四川去了。我們看到有十六羅漢像畫得非常古怪，就是他的畫。他到四川去有兩句詩「一瓶一缽垂垂老，萬水千山的的來」，這是講普茶想起來他的名句。他說人老了，背彎起來了，頭也低下來像花一樣垂下來了。你看我們戴博士更是從法國來，豈止萬水千山；不過現在是空中來的。

我們大家聚在一起，很難得的機會，所以通知上寫一個禮拜或者十天，預定臨時再通知諸位，看來明天晚上可以圓滿了。因為真正常住在這個禪堂用功不容易，有人申請嗎？常住進來，永遠不出去的哦。你舉手啊！準備一年還是兩年都在這禪堂裡生活，跟古道一樣？連古道都靠不住，何況你啊？李博士舉手了，這一舉手很難哦！

師生問答

某同學：老師我有問題問。

南師：你說。

某同學：這兩天修安那般那有個問題，就是平常觀現在心不可得，觀出散，反而很容易得到知息偏身，全身很舒服，微微帶點知息入，知息出。但是假定單獨注意鼻子的出入息反而感覺身體很難受，是不是原來的辦法是對的。

南師：原來的方法對的。因為講了以後被法所困，你原來已經知道，已經有個樣子了嘛！從那個方法原路走下去，帶到一點知性就對了。

某同學：所以原來是對的。

南師：不是原來那個方法用對了，因為你只講第一步，後面的呢？你原來放輕鬆很自在，反而不用觀呼吸配合，而自然覺得呼吸往來細微了嘛，對不對？你講到這一步，但是再定下去就細微了。知息入、知息出，你做到了嘛！等於原來方法的六妙門的隨息了，你沒有到第三步止息。

某同學：是的，老師，在這裡面再進一步，包含在辦事的時候，觀想全身的細胞都在出入息，那是很容易幫助辦事的。

南師：對。沒有錯。

某同學：但是沒有真正止息。

南師：是沒有真正止息，那是用觀想的方法。你說你在辦事的時候，你平常用這個方法來觀每個細胞出入息，對不對？等於是後面第十二觀無常，是不是？希望再向前進。

某同學：這裡面的問題就是止息，也是因為不努力沒有真正進入止息。

南師：這個不能說是你不努力，你是在家人，事情又多，能夠做到的話，那是大菩薩境界。大菩薩境界才能在世俗做到隨時止息，因為這個止息方法是專修的。由你開始所講放任自然，知息往來，念頭也跟著空了，連帶呼吸都微細了，甚至緩慢了，但是沒有達到呼吸止了。所謂止了，幾乎是沒有呼吸，停了。假使別人來測驗你，這個時候放一點棉花，或一點薄薄的紙在你鼻子下面，都不動了，你自己也心念清淨了，雜念妄想沒有了，呼吸才算達到止息的境界。然後內息起來了，身體氣脈起變化了，這一步到後面非專修不可。如果說入世做事，又想達到止息，那是不得了的大工夫。所以數息、隨息、止息然後起觀，這是真工夫了。如果你到達那裡，你會感覺自己這個身體或者開會，或者做事，好像沒有我，完全都在做夢一樣。乃至跟部下，跟你的同事們講話，開大會，完全在夢境中。整個的身體內部變化了，飲食男女習氣統統變化得很大很大。現在還沒有到，還要真正的努力。

某同學：往往就是傍晚的時候，開會的時候，比較容易達到那樣的情況。

南師：這裡頭你講的有一個問題對了，為什麼每一個人體會不同？有些人上午好，下午差；相反的，也有人上午的精神比較差。一般人尤其現在都市的生活，夜裡睡得遲，上午精神差；下午快到傍晚的時候精神最好，尤其晚上的精神比白天更興旺，晝夜顛倒了。這是陰陽反覆，違反了大自然的法則了，可是養成習慣也可以，這樣一來晚上的精神反而好了。譬如一個打牌的人，過夜生活的人，尤其像這些搞藝術音樂的，晚上精神越來越好，到了天亮五六點時最差，疲勞要想睡覺了。如果過了那個時間又不同了，這與本身氣脈及大自然都有關係，也是科學問題，將來再研究。

生活習慣

你剛才提的問題，晚上精神好，進入陰境界以後陽氣起來了，這是生活習慣，活動慣了的關係。譬如他們正式出家的修行人，住山林或禪堂慣了，夜裡四點鐘起床，幾十年習慣。像李員外他就講，現在半夜四點鐘就醒了，還到外面走一圈。當然他不是出家那個習慣，是生活的習慣，次序變化了。修行真到達的人，晝夜長明。

譬如我現在給你們上課到晚上，因為我把晝夜完全調動了，幾十年搞慣了。我早上起來，或者坐一下，喝一碗豆漿雞蛋，就是這樣給你講一天。像今天下午，感覺到特別疲勞，所以我說某人玩聰明，又犯了我一個戒。我已經夠疲勞了，大概又有一點外感風進來，所以我早一點回去休息。他這位老兄聰明得很，就在門口堵到，要拿書來叫我簽字。我本來想給他簽，後來一想不能簽，我如果真的給他簽的話，別人以後跟著學了。此風不可長，此例不可開。所以我笑笑說，等一下再說，其實我那個笑是苦笑。

回去我告訴身邊同學，我要休息了，你趕快給我煮一點麵。我每天就是這樣過了，夜裡算不定工作到天亮，我也在做事耶！這是個在家修行的生活，隨時是這樣。譬如我今天曉得有事，就告訴他們快到八點時叫我，以防萬一休息過頭了。後來我聽到一個聲音叫老師老師，到時間了。我說謝謝，就趕快起來。這是說我的生活狀態。

我現在跟你們講話，也像在燈影中行。想起禪宗南泉祖師有一句話是他的工夫，他說到某一個時候如燈影中行，自己覺得是個靈魂活在這裡，這個肉體是不相關的骨架子。南泉祖師還講一句話，「時人見此一株花，如夢相似」。翻成白話來講，花開了，他說有人看這個花，如在夢裡看花一樣。這是他的境界，所以如夢如幻不是形容，工夫到了，這整個物理的、物質的現實世界就是一個夢境，不是空話，要真修持到那個境界才是。這是答覆你這個問題，所以你要真實的努力，這個與飲食男女等等習慣都有關係，統統要改變的。

元神分陰陽

這裡有個問題，黃醫師剛剛寫條子給我，他問：道家所講元神這個作用與知性是否有關係？這裡一般沒有好好研究過道家，現在解釋一下。道家修神仙之道，工夫到了可以修出身外有身，就是肉體以外有個生命，也叫元神。道書上畫一個人在打坐，頭頂上出來一個我，同自己一樣。普通有些人打坐用功或睡覺，偶然碰上看到自己身體在睡覺，在打坐，看得清清楚楚，認為那個是元神。

元神分陰神和陽神的，他並沒有死亡，這個肉體也有呼吸往來。可是那個能真看到自己身體在睡或打坐的是陰神，不是陽神。陽神是什麼呢？你工夫到了，也是修安那般那一樣的路線，到達了神跟氣凝合了，這個身體另外出來一個身體。就好像不要經過投娘胎，就用這個肉體生成另外一個生命。如果再經過投胎，還要找個媽媽來投胎才行。陽神同天人一樣，不靠娘胎了，而是自己本身四大，用本身精氣神跟元神配合，跟意識配合生出來一個身體。這個生命是自己生出來的，他這個壽命就不是這個肉體的壽命，但有形有相。也許到你前面還跟你說話，其實他的肉體還在睡覺，還在那裡打坐，這個叫作陽神。至於誰修到了我不知道。

黃醫師喜歡研究道家，他問的問題是正確的，那麼我們現在也解釋了陽神、元神跟陰神的差別。譬如道書上講，有許多修佛家的都是陰神，不是陽神；因為他們不修安那般那，精氣神沒有合一。所以有一個一僧一道的故事很重要的。

道家和佛家兩個修的路線不同，佛家笑道家「只修命不修性」，只管身體，養精氣神，袪病延年，長生不老；但是不參禪，不管心性的道理，「此是修行第一病」，是修行犯的錯誤，因為只走半截的路。相反的道家笑佛家，「但修祖性不修丹，萬劫陰靈難入聖」，你只修明心見性，沒有煉丹修這個肉體，達到精氣神變化出來另外一個生命，就不能即身成就，也是走一半的路。這是中國文化，叫生命科學。他提出來問得好，我答覆你，不然你們也不知道的。

一僧一道同賞花

所以有一個道士一個和尚，兩個人都認為自己元神成就了，那個道士就說老兄我們一起打坐，同時入定。他們是唐末五代的時候，在西安這個地方。一個說現在揚州的瓊花正開，我們到揚州的道觀一起去看瓊花。好吧！兩個盤腿打坐走了，到揚州兩個人也在一起，一僧一道，都是元神出竅離開身體。看了瓊花喝了茶，回去時要留個紀念，每人採一朵瓊花帶回去。回到西安，彼此出定一笑，這個道士說拿花來，我們兩個人各摘一朵的。走禪定路線的和尚袖子一摸，沒有啊！那個道士的袖子一摸，有花。這就是不同之處了，佛家那個出的是陰神，道家這個是陽神。總而言之，這個叫作元神出竅。

道家有這個修法，有沒有這個工夫呢？不但道家有，密宗也有。所以密宗有時候燒化時彩色光明，還現一個身體給你看。那麼一般認為修到這個樣子是成仙成佛了；其實還早呢！這不過初步而已。黃醫師今天問的問題，元神與知性是否有關？這是知性本身的功能，就是化身的作用。報身修成就了，修到身外有身，然後才能生起化身。真正的陽神有實體的，如果是陰神，無相有待，沒有真實形象，只是自己覺得有。這就是佛學講的，像夢中的身體一樣。夢中的身體會走路會說話，會吃也會玩，也有喜怒哀樂，但不是實質的身體。

元神出竅的陽神是有實質的，身外有身，所以佛家說修到百千萬億化身，不止是一個，還可以化身很多很多。據說如此，但是方法上，理論上有很多的不同法門。你問得太高深了，一般禪堂你會考倒人的。黃醫師不簡單，薑還是老的辣，他老是拿那些辣的來辣我。

你問元神與知性是否有關，當然有關啊！拿佛學唯識道理來講，帶質境，帶四大地水火風的物質修這個身體，工夫到了才有這個化身，就是修到了佛菩薩。這樣答覆可以了吧。

意識　識神　元神

第二個問題：識神與意識是否同一個？這個也關係佛道兩家的。識神不是元神，佛家說的自性略等於道家的元神。識神是什麼呢？剛才講元神分陽神、陰神；修到了還是離不開第六意識、第七識、第八阿賴耶識。因此後世的道家、佛家叫它這個東西是識神的作用。識神當然與意識有關連，是同一個，但不是普通第六意識的分別妄想。拿佛法來講，如果到達了初禪離生喜樂，二禪定生喜樂的境界，他的識神元神可以起分化的作用。你問的問題意識與識神是否同一個？是同屬識，但作用不同。

所以禪宗祖師有一句話，特別要注意了，講識神元神的關係。

學道之人不認真　祇為從來認識神
無量劫來生死本　癡人喚作本來人

「學道之人不認真」，修行學道的人，道理沒有認清楚，「祇為從來認識神，無量劫來生死本」，我們中陰投胎那個也就是識神，佛學叫中有身或中陰身。就是一念無明進入娘胎，就是第六意識兼帶到，帶質來的；但智慧不清楚的人，認為這個是生命的根本。實際上是唯識所講的帶質境來的，這個識神就是元神的一種，換句話說，就是陰神。如果是真的陽神出竅，那已經是真正的化身了。這些工夫，這些修持都是實際的。所以你問我識神與意識是否同一個，是同一個，但是要禪定專一，大阿羅漢才做到。

所以這裡有一個問題，你應該問，佛吩咐迦葉尊者、羅睺羅、賓頭盧尊者，還有一個君屠鉢歎，四位大弟子留形住世，那個是陽神還是陰神呢？那是真陽神了。他的肉體跟元神合一的，那是報身、化身，等於三身具足在一身。再分析起來，道家講所謂法身是元神，報身是精氣變化；化身是把元神、精、氣，像化學一樣綜合在一體，可以分化出很多很多，這是生命的大科學。講到道家，最近有幾處道家的人也在找我，希望把中國固有道家的文化宏揚起來。

另外識神與意識這個問題，黃醫師清楚了吧？還有問題沒有？他問的都是非常實際的問題，有人不是要討論嗎？這個是該討論了，看你問的問題有這些架勢沒有，沒有這些架勢就不是問題。

八仙　奪舍

關於陰神、陽神出竅，你們都知道道家的八仙，八仙不是同一個時代的人。鍾離權、韓湘子、呂純陽、藍采和，曹國舅、張果老、鐵拐李，只有一個女的是何仙姑，所以叫八仙過海各顯神通。這八個仙人代表了漢、唐、宋，好幾個不同時代。譬如曹國舅是宋朝的，藍采和也是出家修道成功的。道家方面這些故事很鬧熱，你們也沒有見過，我也很少講，講了以後就會講到神祕學去了。

鍾離權是將軍，軍人出身出家了。八仙裡頭故意把他畫得肚子大大的，他是漢朝人，呂純陽是他的弟子，他的報身（肉身）永遠存在的。還有一個鐵拐李（李玄），缺一條腿，拿一條拐杖。這個鐵拐李，他原是個書生，人長得非常漂亮。他修到元神出竅，工夫都到了，是陰神陽神之間，還沒有百分百的完成。他有一次入定時元神出竅，出去玩了，譬如身體在這裡打坐，神跑到法國美國去玩了。那當然不要買飛機票，一下就到了。入定太久了，元神在外面雲遊，所以中國這兩個字形容非常好，像雲一樣輕鬆自在的遊玩。你看到陽神，真的神仙，大阿羅漢來，你分不清楚他是神仙還是羅漢。看起來是個普通人，也許故意變得很難看，也許變得很漂亮在你前面晃，你也不知道。

這個鐵拐李雲遊回來一看，完了，因為徒弟以為師父死掉了，摸摸鼻子一點呼吸都沒有了，其實身上還有溫度的，但是他徒弟不懂，這是唯識講的煖壽識三位一體，光是呼吸停止不算死亡的。徒弟們不知道就把他抬去燒化。燒化以後他剛好回來，急死了，怎麼辦？還差一層工夫，再去投胎來修，又花幾十年工夫，划不來。道家有一個法門叫「奪舍法」，密宗裡頭也有，藏文叫「頗瓦」。後來貢噶師父告訴我，密宗已經沒有這個工夫了。我跟貢噶師父講，道家有。他說你知道？我說知道。他說那你告訴我，我說不行耶，你要告訴我女人怎麼修。他說你這個人真奇怪，為什麼問女人怎麼修呢？我說那你怎麼也知道啊！你也是男人啊！他就哈哈一笑。我說我將來算不定度那些女人，也可以教她們的啊。我說師父啊，我們兩個交換，他說好。

奪舍就是找一個新房子，這個有戒條的啊！你不能把人家的身體弄死，把靈魂趕走，自己進入這個身體，那不得了，那是犯無間地獄的罪。侵佔人家是不可以的。奪舍法有條件的，或者是剛生下來的嬰兒，正好他一出生就死，你可以進那個身體。可是有戒條，一旦變成這個嬰兒，要裝糊塗，話也不會講。不能一進去嬰兒就講話了，人家說你是妖怪，把你殺掉了。進去以後你要裝傻，哦這是姑媽，這是娘，這是爸爸、爺爺，都要學會。如果是中年人身體，要弄清楚這個身體好不好，為什麼呢？道家說「此身無有神仙骨，縱遇真仙莫浪求」，沒有神仙的種子，光靠這個四大的身體，是不可能修成的。有仙骨仙氣的身體好難找啊。找不到的話就永遠變成陰神、靈魂，這就叫鬼仙了，是最差的一種，也是仙，但就不能成神仙了。

李鐵拐急壞了，徒弟把他的身體燒化了，忽然看到路上有個叫化子，剛斷了氣。那個叫化子缺一條腿，可是他這個肉體有神仙骨。他就借用了這個身體進去了，變成鐵拐李，借他的身體來修煉，不轉身，不入胎。所以道家和密宗很多修法是有戒條的，我只能講到這裡，後面真正的東西不能講，這個在道家是洩漏天機，是生命的機密。所以密宗真正轉生的活佛，千萬中也沒有一個，看到喇嘛就叫活佛、仁波切，我聽到就笑。最近有些喇嘛活佛來看我，我照樣供養。你是活佛啊？這些活佛對我蠻謙虛的，說不敢不敢。不叫你活佛，叫你喇嘛很客氣了。喇嘛就是法師、大和尚的意思，真正的活佛太難得，看得出來，一望而知。

道家的護法叫王靈官，騎在老虎身上，手上那個手印很難結的，我現在好久不用了，一隻手，不准兩隻手幫忙。

因為講到這個元神、識神與修道的關係，老實講，這一次給你們講十六特勝、六妙門是基本修持，你到時候慢慢會知道。所以心氣合一，實際上精氣神三樣合一，此身可以修得出來，不管男的女的，男生修成變女生也可以，女生修成變男生也可以，據說就是這樣。

西遊記的人物

明天講〈牧牛圖〉，是有人提出來的，好像我講過一句話，他就抓牢了。講臺前面擺了一條玉的青牛，剛從外國運回來。這一條牛是中國去的，在美國買的。由美國運到加拿大，加拿大再運回來，走了一大圈。老朋友回來，沙彌看到說好高興哦。老子騎青牛出函谷關，牛的故事同禪宗修道有關。

《西遊記》就講兩個東西最厲害。孫悟空和牛魔王是拜把兄弟，這兩個沒有結過冤，只是牛魔王的太太跟孫悟空是死對頭。兩兄弟被太太挑撥變了冤家，可是悟空跟牛魔王沒有變成仇敵。悟空是第六意識，心就像猴子，翻天覆地。那個馬是龍馬，心猿意馬。第七識是沙僧，專挑行李的，是那個「我」。我們的「我」揹著自己這個身體，跟孫悟空最好也是最壞的。豬八戒是情緒，情感，喜歡亂七八糟，喜歡男女關係，喜歡吃，吃得肚子大大的。所以《西遊記》是寫整個修持，九九八十一難，修行每一個魔障都過關才能成佛。牛就是脾氣，非常犟。

禪宗與道家跟牛最有關係，小說上罵修道的道士叫牛鼻子老道，因為老子騎青牛，我們的心性個性變不了，就是一條牛。所以禪宗有個〈牧牛圖〉，我明天告訴你們怎麼把這一條牛管好，你才能成道。所以牛魔王跟孫悟空兩個是對立的，這是以小說來講。禪宗祖師講牛的故事非常多了，要把一條牛馴服你才能得定。

至於牛魔王的太太那真厲害，叫鐵扇公主，對不起啊，女性同志們，鐵扇公主和牛魔王生的孩子叫紅孩兒，後來觀世音菩薩把他收了，做觀音菩薩的侍者。紅孩兒腳踏風火輪，手拿火燄槍，誰也拿他沒辦法，最厲害，就代表心意識的拙火起來。現在大家考據《西遊記》，講鐵扇公主管的地方在新疆過去一點，那個地方有個火燄山，是很熱。孫悟空帶師父過不了火燄山，因為鐵扇公主在這裡，不讓過去。鐵扇公主的法寶是一把扇子，這個扇子這樣一搧，這個火燄山變成清涼世界；翻過來一搧都是火，誰也過不了。所有羅漢神仙都不能過這個關。她這把扇子打開一搖，整個宇宙都起火了。一收放在嘴巴牙齒縫裡。女人這個嘴巴就是這把扇子，這麼一搧就清涼，那麼一搧，你男人就完蛋。孫悟空最怕鐵扇公主了，碰到她一點辦法都沒有。嫂子，你扇子不要搧我！猴子一身都是毛，火一搧毛燒光了，他就拚命跑。只有找觀音菩薩，先把她的兒子收了，然後收了鐵扇公主。這把扇子，孫悟空想偷也偷不了。有一次被孫悟空偷來了，反而搧得火更大了，趕快丟掉。所以《西遊記》這個小說寫的都是工夫的路線，很有意思，明天再說吧。

第七日

第一堂

禪師和禪的教育

今天是第七天了，上這個課，就是我發的那個通知所說的，是為了自己內部測驗一下，同時也希望給少數在一起的朋友們多體會一下這個事。也由於順便想到回到國內這些年，在香港、台灣各地的老朋友們，所以要大家一同來聚會體會一下。

這一次不是打七，你們不要搞錯了，打七兩個字本來是禪宗開始，目的是「剋期取證」，以七天嚴格的規定時間，在身心工夫上求證這個佛法。後來後世慢慢形成規矩，幾點鐘起床，幾點鐘上座，下座以後怎麼行香，行香以後怎麼上座……就是行、住、坐、臥這四個生活方式上去求證體會。

明清以前所謂禪堂的打七，除了百丈禪師當時有叢林清規外，其他禪師也各有規矩。不過，後世禪堂各家所立的規矩，一概不必顧及。所以你看看唐朝末年黃蘗禪師，他就批評說「大唐國裡無禪師」，把全國都罵了。人家說，現在好多禪師到處弘法，你怎麼一句話都批評了？他說：「不道無禪，只是無師。」真懂得修行、自修而領導別人修的，這種師道沒有了，只死守一點死規矩，那有什麼用啊！教育的目的是臨機應變。所以現代教育可悲，也是死規矩，補習考試，把學生都搞壞了。佛學的教育是應機施教，看他的智慧，看他的性情，看他的身體等等，抓住那個特點去教育他。真正的中國傳統文化儒釋道教育，那是非常靈活的。所以教育是最難的事。

講到真正禪堂打七，大和尚是不多講話的，不像我們這樣的講，而是用功。你有疑問，有心得來問一下。有時候打一棒，挨了罵走了，再去用功。偶然抽個時間叫作「小參」，放鬆一點，問幾個重要問題。我到台灣的時候，完全沒有打七的影子，我開始的打七，到晚上都小參，每個人報告一天的修持經驗。我開始領導打七的時候，有時候有一百多人，晚上從七點鐘上座，坐在那個位置上六七個鐘頭，聽每一個人報告。聽完了做了結論才休息。現在你們要提討論，我都不讓討論，因為在上課，沒有時間讓你報告，也不問你。你們也沒有寫報告，也不知道你們在這裡幹什麼。

一些老朋友們，我的通知上本來說七天到十天未定，我給自己留一個餘地，給大家留一個餘地。尤其這幾位朋友們都有工作，能夠抽出三五天已經很捧場了。現在看來七天差不多，不過有少數遠來的，像戴博士從外國回來的，她也很忙，有心得，要趁這個機會修持下去，當然非常歡迎，不需要受這個時間限制，那是少數幾位，這是第一。

功德智慧

第二：有些朋友說來這裡久了，好像很過意不去，或者是供養也好，捐錢也好。我說你不要搞這一套，這一次通知上沒有這個事，已經講明了，大家就是想要幫忙的話，我們這裡也還沒有開始。未來的事怎麼做，還麻煩痛苦得很呢。大家如果有心，共同願望，要想真正對社會貢獻，做一點文化教育事業，或者做研究工作，當然很需要錢。到那個時候再說吧，現在不談這些。萬事要看大的方面，不看小的，這不是住旅館，也不是講人情，這個帳你還不清楚的。

我的一生，出來搞這個事，當年曾經跟我老師討論，我們兩人的意見剛好相反。那是抗戰的晚期了，我的老師認為弘揚文化、佛法，還是像過去一樣靠帝王的政權。我說時代不同了，今後的社會，弘揚文化靠社會，靠資本，靠群眾；不是說一定靠資本家，是靠社會群眾自己去推動發展。帝王也好，民主也好，政權幫不上忙，也許還有妨礙。我的老師一聽那個臉一擺：「你這個孩子……」我說：「先生啊！這是時代必然的趨勢。」

現在幾十年下來，他老人家也走了，證明我當初的想法是正確的。我說我一生想雙手布施，一手布施智慧，法布施；一手是財布施，靠人家供養、幫忙是很難的。人生就是兩件事難捨，第一是金錢物質很難捨，儘管說那是身外之物，幾個人肯把身外之物布施出來啊，誰都做不到。不曉得你們做到沒有，我想我還做不到。第二是生命精神肯貢獻出來嗎？理念上講講是有，真做到很難。不過回想檢討起來，也有人還有一點上路。有人聽了我說的很感動，大家也有這個想法，所以我剛才講七天聚會不必要牽掛，以後的事以後再說。

在這裡齊聚一堂，把我的理想當作共同的目標很難了，不要看起來容易，包括做工的，能夠發心當成自己的事情一樣完成，太難了。我不要求人家，吹牛容易，做起來很難。這個地方，這塊荒地，所以搞成這個樣子，我不是表揚大家的功勞，只是先講事情的感想。所以這兩天這個朋友某君很委屈，我經常經常打他的棒子。

他跟那位老闆本來是好朋友、伙伴，兩個同鄉都是安徽人。他這一次關於江西的五宗祖庭做了功德，還是他動心開始的。但是你們兩個注意，禪宗的二祖、三祖、四祖的道場都在你們家鄉，非常的莊嚴，你們千萬要去保存，不要被變成觀光的地方，這裡去還很近呢！先不要管五宗祖庭。二祖三祖四祖你們兩個都沒有去留意，真是「燈下黑」，蠟燭點起來照亮他方，看不見自己了。這並不是叫你們去修廟子哦！至少兩個人要發願，保持這個道場，不要變成什麼賣門票啊，觀光啊，遊覽啊，破壞了。不過，天下事也是沒有不壞的，壞了就壞了，祖師們的事業精神永遠留傳的。據說那裡風景好得很，我也沒有去過，現在交通很發達，在這裡坐車子去，幾個鐘頭就到那個山上了。

我說某人很受委屈，其實他自己不知道，我是希望他自立而後立他，自己的修養先要真做到。他聰明，我只講你聰明哦，我沒有說你有智慧哦！內在的修養先把自己寧定下來。你做了許多的大事，為了對付沙塵暴，你卻個人去做了。要檢討自己是好玩呢？還是發心？你是發心，可是自己就犯了一個錯誤，因為這不是靠個人或者少數人的力量能成的。他也很辛苦，可是個人有沒有功德？有功德。然後來見我，正好又碰到政府叫他去做「扶貧」。扶貧跟治沙一樣是好事，我認為只是一點點而已。他要去做，我當時贊成，我說好啊！那個楊先生也在做扶貧啊，他是小點在做，我也贊成，可是他也做怕了，燙手山芋，其中有一個大道理的。結果你想做全國的，所以我反對你，你也沒有搞清楚我為什麼贊成，為什麼又反對，這是愛護你，不要你把命斷送在那裡，失敗還要挨人家罵，何苦來哉！

文化傳承的憂心

我們認識快要兩年了，我總希望你真做內在修養，做到了以後起而行之。孔孟儒家的道理叫自立而後立人，自己先站起來。我希望你做生意發財，跟某老闆一樣，規規矩矩做他的生意，發了財再講。他發了財做不做沒有關係，他做是最好，大菩薩。千萬不要只是為了南老師一個人，我這麼一個糟老頭子，八九十歲了，我就常常告訴你們不要依賴，我是隨時會走的。我真正著急的是繼承這個傳統文化精神的，沒有人接手。不是說做一個機構，或者辦一個廟港太湖大學堂，那都是花樣耶！沒有這個機構同樣可以弘揚文化。

你們讀書學儒家也好，佛家也好，一生真正有這個發心嗎？有這個精神嗎？沒有啊，都是跟著來亂吹的，跟在我旁邊轉一轉，聽聽熱鬧的，自己動機都沒有。這是很嚴重的問題啊，就是說現在看到老師搞廟港，只是少數兩三個人而已。所以我講這二三十年來，從台灣一直到現在，修鐵路也好，搞什麼也好，只有兩三個瘋子，傳洪啊、素美啊跟著我亂瘋，他們也沒有埋怨過我亂搞，愛怎麼瘋就怎麼瘋，他也不問理由的。既然你要辦，就跟著你這樣吧！他們也不是說一定大發心哦，也不要看得那麼嚴重。我所以講他瘋子，是跟著我瘋而已嘛！要真發心，比發神經病還難啊！也有人發心啊，說把事情做好，錢賺夠了再來做這一件事情。空話！那個時候人已經死了。

我的一生從二十幾歲出來，正是前途飛黃騰達的時候，走了這條路，幾十年永遠這樣走，不管艱難困苦，貧窮富貴都是這個發心。如果說等到我自己賺到錢再來做，我一輩子沒有錢豈不是做不成嗎？所以有個算命的算我的一生「富可敵國，手邊沒有一分錢；威望傾於一時，手上沒有一顆印」。的確是這樣，我幾十年沒有變動過。我的孩子們，你看我照應過他們沒有？沒有。出國的孩子都坐在這裡，當年我跟他們講：爸爸什麼都沒有，送你一張大學文憑，幾百塊的美金走吧！以後是你的事，你們也不要孝順我，我也不孝順你們了。到現在還是這樣啊，這都是事實，只有發心。所以你們兩位安徽的同鄉，都是特別聰明的人，但是我希望你真正要靜下來，把自己重新打磨一番，做到以後再出來做事。

這些事務性的事順便提一下，因為到明天你們也該動身了，我在這裡還留一下，有些事務性的事檢查一下。參與這裡工作的很了不起啊！有些發心的人，像那位老闆，他也很發心啊，到處發心，對我更特別。在台北有出家人要修行，他還一年花一百多萬租一層樓給大家打坐修行。我就笑他，你的錢沒有地方花啊，一個月十萬多塊錢租一個樓，小貓三兩隻在那裡打坐修行，他甘願，也了不起啊。他別的好事也做得很多，可是現在一年多了，我說你該收了。譬如現在這裡有個禪堂，誰來真修行啊？誰來領導？除非有一個老頭子，像我一樣帶大家玩，大家跟著來玩。誰來發心？這些事務性的事，順便講一下，也不是表揚哪一個，也不是罵哪一個，使大家知道知道罷了。

現在這裡主樓正在裝修，也是很痛苦困難的階段，希望秋天就完成了。

至於怎麼開課，再來研究。現在事務性初步有一個規模，教務怎麼辦？總務怎麼辦？財政怎麼辦？都不知道。可是我一輩子素來做事不知道就是不知道，到那個時候再說。好了，把這一段話風一樣吹過去了，聽過就完了。

談心得

現在七天講課下來，小參，每個人當面報告，大家聽，一個一個報告下來，我看你們那麼多人也要四個鐘頭。你們每一次都聽我的課，有很多同學聽了很多年，你寫過一篇真實的報告給我沒有？沒有。也有啊，有一位女士，她倒是隨時寫報告的。她跟我之前，是先從氣功學起，她的報告沒有斷過，累積起有幾十萬字。她的身體是最不好的，生過好多病，現在還活著，精神還很好。

我不是表揚她，就是七天下來，她總算還了一點帳，你們諸位沒有給我還帳，也許過幾天有。你看看她的報告，現在大家放輕鬆，誰來唸一下？

（唸某女士的報告）

如果要照打七的話，每個人把每天修持經歷，做口頭的報告，有問題就在這個時候解答，不是討論。討論是普通開會，我有我的，你有你的，可以討論，這裡只有請教。所以說到師道，我想在座年輕的，你們雖然五六十歲我也叫你年輕人，大概都沒有讀過韓愈的〈原道〉〈師道〉這些文章。什麼叫老師？傳道、授業、解惑三個要點，這是師道；把自己所有經驗都傳授給學生徒弟，希望學生超過自己，解開學生的疑惑困難。這篇文章在《古文觀止》上，我們從小都要背的。韓愈的文章很特別，是傳統儒家教育的路線。所以平常你們提報告，不是討論，這是要解惑的。

剛才到這裡，本來以為沒有什麼報告，結果有一篇，看到很高興，提出來給大家聽一聽，總算還有一個人寫。其實你們都有心得，都有一點東西，就是不肯寫。就像那兩位夫妻都是教育家，一定有很多東西可說，一問到他，就說沒有沒有。中國人就是這個毛病，有意見嗎？沒有沒有，下去又有很多意見。

第二堂

朱元璋評孟子

剛才的空話先講完，再來講這兩位老闆的安徽朋友朱元璋。他窮困餓得討飯去當和尚，當了和尚還沒有飯吃，又出來討飯，最後因當兵而當了皇帝。當了皇帝以後，他把孔廟裡孟子的牌位拿掉，說孟子不是聖人，亂七八糟的亂講話。可是有一天自己再讀書，讀到《孟子》中一段就拍案大叫，說孟子是聖人！又把他的牌位恢復起來。這一段話我們小的時候都會背的：「天將降大任於是人也，必先苦其心志，勞其筋骨」一輩子的經歷，非常痛苦，體能的勞動，受盡了苦難。「餓其體膚，空乏其身」，沒有飯吃，身體都掏空了，受苦受難也沒有路走。所以某某說我罵他，一下子叫他做什麼，一下子又反對他做；這就是孟子說的「行拂亂其所為」，一切的行為所做的都不對，越做越不對。叫你做這樣，不對了罵你，要去「扶貧」，對啊對啊，你去做啊。然後你真去做了，我又說你亂搞，行拂亂其所為，把你搞亂了。

為什麼上天要這樣磨練他？為什麼？「所以動心忍性，增益其所不能」，這就是教育，這就是磨練，使他遭遇種種的痛苦。人在起心動念之間，要堅定一個目標，樣樣不如意，樣樣做了又不對是教育你，大環境在教育你，增益幫助你把做不到的事做到。「人恆過，然後能改」，人是容易犯錯誤的，但是犯了錯誤，自己要曉得改。「困於心，衡於慮，而後作」，做一件事心裡煩悶，不知如何是好，要考慮周全才做。譬如說我做那條鐵路，做完了我一無所取；做完了就做完了，現在心裡沒有牽掛。「徵於色，發於聲，而後喻」，對人對事，看人家的態度如何，情況如何，整個社會環境如何，然後再講話。所以說一個國家、一個社會「入則無法家拂士」，是會有問題的。

朱元璋讀到這裡，拍案叫絕，說孟子是聖人！他說自己左右旁邊沒有

「法家」。高明的人叫「法家」，懂得方法，不是搞司法。所以我們寫字給人時寫上「某某法家指正」。如果一個領導人，旁邊沒有「法家」，沒有高明的人指導；也沒有「拂士」，就是反對你的人，把你所肯定的推翻了；「出則無敵國外患者，國恆亡」，外面也沒有敵人跟你抗爭，無外患，這個國家就完了。因為社會太安定了，大家光曉得發財賺錢。「然後知生於憂患而死於安樂也」，人生、國家、社會大原則就是如此，然後你才知道成功是經過憂患、艱難痛苦的。如果處處得意順利，那就完了；不論國家也好，社會也好，個人事業也好，都是一樣。

現在大家也曉得用「憂患意識」，就是《孟子・告子》這一篇來的。你們回去翻《四書》，現在讀還來得及，那是中國的聖經啊，像西方新舊約全書。

魯迅和牛

現在給你們講這一條牛了，這是禪宗漸修的心地法門，〈牧牛圖〉是普明禪師的作品。什麼是牛？魯迅有兩句詩很好：「橫眉冷對千夫指」，他當年在上海寫文章，大家指著罵；他「俯首甘為孺子牛」，自己低頭做一個牧童。我對魯迅覺得馬馬虎虎，但這兩句詩蠻有意思，可以看出來吧，他滿肚子怨恨之氣。橫眉，氣得眉毛都立起來，冷冷的，你們罵我就罵我，格老子我才不怕你們罵，阿Q的精神，寧可作一個小牧童。這是講與牛有關的詩。所以算不定將來國內年輕一代，出來一位寫好詩的人。魯迅這兩句是好詩。所以我說共產主義當時的推展都靠這幾個紹興人，魯迅啊，郁達夫啊，這一批都是紹興的。

亂跑的牛

〈牧牛圖〉講漸修的法門，我們的心念就是一條牛，亂跑。這個圖在明朝禪宗很有名的，當年是木版的畫，日本人更捧這個〈牧牛圖〉。一條黑牛，發瘋一樣到處亂跑，這個牧牛的小孩子拿著繩子在後面追。這代表什麼呢？代表我們這個心，思想情感就是這一條黑牛，到處亂跑。這個牧牛的小孩拿繩子在後面追不上，拴不住。我們打起坐來心念第一步就是這樣。他寫了四句詩：

一　未牧

猙獰頭角恣咆哮　奔走溪山路轉遙

一片黑雲橫谷口　誰知步步犯佳苗

「猙獰頭角恣咆哮」，牛的那兩個角，威風得很，我們形容一個人很聰明，就是頭角崢嶸。「恣」是放任自己，「咆哮」是發脾氣亂跑亂叫，到處吹牛。「奔走溪山路轉遙」，這一條牛在山上田地裡亂跑，越跑越遠，我們的情緒妄想就是這一條牛。「一片黑雲橫谷口」，天黑了，不知道跑哪裡去了。第四句話是自己的反省，這個妄想情緒到處亂跑，「誰知步步犯佳苗」，自己把善良的根都扯斷踏平了，挖了自己的根，好的種苗都不發了。這是〈牧牛圖〉的第一步，就是我們打起坐來，平常情緒思想亂跑，想了很多的花樣，要做這個，要做那個，或者要做生意發財，要作官，都是妄想在亂跑。這個題目叫「未牧」，拴不住自己的妄想心念。

把牛套住

二　初調

我有芒繩驀鼻穿　一迴奔競痛加鞭

從來劣性難調制　猶得山童盡力牽

第二步我們只好學打坐，自己觀心了。十六特勝講「知」，知道了，犯了錯誤，要把這個心拉回來。「初調」，總算找到了思想念頭，把這個亂跑的思想拴住了。「我有芒繩驀鼻穿」，拿個繩子把這個牛的鼻套進去。現在我們用佛法的修出入息，用這個氣；呼吸這個氣是條繩子，把心性這個牛套進去。「一迴奔競痛加鞭」，這個牛再發脾氣亂跑，就抽牠一頓鞭子。所以你打起坐來修安那般那就是一條繩子，把這個心念拉回來。「從來劣性難調制」，亂跑了，就重新來過。像修呼吸法，安那般那，一下又忘了，又是別的思想來，心息沒有配合所以又跑了，這是自己的習性，愛向外跑。「猶得山童盡力牽」，要靠這個牧童拉回來，牧牛童子是我們人自己的意志，用意志把思想念頭拉回來了。這是第二個圖案，你看畫的這一條繩子，穿到牛鼻子上去了，這個牛要走，這個小孩拚命拉。

三　受制

漸調漸伏息奔馳　渡水穿雲步步隨
手把芒繩無少緩　牧童終日自忘疲

第三步叫「受制」，「漸調漸伏息奔馳」，這個牛給繩子穿慣了，漸漸乖了，小孩子輕輕一拉就帶走了。

這裡我講一個故事給你們聽，抗戰的時候我有兩個師長朋友，一個帶兵笨笨的，胖胖的，他的部隊很散漫，不大訓練的，可是打起仗來他的兵都會拚命。另有一個帶兵非常精明，沒有哪一點不知道。有一天我去看他，正好看他的部隊經過，有一匹馬在跑，他就罵那個管馬的馬伕，笨蛋！把那匹馬拴住。馬伕跑過去拚命的拉，反而被馬拉著跑。這個師長跑過去，兩個耳光一打，把繩子接過來，一轉一轉，轉到馬的旁邊，輕輕一帶就拉過來了；然後把繩子交給馬伕，又打他兩個耳光，笨蛋！馬都不會帶。

牛也好，馬也好，發了脾氣，你把那條繩子轉一轉，轉到鼻子邊上，輕輕一拉，牠就走了。你看佛教我們修安那般那，你心念亂跑，心性寧靜不下來，所以佛教你眼觀鼻，鼻觀心，只要把呼吸管住，慢慢那個心念就調伏了。所以我講這個故事是親自看到的，看到「漸調漸伏息奔馳」，這個牛不敢亂跑了，鼻子拉住了。「渡水穿雲步步隨」，這個牛跟著小牧童，一個七八歲的孩子，跟著他一步步走，乖乖的不敢動，因為繩子在牧童手裡，氣已經被控制了。「手把芒繩無少緩，牧童終日自忘疲」，牧童手裡拿著芒繩，一步都不敢放鬆。所以你用功做呼吸法調息，自己不感覺疲勞。你看這個圖案，黑牛的頭變白了，呼吸已經慢慢調柔了，自己看住它。你的牧童是什麼？就是意識；你的繩子是什麼？就是氣，出入氣，安那般那。

呼吸調柔

你的意識心念專一把心息合一調柔，這是第三步了。你看他畫的圖案，這個牧童很輕鬆了，拿著鞭子，隨便拿個樹枝。牛呢？頭開始變白了。白代表善良，黑代表惡業。所以佛經上說做好事叫作造白業，做壞事叫作造黑業。受制了，你的工夫心息能夠合在一起了。

四　迴首

日久功深始轉頭　顛狂心力漸調柔
山童未肯全相許　猶把芒繩且繫留

第四步「迴首」，這個牛回頭了，就是心念給呼吸，給繩拴住了。「日久功深始轉頭」，這個牛不亂跑，心歸一了。「顛狂心力漸調柔」，平常那個亂跑的心性軟下來了，跟著呼吸的來去，就是數息以後隨息了。「山童未肯全相許，猶把芒繩且繫留」，可是我們的意念不要放鬆，心息固然可以合一了，心念專一還不能放手。這個圖案畫得很有意思，牛的頭頸這裡都變白了，個性柔和得多了。本來這個放牛的孩子站在牛旁邊的，第六意識不用心了，不過拉牛的繩子還要拉住。

心息合一

五　馴伏

綠楊蔭下古溪邊　放去收來得自然
日暮碧雲芳草地　牧童歸去不須牽

再進一步「馴伏」，「綠楊蔭下古溪邊」，這個放牛的孩子不拉繩子了，意念不再那麼用力，自己的心性思想也不再亂跑，隨時跟出入息合一了。這就是六妙門的隨息快到止息的階段。「放去收來得自然」，舒服啊，這個牛乖了，思想不亂跑，隨時在做工夫的境界裡。「日暮碧雲芳草地」，這個境界自然舒泰，「牧童歸去不須牽」，牧牛的孩子手拿牛繩，自己回家了，牛也不拉了。我們鄉下小的時候看過，那個乖的牛，到晚上自己會回來的。畫的牛已經三分之二都變白了，善良了。

六 無礙

露地安眠意自如　不勞鞭策永無拘

山童穩坐青松下　一曲昇平樂有餘

第六步「無礙」，這個牛差不多全白了，都是善良，心性調伏了，只剩尾巴那裡一點還黑的。牧牛孩子在哪裡呢？吹笛子去了，自己去玩了，牛歸牛，小孩子歸自己了。這個圖案叫「無礙」，工夫差不多打成一片了。「露地安眠意自如」，露地就是曠野空地，白天夜裡工夫自然上路了，永遠在清淨定的境界裡頭。意識不用心，自然都是專一清淨，就是我們第一次講的，已經是四瑜珈到「離戲」階段了。「不勞鞭策永無拘」，這個牛都不要管了，心性妄念自然不生，清淨了，也不要鞭子打了，也不要注意了。這個第六意識自然清淨，妄念清淨了。「山童穩坐青松下，一曲昇平樂有餘」，身心非常安詳。這個牧童什麼都不要管，這個第六意識、意根已經清淨，穩坐青松下面，無事吹笛子玩。宋人的詩「短笛無腔信口吹」，隨便了。這個牛呢？到家了沒有？還早呢！

心無掛礙

七　任運

柳岸春波夕照中　淡煙芳草綠茸茸
飢餐渴飲隨時過　石上山童睡正濃

到了第七步「任運」，這個牛後面尾巴也沒有黑的了，剩下都是善業，念念清淨。「柳岸春波夕照中」，詩中的圖畫多可愛啊，江南的春天，水綠山青，堤岸楊柳，太陽照下來的那個境界。「淡煙芳草綠茸茸」，煙雨濛濛，淡淡的煙霧，滿地都是芳草，綠楊一片青幽。這個時候有沒有妄念呢？有妄念。但是處理任何事情，自己念念空，沒有煩惱，很自在，觀自在菩薩了。「飢餐渴飲隨時過」，餓了就吃，口乾了就喝，隨緣度日，一切無礙。

《心經》上說：「心無罣礙，無罣礙故，無有恐怖，遠離顛倒夢想。」第六意識呢？這個牧童呢？「石上山童睡正濃」，睡了，太舒服的境界，第六意識不起分別了。你看畫的那個小孩子，躺在那裡睡覺，牛也沒有離開，自然在吃草。工夫到這一步叫作任運自在。哪怕你作董事長，作老闆，或者給人家打工，開會、做工的時候，心境都是一樣的。就是十六特勝的「受喜，受樂，受諸心行，心作喜，心作攝，心作解脫」那麼自在。

八　相忘

白牛常在白雲中　人自無心牛亦同
月透白雲雲影白　白雲明月任西東

這是第八步工夫「相忘」，這個牛已不是普通的牛了，已經昇天，相忘了；也沒有呼吸往來，也沒有妄念，也沒有身體，也沒有空，也沒有知覺，也沒有感覺，一片清淨，一片善的境界。「白牛常在白雲中」，一片光明。「人自無心牛亦同」，一切煩惱都沒有，一切妄念沒有了，身心在這個境界。「月透白雲雲影白」，月亮透過白雲光明出來，白雲、月亮，一片光明。「白雲明月任西東」。這第八步工夫是得大自在，觀自在菩薩照見五蘊皆空，心無罣礙。

靈光獨耀

九　獨照

牛兒無處牧童閑　一片孤雲碧嶂間

拍手高歌明月下　歸來猶有一重關

第九步「獨照」，牛沒有了，妄念雜想沒有了。牧童，第六意識睡覺也走了，什麼都沒有。「牛兒無處牧童閑」，牛找不到了，牧童閑，就是意識清明。百丈禪師講的「靈光獨耀，迥脱根塵」。牧童悠閒自在，牧童就是我們自己。「一片孤雲碧嶂間」，青天上面還有一點點白雲。碧嶂，這個境界清明，牧童自己明白了，工夫到了。「拍手高歌明月下」，一切空了。密宗講見到空性，空了什麼都沒有，你以為對了嗎？還早呢。「歸來猶有一重關」，古人說：「莫謂無心便是道，無心猶隔一重關」。因為你觀空了卻不能起用，一起心動念就覺得亂，那是工夫沒有到家。所以我罵某人，要他工夫做到了再出來做事，那個時候就不會亂了。所以這步叫「獨照」，能夠出世，不能入世，還不行，不是大菩薩的境界。

十　雙泯

人牛不見杳無蹤　明月光含萬象空
若問其中端的意　野花芳草自叢叢

到了第十步「雙泯」，能夠入世，也能夠出世，提得起也放得下；能夠空也能夠有。這個時候可以入世做事了，在家出家都可以，作男作女也可以。「雙泯」，空有都沒有了，人也不見，牛也不見。「人牛不見杳無蹤」，照見五蘊皆空了。「明月光含萬象空」，只有自性一片光明；有也可以，無也可以；入世也可以，出世也可以；煩惱也可以，不煩惱也可以。工夫到這一步境界，可以說修行有了成就，差不多可以開悟了。「若問其中端的意」，究竟怎麼是對呢？很自然，「野花芳草自叢叢」，到處都是，不一定出家才能做到，也不一定在家才能夠修道。得大自在，就是觀自在菩薩。

〈牧牛圖〉講完了，我們這裡這一條牛也擺在前面，怎麼管它？有十步工夫，心地法門配合十六特勝，現在你都知道了。

第三堂

今天是第七天，我們聽報告，等一下我指定幾個人報告看看。現在有一篇報告，難得！大家聽一下。古書有一句話「他山之石可以攻錯」，別人講的對與不對做個參考，做個反省。

一篇報告

（唸報告）

這個報告，難得。因為這一次不嚴格的規定，明天大家所謂「雲水漂萍」，有事的趕快跑，世間大事又來了。這就是以前禪師們罵人「口口談空」，嘴裡講道理都是一流的。「步步行有」，事情很多，然後說自己是在修行。人生嘛，本來就是這樣，很難。所以儒家的道理，走入世的路線，做修行的事業。我也常講，一個大丈夫、大英雄，是「以出世的心境，做入世的事業」。那就是聖賢英雄的境界，太難了。理論講起來都很容易，但做不到。所以有些同學朋友，為什麼被責備呢？我是急性子，講空話沒有用。我一輩子的心情都是恨鐵不成鋼，所以，我還講到古人兩句話「良冶之門多鈍鐵，良醫之門多病人」。什麼叫良冶？煉鋼的工程師、大師傅，他們旁邊都是爛鐵，沒有真的鋼鐵；好的醫生旁邊都是病人，「良醫之門多病人」，好可憐。

第二位報告

不過也不錯，有一個道場可以修行，這個道場的老頭子年紀太大了，你們要多努力啊！我現在想聽聽這位不算太老的老同學之一的報告。他是我的老學生，跟隨我的資格算老，他當年美國留學回來，在國民黨蔣經國辦的青年救國團一個單位作主任。我從來不去那裡演講，有一次他要我去演講，我才捧捧他的場去演講。這一講幾十年了，現在他也是半個老頭了，文章也寫得好，就是像那位同學一樣，懶洋洋的，他倆同一個黨的，都是「懶黨」。他作過教授，也替我編過書。這一次還是劉老師慈悲讓他來，我說他不會搞這個的。結果他到美國去，臨時還趕回來。所以聽聽你這一回「臨老投醫」，然後你怎麼做法，你可以跟他們談談，希望你們這些老同學怎麼去做，簡單明瞭聽你這幾天的報告（口頭報告）。

他講到這裡是學術性的報告，不過也可以。當年他在青年救國團幼獅文化公司工作時，蔣經國撥了一批經費給他們把西方文化史統統翻譯出來，那個時候美國人認為台灣是海盜，專門盜版的。這整套的《世界文明史》，集中百餘人翻譯。後來他又擔任正中書局的海外部經理。正中書局等於共產黨的新華書店。後來我從美國回來到香港，北京方面跟我接觸的時候，我說你們要了解西方。我就打電話到台灣問他，你們那個書還有多少？他說差不多沒有了，剩下四五套。我說你統統給我拿過來。自己保留一套，其餘送了高層人士。我倒希望大陸把這個書出版，大家應該看看。在台灣文化方面他還有一點功勞。

現在國內講東西文化溝通，我們是差遠了，這些青年人做了工作的，都很有功勞，現在只曉得講管理學了，文化方面不管了。當年在台灣譬如說西方哲學史整套是原文，好像台灣大陸整個也翻譯了，可是大家都沒有好好做系統研究，這是遺憾的事。前兩天看到交通大學一個研究天文學的，寫佛經裡的天文，很了不起，所以中國青年學者也有人才。他研究天文的，把佛經裡有關天文的都集中了，書名叫《西望梵天》。

（接著共有十五人陸續做口頭報告）

結語

聽了大家的報告，有一位同學在香港做兩件大功德，一個是在香港監獄每星期給犯人上課，堅持好幾年，尤其給青年的犯人上課，這個工作沒有人要做，他卻堅持那麼多年。

第二個，香港的文化很怪的，崇洋文化，現在還受英國殖民地統治的影響，基本上不接受中國文化。他在推廣兒童讀經，尤其去年，想把兒童讀經打進香港的小學，非常的困難。他同一個香港的小學合作，香港小學不是大陸哦，非常洋氣的。他最近有一個報告給我，他要到一個小學推廣兒童讀經，最後是他的面子關係，還答應要給學校一年一萬塊美金，這個學校勉勉強強找幾個學生來讓他試試玩玩吧。這個學校開始找學生來，現在變成風氣了。校長告訴他，我不要你這個錢了。這個話聽起來是個笑話，要打進去談何容易啊。所以文化的傳播同弘揚佛法都是很困難。我做了幾十年，你們想像都想像不到的，堅持這一條路我走了一輩子。你們看到我很輕鬆，大家都很恭維，我是無比的痛苦，很可憐的，給你們講不清楚。那麼這兩件事，一個監獄裡的教化，他堅持了；在香港推廣兒童讀經，他推廣開來了。我補充這兩點大家所不知道的，他在做了，即知即行，都是了不起的事，因為你們不是香港這個社會長大的，不知道港澳地區特別的不同。

另外我好幾次告訴大家，不只你們，包括那位法師，好好帶領大家唸佛，禪淨雙修，對不對？你們沒有聽我的。我也告訴你們準提法是最基本的，也是最深的。我還告訴那位法師，你們到處弘揚準提法，我還沒有真正給你們講過準提法儀軌怎麼來源，多麼深奧。以準提法做一個學佛的入門，想成佛只有兩條路，福德圓滿，智慧圓滿，普通叫作福慧雙修。學佛先修功德，等於要蓋個房子，先要找一塊地，先把這個地平好。就像我們廟港原來是個荒地，叫謝老總來一塊一塊泥巴把水填起來，修地基，搞土建。他在這裡這樣做，比方這是修福德，必須靠準提法來打基礎。但是唸準提咒要發願求智慧，加持，是福慧雙修的基礎，早晚功課堅持下來，起碼要一百萬遍的基礎，這是要緊的。同時也講過準提法跟淨土法門，禪淨雙修是一體的，以這個去求福德智慧的基礎。正修之路不是修禪就是禪淨雙修。我平常都講過，講完了以後你們都不聽，沒有照做就是不聽，我也不理，因為我心到了。

所以現在我還是原來的話，你們聽懂了最好，尤其是出家眾老老實實的禪淨雙修，不只念佛哦，準提法一樣，念到後面南無阿彌陀佛，一念沉下去就定住不動了，這叫禪定。由念佛到達修禪，到安般法門，一直到空，見性成佛，一路啊。我也常常講，你們修準提法光曉得唸咒子，那是加行，那是修福德的基礎。準提法兩個次第，是生起次第、圓滿次第。準提法最後要進入圓滿次第，圓滿次第不是禪淨雙修一樣的嗎？可是你們從來沒有聽話，圓滿次第不管，只曉得我一天唸多少遍啊、多少遍啊。不錯，是在修行，沒有不對啊，也只好對你們笑。我話交代了，你們圓滿次第就不注意了，圓滿次第就是禪淨雙修到最後，佛也沒有，咒也沒有，一切皆空，空而不空。所以當然要走禪淨雙修，我已經講過多少次了。

早就告訴你們了，不只你，還有那位法師啊，這些人沒有一個聽話的。叫老師，沒有聽老師的話，四個字，沒有「依教奉行」。我再補充依教奉行。譬如當年妙湛老和尚，南普陀的方丈，威望多高啊。後來來找我修個禪堂，沙彌發動的，傳洪、素美他們做的，幾十萬美金給南普陀蓋了一個禪堂。大家都說我蓋的，其實是他們做的功德，我不過是撈個好聽的名字而已，我也沒有錢。妙湛老和尚把禪堂蓋好了，叫我去南普陀打七，因為新蓋的，我第一次回大陸就是到那裡。原來只有兩百人參加，後來變成七百多人，因為是我回到大陸講這個。把我嚇壞了，嚇什麼？我怕那個禪堂幾百人在上面，雙層的，也沒有蓋好，萬一壓下來，下一層的幾百人就變肉餅了。我的心裡負擔多重啊！

妙湛老和尚第二次來看我，好像八十歲了吧，我說老和尚你又來幹什麼？老師啊，我請求你再到南普陀主持一次禪七。我說老和尚請坐，不談這些，你現在趕快回去，把方丈也辭掉，什麼都辭掉，你什麼都不管，好好修持念佛去。他聽了什麼都不講，「依教奉行」，馬上站起來回去，回去就生病了。趙樸初用飛機把他接到北京治病，已經慢慢就進入那個狀況，我隨時給他通電話。在病床上，他不能講話了，我說老和尚，叫他們送你回南普陀去，落葉歸根。有兩個小徒弟在旁邊講給他聽。他馬上回到南普陀，「依教奉行」，他真做到了。

所以我平常跟你們講，你們聽了沒有依教奉行，因此我最後也疲了，都不追問你們了，不管了。所以講依教奉行只有這個老和尚，臨死前他已經不能講話了，我叫他的徒弟把電話拿到他耳朵旁邊，我問他聽到嗎？他老和尚手動一下表示知道。我說老和尚不要散亂，他念南無觀世音菩薩，我說好好念，跟著走吧。徒弟拿著電話，老和尚指頭一動表示聽懂了，他沒有忘記，依教奉行。

南懷瑾文化出版相關著作

2014年出版

南師所講呼吸法門精要
劉雨虹／彙編

孟子與盡心篇
南懷瑾／講述

東拉西扯——說老人，說老師，說老話
劉雨虹／著

雲深不知處：南懷瑾先生辭世週年紀念
劉雨虹／編

禪海蠡測
南懷瑾／著

禪海蠡測語譯
南懷瑾／原著，劉雨虹／語譯

孟子與滕文公、告子
南懷瑾／講述

太極拳與靜坐
南懷瑾／講述

2015年出版

點燈的人：南懷瑾先生紀念集
東方出版社編輯群／編

金粟軒紀年詩
南懷瑾／原著，林曦／注釋

話說中庸
南懷瑾／著

孟子與萬章
南懷瑾／講述

2017年出版

瑜伽師地論 聲聞地講錄（上下）
南懷瑾／講述

靜坐修道與長生不老
南懷瑾／著

圓覺經略說
南懷瑾／講述

答問青壯年參禪者
南懷瑾／講述

說不盡的南懷瑾
查旭東／著

說南道北：說老人 說老師 說老話
劉雨虹／著

南懷瑾與楊管北
劉雨虹／編

禪、風水及其他
劉雨虹／著

如何修證佛法（上下）
南懷瑾／講述

藥師經的濟世觀
南懷瑾／講述

懷師之師：袁公煥仙先生誕辰百卅週年紀念
劉雨虹／編輯

我的故事我的詩
南懷瑾／講述

2016年出版

孟子與離婁
南懷瑾／講述

孟子與公孫丑
南懷瑾／講述

對日抗戰的點點滴滴
南懷瑾／口述

孟子旁通
南懷瑾／講述

大圓滿禪定休息簡說
南懷瑾／講述

我說參同契（上中下）
南懷瑾／講述

人生的起點和終站
南懷瑾／講述

孔子和他的弟子們
南懷瑾／講述

漫談中國文化：企管、國學、金融
南懷瑾／講述

跟著南師打禪七：一九七二年打七報告
劉雨虹／編

2018年出版

洞山指月
南懷瑾／講述

百年南師——紀念南懷瑾先生百年誕辰
劉雨虹／編

新舊教育的變與惑
南懷瑾／著

禪與生命的認知初講
南懷瑾／講述

編印中

易經繫傳別講（上下）

金剛經說甚麼（上下）

原本大學微言（上下）

花語滿天維摩說法（上下）

列子臆說（上中下）

易經雜說

皇極經世書

禪與生命的認知初講

建議售價・420元

講　　述・南懷瑾
出版發行・南懷瑾文化事業有限公司
　　　　　網址：www.nhjce.com
董 事 長・南國熙
總 經 理・饒清政
總 編 輯・劉雨虹
編　　輯・古國治　釋宏忍　彭　敬　牟　煉
記　　錄・張振熔
校　　對・王愛華　歐陽哲
代理經銷・白象文化事業有限公司
　　　　　台中市402南區美村路二段392號
　　　　　經銷、購書專線：04-22652939　傳真：04-22651171
印　　刷・基盛印刷工場
版　　次・2018年7月初版一刷

設計編印　白象文化
www.ElephantWhite.com.tw
press.store@msa.hinet.net
總監：張輝潭　專案主編：吳適意

國家圖書館出版品預行編目資料

禪與生命的認知初講／南懷瑾講述. --初版.--臺北市：南懷瑾文化，2018.7
面：　公分.
ISBN 978-986-93144-9-7（平裝）
1.禪宗 2.佛教修持
226.65　　　　105021574